JOSEPH PRINCE

DIE KRAFT DES RICHTIGEN GLAUBENS

DIE KRAFT DES RICHTIGEN GLAUBENS

WERDE FREI VON ANGST, SCHULDGEFÜHLEN UND SÜCHTEN

JOSEPH PRINCE

Aus dem Englischen von
Esther Middeler

Grace today Verlag

Die amerikanische Originalausgabe erschien im Verlag FaithWords unter dem Titel *The Power of Right Believing.* Copyright © 2013 by Joseph Prince. This edition published by arrangement with FaithWords, New York, NY, USA. All rights reserved. Dieses Werk wurde vermittelt durch die Literarische Agentur Thomas Schlück GmbH, 30827 Grabsen.

Die Deutsche Nationalbibliothek verzeichnet diese Publikation in der Deutschen Nationalbibliografie; detaillierte bibliografische Daten sind im Internet über http://dnb.dnb.de abrufbar.

Umschlaggestaltung und Foto: © 22 Media Pte. Ltd.
Corporate Design: spoon design, Olaf Johannson
Abbildungen: © 22 Media Pte. Ltd.
Lektorat: Sonja Yeo, Susanne van Hees, Erich Engler, Gabriele Kohlmann
Satz: Grace today Verlag, Gerald Wieser
Druck: CPI – Clausen & Bosse, Leck
Printed in Germany

3. Auflage 2017

Hardcover: ISBN 978-3-943597-80-6, Bestellnummer 371780
E-Book: ISBN 978-3-943597-81-3, Bestellnummer 371781

www.gracetoday.de

Dieses Buch widme ich in Liebe meiner Tochter
und Freundin Jessica Shayna Prince.

*Viele Töchter haben sich als tugendhaft erwiesen,
du aber übertriffst sie alle!*

Sprüche 31,29 SLT

INHALT

Teil 4
Gewinne die Schlacht um deine Gedanken

Teil 5
Werde frei von Selbstbezogenheit

Teil 6
Rechne damit, dass dir Gutes widerfährt

Teil 7
Komme zur Ruhe in der Liebe des Vaters

EINLEITUNG

Im Laufe der letzten zwanzig Jahre hatte ich das Vorrecht, Menschen aller gesellschaftlichen Schichten zu dienen. Ich hatte die Ehre, ihnen in meiner Gemeinde und auf Konferenzen überall auf der Welt zu begegnen und ihre Geschichten zu hören. Während ich diese Zeilen schreibe, habe ich sie vor Augen.

Manche von ihnen sprühten förmlich vor Lebensfreude angesichts ihrer Befreiung von Verdammnis. Andere unterdrückten Tränen der Dankbarkeit, als sie von den Süchten erzählten, die sie einst in Scham gefangen gehalten und daran gehindert hatten, etwas aus ihrem Leben zu machen. Alle, die ich nicht persönlich kennenlernen konnte, haben mir ihre Geschichte in Briefen und E-Mails erzählt. Es sind Geschichten wunderbarer Befreiung aus einem Leben voller Furcht und Depression. Geschichten, in denen Menschen aus dem Gefängnis der Angst gerettet wurden. Geschichten, in denen Menschen frei wurden von schädlichen Angewohnheiten.

Ich bin tief bewegt und voller Demut, dass Gott meine Predigten, Bücher und Fernsehsendungen dazu gebraucht hat, um diesen wunderbaren Menschen ihren Weg in die Freiheit zu zeigen.

Doch nicht alle Geschichten, die mir zugetragen wurden, hatten auch ein glückliches Ende. Zumindest bisher noch nicht.

Als Pastor habe ich auch viele Menschen getroffen, die immer noch zu kämpfen haben. Manche von ihnen werden von ernstzunehmenden Unsicherheiten, Essstörungen oder anhaltenden Ängsten und immer wiederkehrenden Panikattacken beherrscht. Andere sind seit Jahren in chronischer Depression gefangen und kämpfen mit Selbstmordgedanken, die sie daran hindern, ihr alltägliches Leben zu bewältigen. Andere wiederum stecken in einem Teufelskreis der Sucht fest – sei es Alkohol, Nikotin, Drogen oder Pornografie. Und traurigerweise versuchen einige dieser Menschen immer noch verzweifelt, sich aus den Klauen von mehr als einer der vorgenannten Lasten zu befreien.

Sie alle sehnen sich nach Freiheit und haben nichts unversucht gelassen – einschließlich psychologischer und psychiatrischer Behandlung. Sie haben sich bereits die größte Mühe gegeben, ihre eigene Willensstärke einzusetzen, nur um festzustellen, dass sie nun noch tiefer in ihren Abhängigkeiten und Ängsten verstrickt waren. Viele sind fast bankrottgegangen, weil sie Psychiater um Psychiater, Arzt um Arzt, Seelsorger um Seelsorger aufsuchten und dabei Monat für Monat Tausende von Dollar in Beratungskosten investierten. Sie haben bereits alle Arten von Antidepressiva und antipsychotischen Medikamenten versucht und sind zusätzlich jeder erdenklichen Möglichkeit nachgegangen, die schnelle Hilfe versprach. Und trotzdem geht es ihnen nicht besser.

Wenn ich solche Geschichten höre, bricht es mir immer das Herz, und ich frage mich: Worin besteht der Unterschied zwischen denen, die einen Durchbruch erlebt haben und denen, die immer noch in negativen Gefühlen und Süchten gefangen und geknebelt sind?

Ich glaube, die Antwort ist sehr einfach, aber kraftvoll: ihre *Glaubensinhalte.*

Das Richtige zu glauben, führt immer zu richtigem Leben. Wenn du das Richtige glaubst, wirst du auch das Richtige ausleben.

Weißt du, Menschen haben Mühe, ihr Verhalten und ihre Handlungen zu kontrollieren, weil sie keine Kontrolle über ihre Emotionen und Gefühle haben. Sie haben keine Kontrolle über ihre Emotionen und Gefühle, weil sie keine Kontrolle über ihre Gedanken haben. Und sie haben keine Kontrolle über ihre Gedanken, weil sie nicht kontrollieren, was sie glauben.

Einfach ausgedrückt: Wenn du das Falsche glaubst, wirst du mit falschen Gedanken zu kämpfen haben. Diese falschen Gedanken werden negative Emotionen auslösen, die wiederum zu schlechten Gefühlen wie Schuld, Scham, Verdammnis und Angst führen. Und diese falschen Gefühle werden letzten Endes falsche Verhaltensweisen, Handlungen und quälende Süchte hervorrufen.

Es ist entscheidend, was du glaubst. Und falscher Glaube ist der Auslöser, der dich direkt auf den Weg der Niederlage bringt. Er hält dich gefangen und führt dazu, dass du dich immer tiefer in lähmende Gebundenheit verstrickst.

Die gute Nachricht ist, dass es einen Ausweg aus diesem Teufelskreis der Niederlage gibt.

Die Kraft des richtigen Glaubens wird dir mächtige Wahrheiten aus Gottes Wort vermitteln, sodass du an seine Liebe zu dir glauben kannst. Dieses Buch wird dir zeigen, dass Gott für dich und nicht gegen dich ist. Es wird dir die Augen dafür öffnen, dass er auf deiner Seite ist – mit seiner großen Liebe und Barmherzigkeit feuert und spornt er dich an, bis du zu deinem Durchbruch gelangst.

Beim Lesen dieses Buches wirst du erkennen, was Gott wirklich sieht, wenn er dich als sein geliebtes Kind anschaut, was es bedeutet, vollständige Vergebung zu haben und wie du zuversichtlich das Gute erwarten kannst, das Gott für deine Zukunft und Bestimmung in Christus bereithält.

Du wirst viele erstaunliche Zeugnisse von Menschen aus den USA und der ganzen Welt lesen. Ihr Leben wurde berührt und verwandelt, als sie Jesus persönlich begegneten und zuließen, dass ihr Denken durch die richtigen Glaubensinhalte bezüglich ihrer wahren Identität in Christus erneuert wurde.

Um den Lernprozess zu beschleunigen, habe ich das Wesentliche über die Kraft des richtigen Glaubens in sieben einfache, aber praxistaugliche Schlüssel zusammengefasst, die du sofort in deinem täglichen Leben anwenden kannst. Diese Schlüssel sind einfache, aber äußerst effektive biblische Prinzipien, die dir helfen, positive Gewohnheiten für die richtigen Glaubensinhalte zu entwickeln. Diese sieben Schlüssel sind:

- Glaube an Gottes Liebe zu dir
- Lerne, das zu sehen, was Gott sieht
- Empfange Gottes vollständige Vergebung
- Gewinne die Schlacht um deine Gedanken
- Werde frei von Selbstbezogenheit
- Rechne damit, dass Gott Gutes wirkt
- Komme zur Ruhe in der Liebe des Vaters

Mein Freund (damit meine ich natürlich immer auch alle Leserinnen), wenn du mit einigen der oben genannten Dinge zu kämpfen hast, glaube ich von ganzem Herzen, dass du beim Lesen dieses Buches die Inspiration, Hoffnung und Ermutigung finden wirst, um dich von dem lähmenden Griff all dessen loszureißen, was dich bisher zurückgehalten hat. Ich vertraue darauf, dass du die Freiheit und die Kraft entdecken wirst, die du brauchst, um dein Leben voll auszuschöpfen.

Es ist Gottes Wille, dass dein Leben voller Freude ist, die überfließt, voller Frieden, der allen Verstand übersteigt und voller unerschütterlicher Zuversicht in das, was er für dich getan hat. Es ist an der Zeit, dass du das Leben in der Niederlage hinter dir lässt und dich bereit machst für ein Leben voller Sieg, Sicherheit und Erfolg. Halte dich nicht mehr damit auf, lediglich die Symptome – die Schuldgefühle, Ängste und Süchte – zu bekämpfen. Wir gehen an die Wurzel! Wenn du ändern kannst, was du glaubst, kannst du dein Leben verändern! Darin liegt die Kraft des richtigen Glaubens.

TEIL 1

GLAUBE AN GOTTES LIEBE ZU DIR

KAPITEL 1

WAS DU GLAUBST, HAT MACHT

Was du glaubst, hat Macht. Wenn du ändern kannst, was du glaubst, kannst du dein Leben verändern! Ich bin vielen Menschen begegnet, die nach wie vor Probleme damit haben, ihre Verhaltensweisen und Handlungen zu kontrollieren. Egal, wie sehr sie sich auch anstrengen und wie viel Mühe, Zeit und Energie sie in diesen Kampf investieren, am Ende gehen sie doch wie ein besiegter Boxer in ihre Ecke zurück. Ihr Körper ist am Boden, ihre Moral zerschmettert und ihr Selbstvertrauen erschüttert. Wieder einmal sind sie in Schuldgefühlen, Angst und Süchten gefangen, die einfach nicht verschwinden wollen.

Dann ertönt der Gong für die nächste Runde. Der Kampf geht weiter und sie geben alles, was sie haben, um ihren Gegner zu bezwingen. Links, rechts. Links, rechts. Es scheint, als würden sie Fortschritte machen. Aber dann kann ihr Gegner Schläge auf ihren Kopf platzieren und jeder Schlag ist voller giftiger, verdammender Verurteilung:

Was glaubst du eigentlich, wer du bist? Hast du schon all die Fehler vergessen, die du gemacht hast?

Die Dinge werden sich nie ändern. Du solltest dein Los einfach akzeptieren.
Das wird nie funktionieren – du wirst sowieso wieder versagen!
Niemand liebt dich. Du bist ganz allein.

Ich habe schon zu oft gesehen, wie der Feind diese irreführende Taktik einsetzt. Ich habe zu viele Menschen gesehen, die versuchten, die Schatten ihrer Vergangenheit hinter sich zu lassen oder von ihren Abhängigkeiten loszukommen, nur um am Ende diesen Lügen über sich selbst, ihre Identität und ihre Bestimmung zu erliegen.

Das ist die Kraft des *falschen* Glaubens.

Falscher Glaube sperrt die Menschen in ein Gefängnis. Auch wenn keine sichtbaren Ketten zu sehen sind, bewirkt der falsche Glaube, dass die Häftlinge sich verhalten, als befänden sie sich in einem Hochsicherheitsgefängnis. Unaufhaltsam marschieren sie zu ihren feuchtkalten Zellen der Abhängigkeit. Sie lassen zu, dass man sie in die Kerker negativen Verhaltens führt. Sie sind zu der Überzeugung gelangt, es lohne sich nicht, von einem besseren Ort zu träumen, und glauben, ihnen bliebe nichts anderes übrig, als in Verzweiflung, Resignation und Niederlage zu leben.

Der *richtige* Glaube hingegen ist das Licht, das den Weg aus dem Gefängnis in die Freiheit hinaus erleuchtet.

Falscher Glaube sperrt die Menschen in ein Gefängnis. Der richtige Glaube ist das Licht, das den Weg aus dem Gefängnis in die Freiheit hinaus erleuchtet.

Gott möchte deinen Weg erleuchten

Okay, bevor du dieses Buch als eines dieser Bücher abstempelst, die sagen, dass alles gut werden wird, wenn du nur positiv denkst, lies weiter. Es geht hier nicht um menschliche Psychologie. Es geht um den richtigen Glauben, der seinen Ursprung in einer äußerst persönlichen und vertrauten Beziehung mit einem liebenden Retter hat und sich auf seinem Wort gründet, das Leben und Licht bringt. Der Psalmist drückt es folgendermaßen aus: »Dein Wort ist eine Leuchte für meinen Fuß und ein Licht auf meinem Weg« (Ps 119,105). In der englischen Bibelübersetzung *The Message* steht: »Durch deine Worte kann ich sehen, wohin ich gehe; sie werfen einen Lichtstrahl auf meinen dunklen Pfad.«

Mein Freund, Gott möchte heute einen Lichtstrahl auf deinen Weg werfen. Womit auch immer du im Moment zu kämpfen hast, egal, wie unüberwindbar die Herausforderungen erscheinen, wenn du anfängst, richtig zu glauben, werden sich die Dinge für dich zum Guten wenden!

Die Durchbrüche, um die du seit Jahren kämpfst, können sich in einem einzigen, übernatürlichen Moment ereignen. Das weiß ich, weil ich viele Menschen beraten und für sie gebetet habe. Sie erzählten mir, wie ihre jahrelange Abhängigkeit von Zigaretten, Alkohol oder Pornografie einfach verschwand, als sie Jesus erlaubten, in ihre Situation hineinzukommen. Sie wachten eines Morgens auf und das Verlangen nach diesen Dingen war einfach nicht mehr da!

Wenn wir ehrlich sind, haben wir alle einen gewissen Grad falschen Glaubens in unserem Leben. Wenn du das nicht glaubst, frag dich einfach: »Hatte ich schon oft die Sorge oder Angst, dass mir und meinen Lieben Schlimmes zustoßen könnte?« Mein Freund, diese negativen, aufreibenden Emotionen sind Hinweise darauf, was wir wirklich über uns selbst, unser Leben und über Gott glauben.

Wenn wir ständig ein Leben in Angst und Sorge führen, leben wir so, als würden wir nicht glauben, dass wir einen starken und mächtigen Hirten haben, der uns gegenüber weichherzig ist, uns nur an gute Orte führt, uns schützt und über uns wacht. Wenn also Sorgen oder Ängste normalerweise dein Denken zu bestimmen scheinen, solltest du immer wieder hören und dich darauf konzentrieren, wie sehr Gott dich liebt und wie wertvoll du für ihn bist. Je stärker du daran glaubst – also je mehr diese Wahrheit sich in deinem Inneren festsetzt –, umso mehr wird diese Wahrheit deine Gedanken und Gefühle verändern, und umso weniger wirst du ungesunden Emotionen und Verhaltensweisen zum Opfer fallen.

In unterschiedlichem Maße haben wir alle falsche Glaubensinhalte in unserem Herzen, die der Wahrheit des Wortes Gottes ausgesetzt werden müssen. Deshalb brauchen wir einen Retter. Unsere falschen Glaubensinhalte können nur dann vernichtet werden, wenn sie seiner Gnade und der Wahrheit seines Wortes ausgesetzt sind.

Erkenne die Wahrheit, die dich freimacht

Der Leitgedanke dieses Buches basiert auf dem oft zitierten Vers: »Ihr werdet die Wahrheit erkennen, und die Wahrheit wird euch frei machen« (Joh 8,32). Dieser Vers wird oft angeführt, sogar in weltlicher Literatur. Aber was bedeutet er wirklich? Was *ist* die Wahrheit, die dich frei macht?

Es ist wichtig, uns vor Augen zu führen, dass Jesus dies zu den Juden seiner Zeit sagte. Sie waren Menschen, die schon von Kindesbeinen an das Gesetz studierten und darin unterrichtet wurden. Dennoch kämpften diese Leute, wie auch viele von uns heute, immer noch mit Ängsten, Sorgen, Krankheiten und allen möglichen Arten von seelischen Nöten, Bindungen und Abhängigkeiten.

Was ist also diese Wahrheit, von der Jesus sprach, diese Wahrheit, die, wenn seine Zuhörer sie kennen würden, sie von all diesen zerstörerischen Dingen befreien würde? Nun, das konnte mit Sicherheit nicht das Gesetz sein, denn diese Menschen kannten sich im Gesetz bereits sehr gut aus. Sie befolgten das Gesetz schon so gut sie vermochten, aber sie konnten im Gesetz keine Freiheit finden. Freiheit, mein Freund, kann nur in seiner Gnade gefunden werden. Wenn du auf die richtige Art an seine Gnade und seine Liebe zu dir glaubst, werden die Ketten der Angst, Schuld und Abhängigkeit von dir abfallen.

Gnade – das Gegenmittel für vergiftetes Denken

Jesus kam zu uns, um uns die Wahrheit der Gnade zu schenken. Sein Wort verkündet: »Gnade und Wahrheit aber kamen durch Jesus Christus« (Joh 1,17).

Im Altgriechischen werden »Gnade und Wahrheit« als Einheit betrachtet, denn das darauffolgende Verb »kommen« steht dort im Singular. Gnade und Wahrheit sind ein und dasselbe. Gnade ist die Wahrheit, die die Macht besitzt, dich von Angst, Schuld und jeder Art von Abhängigkeit zu befreien – »Ihr werdet die Wahrheit erkennen, und die Wahrheit wird euch frei machen« (Joh 8,32).

Es ist nicht die Wahrheit des Gesetzes, sondern die Wahrheit der Gnade, die dir wahre Freiheit bringt. Die Wahrheit des Gesetzes bindet dich nur. In der Tat ist religiöse Gebundenheit eine der Bindungen, die einen Menschen am meisten lähmen und belasten kann. Religiöse Gebundenheit führt dazu, dass man ständig unter Angst, Schuldgefühlen und Sorge leidet.

Die gute Nachricht lautet, dass die Gnade gekommen ist, um dich von dem Fluch des Gesetzes freizumachen. Gnade ist keine Lehrmeinung oder ein theologisches Thema. Wenn Jesus über Gnade spricht, spricht er über sich selbst. Gnade ist eine Person. Gnade ist Jesus selbst. »Denn das Gesetz wurde durch Mose gegeben; Gottes Gnade und Wahrheit aber kamen durch Jesus Christus« (Joh 1,17). Die Wahrheit, die die Macht hat, die Türen deines Gefängnisses weit aufzureißen, ist seine Gnade. Seine Gnade ist das Gegenmittel für jedes Gift in deinem Denken! Wenn du Jesu Liebe und seine Güte und Barmherzigkeit schmeckst, beginnt jeder falsche Glaube sich in der Herrlichkeit seiner Liebe aufzulösen.

Wenn du Jesu Liebe und seine Güte und Barmherzigkeit schmeckst, beginnt jeder falsche Glaube sich aufzulösen.

Ich habe immer wieder erlebt, wie das überall dort geschieht, wo ich, ohne mich dafür zu rechtfertigen, das unverfälschte Evangelium der Gnade und die niemals endende Liebe unseres Herrn Jesus verkündige. Wenn ein Mensch seinen Glauben neu ausrichtet, um voller Freude Gottes verschwenderische, maßlose und überfließende Liebe zu empfangen, beginnen negative Denkmuster oder Festungen einzustürzen. Und in einem einzigen, übernatürlichen Moment erfährt dieser Mensch Befreiung von schädlichen Angewohnheiten, von Ängsten und Bindungen. Man kann Gottes Gnade nicht logisch mit dem Verstand erfassen – sie muss im Herzen erfahren werden!

Mein Freund, deine Freiheit findest du im richtigen Glauben an seine Liebe, seine Gnade und seine Gunst in deinem Leben. Wenn du den richtigen Glauben an seine Gnade hast, wirst du anfangen, auf die richtige Weise zu leben. Der richtige Glaube führt immer zu richtigem Leben.

Die Gnade Gottes reißt falsche Glaubensinhalte mit der Wurzel aus

Auf einer Konferenz, zu der ich als Sprecher eingeladen war, begegnete ich einer Frau. Ich wünschte, du hättest Kate selbst sehen können. Sie war eine selbstbewusste und attraktive junge Frau. Ihr Gesicht strahlte förmlich. Daher konnte ich es kaum glauben, als sie mir erzählte, dass sie von einer über vier Jahre langen Alkoholabhängigkeit befreit worden war!

Sie hatte eine Blitzkarriere hingelegt, aber der Stress bei der Arbeit und der Druck, ihren Erfolg und ihr Image aufrechtzuerhalten, brachten sie dazu, dass sie mindestens einen Liter Alkohol am Tag trank, um innerlich zu flüchten. Es dauerte nicht lange, bis es für sie ein ständiger Kampf war, mit den hohen Anforderungen in ihrem Beruf klarzukommen. Verbunden mit dem selbst auferlegten Druck, ihre glänzende Fassade aufrechtzuerhalten, führte dieser Kampf sie in eine tiefe Depression.

Eins führte zum anderen und schon bald wurde Kate zusätzlich zu ihrer Alkoholsucht auch noch von einem Medikamentencocktail abhängig, der aus starken Antidepressiva, Beruhigungsmitteln, Beta-Blockern und Schlaftabletten bestand. Sie erzählte mir, dass sie nichts unversucht ließ, um von ihrer Alkoholabhängigkeit loszukommen. Sie ging zu Psychiatern und Psychologen und besuchte sogar regelmäßig Selbsthilfegruppen für Alkoholiker. Durch diese endlosen Beratungstermine und Treffen erlebte sie, wie sie sagte, »einige wenige Erholungsphasen«, die im besten Falle aber nur wenige Tage anhielten.

Eines Tages beschloss Kates Ehemann, mit ihr in Urlaub zu fahren. Dies bereitete ihr noch mehr Stress, weil sie nicht wusste, wie sie zu ihrer geheimen Alkohol-»Dosis« kommen sollte, während sie mit ihm unterwegs war. Zu diesem Zeitpunkt hatte sie immer wieder versucht, mit dem Trinken aufzuhören, und wusste nur allzu gut, wie die Entzugserscheinungen ihr jedes Mal einen Strich durch die Rechnung gemacht hatten. Ihre Hände zitterten dann so stark, dass sie beim Essen noch nicht einmal einen Löffel halten konnte. Sie wusste, sie würde sich schwach fühlen, der kalte Schweiß würde ihr ausbrechen, sie würde sich ständig übergeben müssen und nicht in der Lage sein, auch nur irgendetwas bei sich zu behalten.

All diese Symptome verschwanden wieder, wenn sie sich ein oder zwei Drinks genehmigte. Daher schlich sie sich davon, um Alkohol zu kaufen, wenn sie eigentlich im Fitnessstudio sein sollte und kippte heimlich Hochprozentiges in sich hinein, wenn ihr Mann bei der Arbeit war!

Für den Rest der Welt sah es so aus, als würde Kate alles gut auf die Reihe bekommen. Aber sie wusste, dass es anders war. Sie wusste, dass sie im Gefängnis der Alkoholsucht festsaß und es keinen Weg heraus aus diesem Teufelskreis der Niederlage gab.

Nachdem sie also zum wiederholten Male erfolglos versucht hatte, ihre Abhängigkeit zu überwinden, stand Kate kurz davor, aufzugeben. Doch Gott hatte andere Pläne. Er führte sie zu einem Leiter aus meiner Gemeinde, der ihr zeigte, wie sie sich in das Wort Gottes vertiefen und im Geist beten konnte. Als sie sich immer wieder meine Predigten über Gottes Gnade anhörte, fing Gott an, die falschen Glaubensinhalte, die sich in ihrem Denken festgesetzt hatten, mit der Wurzel auszureißen und diese durch die richtigen Glaubensinhalte zu ersetzen.

Als es an der Zeit war für sie, in den Urlaub aufzubrechen, entschied sie sich, tatsächlich zu fahren, obwohl sie Angst hatte und die Reise fast im letzten Moment abgesagt hätte. Sie bat den Herrn, ihr dabei zu helfen, ihre Augen auf ihn gerichtet zu halten, statt zu versuchen, mit den Entzugserscheinungen klarzukommen. Sie war entschlossen, die Zeit mit ihrem Ehemann zu genießen und Jesus für jeden Segen zu danken, egal, ob er groß oder klein war.

Kate erzählte mir, dass sie sich während dieses Urlaubs einfach nur ausgeruht, im Geist gebetet und ständig meine Predigten auf ihrem iPod gehört hatte. Zu ihrem großen Erstaunen hatte sie keinerlei Entzugserscheinungen. Und weißt du was? Seit dieser Reise sind über zwei Jahre vergangen und seither hat sie nie wieder einen Tropfen Alkohol angerührt. Halleluja!

Kate räumte ein, dass sie, obwohl sie noch ab und zu daran denkt, sich einen Drink zu genehmigen, daran glaubt, dass Gott ihr die Kraft gegeben hat, der Versuchung zu widerstehen. Und Sie weiß, dass sie durch seine Gnade nie wieder der Flasche nachgeben wird.

Mein Freund, in einem einzigen übernatürlichen Moment verschwanden für Kate vier lange, tückische Jahre der Alkoholabhängigkeit. Sie wusste es damals noch nicht, aber Gott befreite sie von ihrer Sucht (und vielem mehr), indem er sie mit seinem Geist erfüllte, als sie von ihrem Problem wegsah und ihre Augen auf Jesus gerichtet hielt. Sie erzählte mir, dass sie erst kürzlich entdeckt hatte, dass die Antwort auf ihr Trinkproblem die ganze Zeit schon in Gottes Wort gestanden hatte: »Betrinkt euch nicht mit Wein; sonst ruiniert ihr damit euer Leben. Lasst euch stattdessen vom Heiligen Geist erfüllen« (Eph 5,18).

Ich ziehe den Hut vor dieser jungen Frau, weil sie den Mut hatte, mir ihre eindrückliche Geschichte zu erzählen. Ich bete, dass ihr Zeugnis auch dich ermutigt, inspiriert und dir Hoffnung gibt.

Eine Begegnung mit Jesus kann dich übernatürlich befreien

Du fragst dich vielleicht: »Wie kann das sein? Wie können vier Jahre Alkoholabhängigkeit einfach so verschwinden? Wie kann solch ein starkes Verlangen in so kurzer Zeit seine Macht verlieren?«

Die Antwort ist einfach, aber kraftvoll.

Kate ließ zu, dass Gottes Liebe ihr Denken durchflutete, als sie sich Predigten über Gottes Gnade auf ihrem iPod anhörte, die von Jesus und seiner Liebe erfüllt waren. Wenn du zulässt, dass Gottes Liebe dein Denken durchströmt, ist es völlig gleichgültig, welche falschen Glaubensinhalte, Ängste oder Süchte dich gefangen halten. Seine Gnade wird anfangen, sie zu zerbrechen. Das geschieht, wenn du eine Begegnung mit deinem liebenden Retter hast. Keiner, der Jesus begegnet, bleibt derselbe. Er kam, um die Gefangenen zu befreien.

Hör dir an, was Jesus sagt: »Der Geist des Herrn ruht auf mir, denn er hat mich gesalbt, um den Armen die gute Botschaft zu verkünden. Er hat mich gesandt, Gefangenen zu verkünden, dass sie freigelassen werden, Blinden, dass sie sehen werden, Unterdrückten, dass sie befreit werden« (Lk 4,18).

Mein Freund, ich möchte dir sagen: Was immer dich auch belasten mag, Jesus ist gekommen, um dich zu befreien. Es kann eine Krankheit sein oder, wie bei Kate, eine Sucht, die dich seit Jahren gefangen hält.

Wie deine Situation auch aussehen mag, wie lange du vielleicht schon in ihr gefangen gehalten wirst – zwei Jahre, zehn Jahre, dreißig Jahre lang –, du sollst wissen: *Gott kann dich in* ***einem einzigen*** *übernatürlichen Moment befreien.* Er, der die Zeit geschaffen hat, ist nicht an die Zeit gebunden. Er, der im Bruchteil einer Sekunde Wasser in den edelsten Wein verwandelte, kann natürliche

Prozesse übergehen und deine Befreiung von jeglicher Gebundenheit beschleunigen!

Was immer dich auch belasten mag,
Jesus ist gekommen, um dich zu befreien.

Ich kenne viele Menschen, die jahrzehntelang mit Süchten kämpften. Doch nachdem sie einmal eine übernatürliche Begegnung mit Jesus gehabt hatten, wachten sie einfach eines Morgens auf und stellten fest, dass sie frei waren. Sie spürten nicht mehr den vertrauten Drang oder das Verlangen, ihrem negativen Verhalten nachzugehen. Auch Frank, der im amerikanischen Bundesstaat Maryland lebt, schrieb mir und erzählte, wie er von seiner Drogenabhängigkeit frei wurde. Man hatte ihm gesagt: »Einmal süchtig, immer süchtig«, und er hatte es geglaubt.

Aber als er durch eine meiner Predigten die Wahrheit über die lebensverändernde Liebe und Gnade Jesu erfuhr, zerstörte das einfach die Ketten, die ihn gefangen hielten. Er schreibt: »Mensch, ich hätte vor Freude durch die Decke springen können, als ich erkannte, dass ich nur das vollendete Werk Jesu und seine Gnade annehmen muss! Nach dreißig Jahren Drogenabhängigkeit dachte ich, für mich gäbe es keine Hoffnung mehr. Aber gepriesen sei Jesus, jetzt bin ich frei von Drogen und gehe mit meiner Frau, die ebenfalls von ihrer Drogensucht frei wurde, zu einer guten Gemeinde, in der über die Gnade gepredigt wird.«

Mein Freund, das ist die Kraft des richtigen Glaubens!

Gottes Wahrheit bewirkt deine Befreiung

In dem Moment, als Kate und Frank anfingen, die richtigen Dinge über Gott zu hören und zu glauben, bewirkte dies ihre Befreiung, und zwar auf eine beschleunigte Weise. Die Wahrheit zu kennen war der Katalysator. Vergleiche das einmal mit den Menschen, die sich darauf konzentrieren, richtig zu leben, ohne darauf zu achten, richtig zu glauben. Leider erleben sie nur vorübergehende Durchbrüche, die von ihrer Willensstärke oder Selbstdisziplin abhängen. Aber Menschen, die sich auf die Wahrheit über Gott konzentrieren und ihr glauben, erleben mühelos dauerhafte Freiheit. Jesus hat mit Sicherheit nicht gescherzt oder übertrieben, als er sagte, dass es dich frei macht, die Wahrheit zu erkennen.

Jesus hat die Wahrheit, die du brauchst und nach der du gesucht hast. Er ist *der* Weg, *die* Wahrheit und *das* Leben (Joh 14,6). In seiner Liebe hat er bereitwillig sein Leben am Kreuz niedergelegt, um dich zu befreien. Darum geht es in diesem Buch – dass sich durch die Kraft seiner aufopferungsvollen Liebe und ewigen Wahrheiten das verändert, was du glaubst. Ich habe mich bemüht, diese Wahrheiten so zugänglich und klar ersichtlich wie möglich für dich zu beschreiben. Ich bete, dass du mit Gottes Gnade wie nie zuvor in Berührung kommst, während du diese Worte, Bibelstellen und wahren Geschichten von Menschen liest, die freigesetzt wurden, indem sie einfach diesen Wahrheiten über Gott und dem, was er über sie sagt, glaubten. Und wenn du diese Wahrheiten verinnerlichst, bin ich überzeugt, dass du schneller frei sein wirst als du denkst. Deine Befreiung steht kurz bevor!

Bei Gott gibt es immer Hoffnung

Lieber Leser, ich weiß nicht, welche Schmerzen du derzeit durchlebst und ich weiß auch nicht im Detail, womit du kämpfst. Ich will dich nur wissen lassen, dass Gott dich liebt. Egal, wie viele Fehler du in deinem Leben gemacht hast, egal, wie dunkel, schrecklich und verzweifelt die Umstände aussehen mögen, ich habe eine Botschaft für dich: Es ist noch nicht alles aus. Wirf nicht das Handtuch!

Vielleicht hast du gerade jetzt mit dunklen Gedanken zu kämpfen. Vielleicht hattest du sogar Selbstmordgedanken. Nun, ich kann dir sagen, es ist noch nicht alles aus. Es gibt Hoffnung. Es gibt Hilfe. Gott liebt dich so sehr. Er will heute einen Lichtstrahl auf deinen Weg werfen, wie er es auch für Kate getan hat, die jahrelang vom Alkohol versklavt war. Die Fehler deiner Vergangenheit müssen nicht deine Zukunft bestimmen. Gott kann dir einen Neubeginn, einen neuen Anfang, schenken und bewirken, dass alle Dinge zum Guten führen!

Die Fehler deiner Vergangenheit müssen nicht deine Zukunft bestimmen.

»Pastor Prince, Sie verstehen das nicht. Wie kann ich erwarten, dass Gott mir hilft? Ich bin kein besonders religiöser Mensch.«

Dann sind wir schon zu zweit!

In mir steckt kein Funken Religion. Ich bin hier, um dir einen Gott zu zeigen, der lebt, der sich kümmert, der atmet, der liebt, der oftmals falsch dargestellt und missverstanden wurde. Es gibt so viele falsche Glaubensansichten darüber, wer Gott ist.

Der echte Gott wird vorgestellt

Ich möchte, dass du beiseitelegst, was auch immer du über Gott geglaubt, was du über ihn gehört oder über ihn gesehen hast. Erlaube mir, dir durch dieses Buch den echten Jesus vorzustellen, denn damit fängt alles an. Nicht mit dem religiösen Jesus, von dem du vielleicht während deiner Kindheit gehört hast, sondern mit dem echten Jesus, der auf den staubigen Straßen Jerusalems und auf dem stürmischen Meer in Galiläa unterwegs war.

Er war der, zu dem es die Kranken, die Armen, die Sünder, die Obdachlosen und die Ausgestoßenen instinktiv hinzog und in dessen Nähe sie sich wohlfühlten. Er war Gott und Mensch, und er verkörperte Gottes greifbare Liebe. Die Unvollkommenen fühlten sich in seiner Gegenwart nicht gerichtet oder verdammt und hatten auch keine Angst vor ihm. Das hat wenig mit dem zu tun, was vielen von uns über Gott beigebracht wurde.

Jesus hat sich seine härtesten Worte für solche Menschen aufgehoben, die sich selbst als perfekt ansahen. Wenn du dir die biblischen Berichte über Jesus sorgfältig ansiehst, wirst du feststellen, dass er sich mit den religiösen Leuten seiner Zeit, die man als Pharisäer kannte, nicht besonders gut verstand. Hochnäsig liefen sie durch die Straßen und ihre ganze Haltung drückte aus: »Ich bin heiliger als ihr«. Auch wenn sie es nie zugegeben hätten, waren sie extrem arrogant und auf grausame Weise richtend.

Die Pharisäer waren kritisch, nörgelnd, gesetzlich, anmaßend, engstirnig und vor allem ignorant. Sie brüsteten sich mit ihrer Frömmigkeit. Doch in der unmittelbaren Gegenwart des leibhaftigen Gottes stehend, waren sie zu sehr mit sich beschäftigt, als dass sie ihn erkannt hätten. Gott war als Mensch mitten unter ihnen, aber sie beteten ihn nicht an. Stattdessen verachteten sie ihn und schmiedeten bei zahlreichen Anlässen Pläne, um ihn sogar zu töten.

Leider weilen ihre »Nachkommen« auch heute noch unter uns! Vielleicht bist du ihnen schon begegnet und hast ihre Verachtung, Verdammnis und ihr Urteil über dich zu spüren bekommen.

Doch der Gott, von dem sie sprechen, ist nicht der Gott, den ich persönlich kenne. Man muss nicht »religiös« sein, um mit dem Gott in Kontakt zu treten, den ich kenne. Vielmehr gilt: Je weniger »religiös« du bist, umso besser. Daher bitte ich dich, jeden Gedanken, jedes Konzept und jedes Bild, das du von einem »religiösen« Jesus hast, aus deinem Denken zu entfernen. Der echte Jesus kam nicht, um eine neue Religion zu stiften. Er kam nicht, um sich bedienen zu lassen. Nein, er kam, um zu dienen, und genau das tat er.

Du musst nicht »religiös« sein,
um mit Gott in Kontakt zu treten.

Der echte Jesus schuf das Universum mit einem Befehl aus seinem Mund und bestimmte die Laufbahn aller Planeten, damit sie nicht zusammenstießen. Er hatte jedes Recht dazu, von seinen Geschöpfen Dienerschaft einzufordern, und doch war er es, der ihnen diente. Er kniete sich hin und wusch mit seinen eigenen Händen den Schmutz und Dreck von den Füßen seiner Jünger. Es waren dieselben Hände, die später von rauen Nägeln am Kreuz durchbohrt wurden, und mit seinem eigenen Blut wusch er uns rein von dem Schmutz und Dreck unserer Sünde, indem er sie auf sich selbst nahm. Wie sehr unterscheidet sich dieses Bild von dem verdammenden, richtenden, nörgelnden Gott, wie er von vielen dargestellt wurde!

Glaube an einen Gott der Gnade

Heutzutage glauben viele an einen »religiösen« Gott. Sie glauben, dass Gott gegen sie ist, wenn sie hinter seinen Erwartungen zurückbleiben, dass er wütend auf sie ist, wenn sie versagen und dass sie keine Gemeinschaft mehr mit ihm haben können, wenn sie Fehler machen. Sie glauben, dass Gott ständig unzufrieden mit ihnen ist und ungeduldig darauf wartet, dass man ihn besänftigt. Sie haben einen Gott vor Augen, der sie fortwährend für ihre Schwächen verurteilt und der angesichts ihrer Mittelmäßigkeit oder ihres nicht enden wollenden Versagens schwer enttäuscht den Kopf schüttelt. Sie glauben, dass sie für Gott nicht gut genug sind und es auch niemals sein werden.

Daher ist es kein Wunder, dass sie, wenn sie verletzt sind, nicht zu der wahren Lösung laufen, sondern sich in die genau entgegengesetzte Richtung wenden. Wir haben es also mit einem großen Schwindel zu tun, einem mächtigen falschen Glauben über Gott, der viele in einem Teufelskreis aus Verdammnis, Schuld, Angst, Versagen und Sucht gefangen hält.

Mein Freund, der Gott, den ich kenne, ist ein Gott unendlicher Gnade. Die »Religiösen« sind ihm zuwider, aber er ist voll Gnade und unwiderstehlich hingezogen zu den Leidenden.

Ganz gleich, was du heute durchmachst, welche Dinge dich auch abhängig machen, der richtige Glaube kann und wird dich befreien. Fange an, indem du die folgende mächtige Wahrheit glaubst:

Gott ist ein Gott der Gnade und Vergebung. Er liebt dich sehr und hält dir deine Fehler nicht vor.

Fange an, an seine Liebe zu dir zu glauben, dann wird sich dein ganzes Leben grundlegend verändern. Der richtige Glaube führt immer dazu, richtig zu leben. Wenn du ändern kannst, was du glaubst, kannst du dein Leben verändern!

Wenn du ändern kannst, was du glaubst,
kannst du dein Leben verändern!

KAPITEL 2

DER GOTT, DER DIE AUSGESTOSSENEN SUCHT

Sie wartete, bis die Luft rein war. Sie wollte keine der anderen Frauen treffen, die sehr deutlich gemacht hatten, dass sie ihre Anwesenheit als Zumutung empfanden. Sie hielt das Geläster, die abfälligen Bemerkungen und missbilligenden Blicke nicht mehr aus. Als sie sich vor einigen Wochen dem Brunnen genähert hatte, um Wasser zu schöpfen, hatten die anderen Frauen – die sich sehr wohl bewusst waren, dass sie sie hören konnte – einander gewarnt, ihre Ehemänner von ihr fernzuhalten.

»Sie ist eine Verführerin!«, hatte eine von ihnen laut geflüstert. »Wusstet ihr schon, dass sie bereits fünf Ehemänner aus anderen Dörfern gehabt hat?«

Eine andere Frau hatte das Wort ergriffen: »Und der Mann, mit dem sie jetzt zusammenlebt, ist noch nicht einmal ihr Ehemann.«

In ihrer Unsicherheit fingen sie an, alle möglichen haltlosen Anschuldigungen gegen sie vorzubringen.

»Sie ist leicht zu haben!«

»Ehe du dich versiehst, klaut sie dir deinen Mann.«

»Lass dich nicht von ihrem unschuldigen Blick und dem betörenden Lächeln täuschen!«

Pikante Details ihres Könnens als »Männerstehlerin« hatten sich rasend schnell in ihrem Dorf verbreitet und ihr auch noch das letzte verbliebene bisschen Würde geraubt.

Schon bald war sie eine Ausgestoßene im Dorf. Niemand wagte es, sich mit ihr anzufreunden. Seit sie dorthin gezogen war, hatte sie alles versucht, um ihre Vergangenheit im Dunkeln zu lassen. Doch als die Nachrichten die Runde machten, wollte niemand ihre Seite der Geschichte hören. Sie wurde in eine Schublade gesteckt: die Frau mit der zweifelhaften Vergangenheit. Das Urteil war bereits gesprochen – sie war eine Frau, die Ehen und Familien zerstörte! Was sonst gab es da noch über sie zu wissen?

Seit Wochen hatte sie mit niemandem mehr gesprochen. Wilde Geschichten über die Hintergründe, warum sie fünf Ehemänner gehabt hatte, verbreiteten sich im Dorf wie ein Virus. Um sich selbst zu schützen und erneutem Kontakt mit den anderen Frauen aus dem Weg zu gehen, hatte sie eine Strategie entwickelt. Da alle Frauen ihre Wasservorräte während des kühlen Morgens auffüllten, machte sie ihren täglichen Gang zum Brunnen von nun an nur noch, wenn die Sonne am höchsten stand. Lieber ertrug sie die erbarmungslose Mittagshitze als die Verachtung und Beleidigungen der Frauen. Seit ihrem Entschluss ging sie still zum Brunnen, begegnete dabei niemandem und zog sich wieder in die Einsamkeit zurück, nachdem sie sich ihren Wasservorrat geholt hatte.

An diesem einen Tag wartete sie wieder geduldig darauf, dass die Sonne ihren Zenit erreichte. Dabei hatte sie keine Ahnung, dass die Sonne der Gerechtigkeit[1] bereits am Brunnen auf sie wartete.

Ein Retter, der sich den Unvollkommenen zuwendet

Du kannst von dieser Frau im Johannesevangelium (Joh 4,1–42) lesen. Wenn du ihre Geschichte oder auch jede andere Geschichte in der Bibel liest, nutze deine Vorstellungskraft – nicht, um die Bedeutung der biblischen Texte zu verändern, sondern um auf die Details zu achten und die Schätze zu finden, die Gott darin für dich als Segen versteckt hat. Werde selbst Teil der Geschichte. Diese Personen sind keine Märchengestalten. Sie sind echte Menschen, die vor echten Herausforderungen stehen und einen sehr echten Retter haben!

Es gibt keine unbedeutenden Details in der Bibel. Im Text wird uns explizit gesagt, dass Jesus um die Mittagszeit am Brunnen auf die Frau wartete. Es wird auch erwähnt, dass Jesus von Judäa nach Galiläa zog und es heißt sogar: »Er *musste* aber durch Samaria ziehen« (Joh 4,4 ELB).

Er musste. Dieses Wort drückt nicht nur eine Notwendigkeit aus, sondern unterstreicht eine feste Entschlossenheit und sogar Dringlichkeit!

Die Jünger Jesu waren sicher überrascht, als er sagte, er müsse durch Samaria gehen. Diese Route nach Galiläa hatten sie noch nie genommen. Es war Brauch bei den Juden jener Zeit, jeden Kontakt mit den Samaritern zu vermeiden, die sie als geistlich unterlegen ansahen. Die Jünger wussten nicht, dass er absichtlich eine göttliche Begegnung mit der Frau am Brunnen eingeplant hatte.

Aus dem Bericht in Johannes 4 erfahren wir, dass diese geächtete, einsame Frau mit Jesus eine lebensverändernde Unterhaltung an dem Brunnen führte. Aber achte auf das Detail – nicht sie war diejenige, die das Gespräch mit Jesus gesucht hat. Es war der Retter, der auf die Frau zuging, die andere zur Ausgestoßenen gemacht hatten. Weißt du, dass er das heute immer noch tut?

Schämst du dich deiner Vergangenheit? Kämpfst du damit, etwas zu überwinden, das dich zerstört? Hast du das Gefühl, dass du ganz allein bist und niemand versteht, was du durchmachst?

Ich möchte, dass du weißt: Jesus hat sich nicht verändert. Wie er es für die Samariterin war, ist er auch jetzt immer noch der liebende Retter, der dir in Zeiten der Not hilft (siehe Ps 46,2). Er weiß, worunter du jetzt gerade leidest, wofür du dich schämst und womit du kämpfst. Selbst wenn das, was du durchmachst, die logische Konsequenz falscher Entscheidungen und eigener Fehler ist, lässt er dich nicht fallen. Nein, tausendmal nein! Wie im Falle der Frau aus Samaria scheut er keine Mühe, ein persönliches Treffen zwischen dir und ihm herbeizuführen, um dich zu retten und wiederherzustellen. Die Tatsache, dass du in diesem Moment diese Zeilen liest, ist eine Bestätigung dafür, dass Jesus sich mit seiner Liebe, Gnade und Vergebung nach dir ausstreckt. Mein Freund, so ist Jesus!

Jesus streckt sich mit seiner Liebe, Gnade und Vergebung nach dir aus.

Er kommt mitten im Sturm zu dir

Der liebende Retter kommt in der Not zu dir. Als seine Jünger draußen auf dem Meer in einem turbulenten Sturm gefangen waren und in ihrem Boot von den Wellen hin- und hergeworfen wurden, wer kam da in ihrer dunkelsten Stunde zu ihnen? Es war Jesus höchstpersönlich. Stilvoll ging er über die tosenden Wellen.

Was sagt uns das? Dass er über den Stürmen steht. Er steht und geht darüber, er ist also größer als jede Not und jeder Widerstand, mit denen du konfrontiert wirst, und er kommt zu dir, um dich zu retten!

Während die Wellen unter seinen Füßen wogten, richtete er seine ersten Worte an die Jünger: »›Es ist gut‹, sagte er. ›Ich bin es! Habt keine Angst‹« (Mt 14,27).

Welchen Trost müssen diese Worte für die Jünger bedeutet haben, die völlig erschöpft waren und vor Angst zitterten. Das lösen Stürme nämlich meistens in uns aus. Sie überwältigen uns. Welle auf Welle unaufhörlicher Schläge reißen dir den Boden unter den Füßen weg, bis du nicht mehr weißt, wo oben und wo unten ist – so lange, bis all deine Energie aufgebraucht ist und du dich schwach, verlassen und einsam fühlst.

Richte dich jedoch nicht nach diesen negativen Gefühlen und Emotionen, mein Freund. Lebe aus der Wahrheit des Wortes Gottes heraus, die dich ermutigt: »Habt keine Angst und erschreckt nicht vor ihnen! Der Herr, euer Gott, wird selbst mit euch gehen. Er wird euch nicht verlassen und euch nicht im Stich lassen« (5Mo 31,6). Unser Gott ist ein persönlicher und liebender Gott, der mit dir im Boot sitzt. Er weiß, welche Stürme auf dich zukommen und wie er dich jedes Mal zum Sieg führen kann. Er lässt dich nicht im Stich!

Unser Gott ist ein persönlicher und liebender Gott, der weiß, welche Stürme auf dich zukommen und wie er dich jedes Mal zum Sieg führen kann.

Der gute Hirte geht dir voraus

Jenny, eine Frau aus meiner Gemeinde, erzählte mir, dass sie einmal mit ihrem Mann einen Golfurlaub in einer sehr gebirgigen Gegend machte. Als sie am Morgen beim ersten Abschlag standen, hing ein leichter Nebel über dem schönen Golfplatz. Sie hatte zuvor über Psalm 23 meditiert, in dem es heißt, dass der Herr unser Hirte ist. Sie fühlte sich so geliebt von ihm, als sie die malerische Landschaft in sich aufnahm und die klare, kühle Bergluft einatmete. Sie stellte sich bildlich vor, wie sie von Jesus, dem guten Hirten, geleitet wurde, der sie auf grünen Auen ausruhen ließ und sie zu stillen Wassern führte.

Obwohl Jenny auf diesem Platz noch nie zuvor gespielt hatte, legte sie ihre beste Runde Golf hin. Wie kam es dazu? Sie hatten einen erfahrenen Caddy dabei, und Jenny profitierte sehr von all seinen Beobachtungen und Ratschlägen. Sie spielte nicht regelmäßig Golf und war daher etwas nervös, aber der Caddy sprach ihr Mut zu und sagte: »Keine Sorge, ich habe dreißig Jahre Erfahrung auf diesem Platz. Ich bin schon an jedem Ort hier gewesen und kenne alle Gefahren und Fallen, die vor Ihnen liegen. Ich zeige Ihnen, was Sie meiden und wohin Sie zielen sollten.« Und weil sie seinen Rat befolgte, landete ihr Golfball auf jedem Fairway und sie spielte die beste Runde Golf ihres Lebens!

Mein Freund, du hast mehr als einen erfahrenen Caddy an deiner Seite. Du hast den bei dir, der das Universum geschaffen hat – und er ist der Hirte deines Lebens! Dieser Hirte hatte bereits deine Zukunft vor Augen. Er kennt jede Gefahr und jede Falle vor dir, und er hat einen Weg für dich geplant, der voller Zeichen seiner Gunst ist. Und selbst wenn du einen Fehler machst oder an der falschen Stelle abbiegst, ist er immer noch *bei dir*, um dir zu *helfen* und dich zu *retten*. Schau dir an, was der Psalmist schreibt:

Auch wenn ich durch das dunkle Tal des Todes gehe, fürchte ich mich nicht, denn du bist an meiner Seite. Dein Stecken und Stab schützen und trösten mich. – Psalm 23,4

Die Tür der Hoffnung in deinem Unglückstal

Bitte beachte, dass es in diesem Vers nicht heißt, dass es der gute Hirte war, der den Psalmisten in das Unglückstal geführt hat: »Auch wenn *ich* durch das dunkle Tal des Todes *gehe* …« Dennoch sagt die Bibel sehr deutlich, dass Gott immer noch bei dir ist, wenn deine Schwierigkeiten auf deinen Eigenwillen zurückzuführen sind. Er hat dich nie verlassen und wird es auch nie tun. Er wird dich nie aufgeben. Du bist kostbar in seinen Augen. Kannst du dir ausmalen, dein Leben mit dieser Zuversicht, Sicherheit und diesem Frieden zu führen? Dann glaube fest daran, dass Gott dich *niemals* verlassen oder im Stich lassen wird!

Die Bibel sagt sogar, dass Gott das Tal von Achor zum Tor der Hoffnung für dich machen wird (siehe Hos 2,17). Das hebräische Wort *achor* bedeutet »ins Unglück bringen«.[2] Selbst wenn du dich also gerade im Unglückstal befindest, wirst du nicht lange dort bleiben. Du wirst hindurchgehen und nicht verweilen oder dein Zelt aufschlagen. Gott öffnet in deinem Leben heute eine Tür der Hoffnung für dich, sodass du aus deiner Finsternis heraus in sein wunderbares Licht treten kannst (siehe 1Petr 2,9). Die Dinge werden sich zum Besseren wenden. Die Durchbrüche, auf die du gewartet hast, kommen dir entgegen. Geh heute durch die Tür der Hoffnung und lass dein Unglückstal hinter dir. Jesus ist deine Tür der Hoffnung! Glaube an seine Liebe zu dir und lass zu, dass er dich in die Freiheit führt.

Manche Leute denken, Gott würde sie verlassen, wenn sie scheitern, und er käme nur wieder zurück, wenn sie sich am Riemen reißen würden. Sie denken, dass sie ihr Leben reinigen und alle ihre Probleme allein überwinden müssen, bevor sie in Gottes Gegenwart kommen können. Also, ich habe eine einfache Frage an euch: Wascht ihr euch, bevor ihr ein Bad nehmt? Natürlich nicht!

Jesus ist deine Tür der Hoffnung! Glaube an seine Liebe zu dir und lass zu, dass er dich in die Freiheit führt.

Gott will, dass wir so zu ihm kommen, wie wir sind – mit all unseren Schwächen, Macken, falschen Glaubensinhalten, inneren Blockaden und all unseren Bindungen, Ängsten und Süchten. *Er* ist das Bad! Versuche also nicht, dich selbst zu waschen, bevor du zu ihm kommst. Im Angesicht seiner Liebe, Freude und Gnade wirst du Wiederherstellung, Heilung und Vergebung finden. Er wird dein Leben heilen und dich von innen heraus verwandeln. Gerade jetzt streckt er dir seine Hand entgegen und bietet dir seine Gnade, Liebe und Hilfe an. Es ist keine Schande, so zu Jesus zu kommen, wie du bist. Er, der dich vollkommen kennt, liebt dich auf vollkommene Weise!

Um die Wahrheit zu erkennen, musst du zur Quelle gehen

»Aber Pastor Prince, ist Gott wegen meiner Fehler, meines Versagens und meiner Sünde nicht enttäuscht und wütend auf mich? Ich schäme mich zu sehr, um zu ihm zu gehen. Ich habe das Gefühl, dass ich das Chaos in meinem Leben erst in Ordnung bringen muss,

bevor ich wieder zur Gemeinde gehen, in der Bibel lesen und beten kann.«

Ich kann verstehen, wie du dich fühlst. Und ich kann dir sagen, dass du mit diesen Gefühlen nicht allein bist. Viele Christen, die ich seelsorgerlich begleitet habe, empfinden genau das Gleiche. Doch die wirkungsvollste Art, mit unseren Problemen und falschen Glaubensüberzeugungen umzugehen, ist, direkt zu Gott zu gehen und die Wahrheit aus seinem Wort herauszufinden. Damit wir den richtigen Glauben haben, müssen wir erst entdecken, was »richtige Glaubensinhalte« sind, die auf dem soliden Fundament des Wortes Gottes basieren. Wir können unseren Glauben nicht auf Gefühle, Umstände, menschliche Vermutungen oder darauf gründen, was möglicherweise jemand über Gott gesagt hat. Wir müssen zur Quelle gehen!

Damit wir den richtigen Glauben haben, müssen wir erst entdecken, was »richtige Glaubensinhalte« sind, die auf dem soliden Fundament des Wortes Gottes basieren.

Wenn du das Gerücht hörst, dass jemand, der dir nahesteht, negativ über dich redet, solltest du das nicht sofort glauben. Geh erst zur Quelle. Frag diesen Menschen, ob er das wirklich so gesagt oder wirklich so gemeint hat. Viele Menschen lassen zu, dass Freundschaften und Beziehungen zerbrechen, weil sie Gerüchten Glauben schenken. Sie werden bitter, wütend und enttäuscht, ohne jemals zu überprüfen, ob die Person diese schlimmen Dinge wirklich gesagt hat.

Genauso gibt es in unserer heutigen Welt alle möglichen falschen Glaubensüberzeugungen über Gott, die sich hartnäckig halten: »Gott ist zornig auf dich.« »Er ist enttäuscht von dir.« »Gott lässt zu, dass dir all diese schrecklichen Dinge passieren, weil er dich für deine Sünden bestraft.«

Bitte glaube diesen haltlosen Gerüchten über Gott NICHT! Solche Vermutungen über Gott haben schon der Beziehung vieler Menschen zu ihm geschadet, die dann mit einer verzerrten Perspektive davon leben, wer Gott wirklich ist. Anstatt seine Liebe, Gnade und Vergebung zu empfangen, bekommen sie Angst vor ihm und gehen auf Distanz. Anstatt Jesus einzuladen, in ihre persönliche Situation hineinzukommen, leben sie ihr Leben auf der Flucht, gehen ihm aus dem Weg und verstecken sich vor ihm. Aber komm, lass uns Gott Respekt entgegenbringen und zur Quelle gehen.

Was sagt also die Bibel – Gottes eigene Worte – über ihn? Ich will einen meiner Lieblingspsalmen von David zitieren:

> *Barmherzig und gnädig ist der Herr, geduldig und voll großer Gnade. ... Er bestraft uns nicht für unsere Sünden und behandelt uns nicht, wie wir es verdienen. Denn so hoch der Himmel über der Erde ist, so groß ist seine Gnade gegenüber denen, die ihn fürchten. So fern der Osten vom Westen ist, hat er unsere Verfehlungen von uns entfernt. Wie sich ein Vater über seine Kinder zärtlich erbarmt, so erbarmt sich der Herr über alle, die ihn fürchten. – Psalm 103,8.10–12*

Ist das nicht ein großartiger Psalm? Lass dich durch den Ausdruck »gegenüber denen, die ihn fürchten« nicht abschrecken. Jesus definierte das Wort »fürchten« mit »Anbetung« (siehe 5Mo 6,13; Mt 4,10). Wenn hier also von »denen, die ihn fürchten« die Rede ist, sind damit diejenigen gemeint, die Gott in ihrem Leben Ehrfurcht und Respekt entgegenbringen. Damit ist *nicht* gemeint,

Furcht oder Angst vor Gott zu haben. Im Kontext dieses gesamten Abschnitts geht es darum, wer und was Gott wirklich ist – gnädig und barmherzig. Und ich möchte dir sehr ans Herz legen, Vers 10 auswendig zu lernen: »Er bestraft uns nicht für unsere Sünden und behandelt uns nicht, wie wir es verdienen.«

Gott hat Gnade im Überfluss für dich

Wenden wir uns noch einmal der Frage zu: Ist Gott wegen deiner Fehler, deines Scheiterns und deiner Sünden von dir enttäuscht und zornig auf dich? Nein! Lies dir noch einmal die Bibelstelle oben durch. Entscheidend ist hier: Wenn du ein Kind Gottes bist, wurden all deine Fehler, all dein Versagen und all deine Sünden *bereits* gerichtet und bestraft – und zwar am Körper Jesu, der am Kreuz hing! Deshalb zürnt Gott dir nicht mehr wegen deiner Sünde und deshalb begegnet er dir nicht auf zornige Weise. Nein, wegen des Kreuzes begegnet er dir mit seiner überfließenden Gnade und Barmherzigkeit.

Nur für den Fall, dass du es übersehen hast: Der Psalm betont wiederholt, dass Gott gnädig ist. Es heißt darin, dass Gott »barmherzig« ist und wiederholt fast unmittelbar danach, dass Gott »voll großer Gnade« ist. In der *Neuen Genfer Übersetzung* heißt es, dass Gott »reich an Gnade« ist. Ich mag das Wort »reich«. Dahinter verbergen sich Überfluss, Großzügigkeit, Freigebigkeit. Seine Gnade dir und mir gegenüber ist reich. Er ist voll reichlich vorhandener Gnade im Umgang mit uns!

Mein Freund, Gott hat seinen Zorn auf all deine Sünde am Kreuz ausgelassen. Das Kreuz ist ein Ausdruck seiner Liebe. Wenn du jemals an Gottes Liebe zu dir zweifelst, richte deine Augen einfach auf das Kreuz. Wenn Gott uns für unsere Sünde bestrafen und uns so hätte behandeln wollen, wie wir es verdienen, hätte er nicht seinen Sohn geschickt, um ihn auspeitschen, schlagen und kreuzigen zu lassen, aber genau das tat er! Das ist die gute Nachricht des Evangeliums der Gnade. Gott sandte seinen einzigen, geliebten und kostbaren Sohn, um uns von der Strafe und dem Preis der Sünde zu erlösen.

Also, kannst du dir vorstellen, wie weit der Osten vom Westen entfernt ist? Du darfst dabei nicht nur an die geografischen Grenzen der Erde denken. Gott ist der Schöpfer des Universums. Also frage ich dich noch einmal: Wie weit ist der Osten vom Westen entfernt? Verstehst du, was ich meine? Der menschliche Verstand kann die Entfernung zwischen dem Osten und dem Westen nicht erfassen. Hinter den Grenzen unseres Kosmos und unserer Galaxien befinden sich Grenzen, die sich selbst mit höchst entwickelten Teleskopen nicht ausmachen lassen. Gott denkt in unendlichen Dimensionen, die unser endlicher Verstand niemals begreifen kann. Und dieser Gott des unendlichen Universums verkündet in dem Psalm: »So fern der Osten vom Westen ist, hat er unsere Verfehlungen von uns entfernt!«

Du fängst an, den richtigen Glauben zu haben,
wenn du anfängst, an seine Liebe zu dir zu glauben.

Lass uns zusammen überlegen: Wie kann Gott dich immer noch für deine Fehler bestrafen, wenn er selbst sie beseitigt hat? Ich kann hören, wie die Ketten deines falschen Glaubens über Gott zu Boden fallen, während du diese Zeilen liest! Das ist es, was ich die Kraft des richtigen Glaubens nenne. Du fängst an, den richtigen Glauben zu haben, wenn du anfängst, an seine Liebe zu dir zu glauben. Die Wahrheit ist, dass wir keinen Schritt weitergehen können, wenn du nicht erst zu glauben beginnst, dass Gott für dich und nicht gegen dich ist. Der erste Schlüssel zum richtigen Glauben besteht darin, in seiner Gnade gegründet, in seiner Liebe verwurzelt und überzeugt von der Barmherzigkeit zu sein, die er dir entgegenbringt.

Die Augen auf den Retter richten

Lass uns noch einmal auf die Geschichte über die Frau aus Samaria zurückkommen, zu der Jesus sich ganz bewusst aufmachte. Diese Frau hatte eine Vergangenheit, derer sie sich schrecklich schämte, und kam deshalb um die Mittagszeit zum Wasserschöpfen. Sie wollte niemandem begegnen. Was sie jedoch nicht wusste, war, dass Jesus dort war und *ihr* begegnen wollte. Er war nicht den ganzen Weg gereist, um sie zu verurteilen, zu beschämen oder sich über sie lustig zu machen. Lies dir selbst den Bericht in Johannes 4 durch. Sie wurde von Jesu Liebe, Gnade und Barmherzigkeit angezogen. In seiner Gegenwart fühlte sie sich nicht bloßgestellt oder unwohl.

Als sie sagte, dass sie keinen Ehemann hatte, stellte Jesus sie deswegen nicht zur Rede und demütigte sie nicht. Er wusste, dass sie aufgrund ihrer Lebensumstände unsicher und verlegen war, und lobte sie stattdessen zweimal, indem er sagte: »*Du hast recht geantwortet:* Ich habe keinen Mann. Fünf Männer hast du gehabt, und der, den du jetzt hast, ist nicht dein Mann; *das hast du recht gesagt*« (Joh 4,17–18 LUT). Er verpackte das, was er bereits über sie wusste, in zwei Komplimente! Jesus muss mit so viel Liebe und Barmherzigkeit in seinen Augen und ohne jede Spur von Sarkasmus oder Verurteilung in seiner Stimme zu ihr gesprochen haben, dass die Frau hinter ihrer Deckung hervorkam und sich ihm öffnete.

Als sie von ihm fortging, war diese unsichere Frau, die vorher Angst gehabt hatte, Menschen zu begegnen, so erfüllt mit der Liebe und Annahme Jesu, dass sie zu einer Evangelistin wurde. Sie kehrte zurück ins Dorf und erzählte von Jesus (und zwar genau den Menschen, vor denen sie vorher panische Angst gehabt hatte) und die Bibel berichtet: »Viele Samariter in jenem Ort kamen zum Glauben an Jesus, weil die Frau bezeugt hatte: ›Er hat mir alles gesagt, was ich getan habe‹« (Joh 4,39 GNB).

Mein Freund, genauso ist Jesus heute nicht darauf aus, dich in Verlegenheit zu bringen. Er will dir dort begegnen, wo du jetzt gerade stehst. Er weiß über alles Bescheid, was du je getan hast, und er liebt dich mit einer Liebe, die niemals enden wird. Erlaube seiner Liebe, dass sie dich von innen heraus verändert und verwandelt, so wie sie es bei der Frau am Brunnen tat.

Vielleicht weißt du wie die Samariterin, was es heißt, an all den falschen Orten nach Liebe zu suchen. Jesus bietet dir heute echte Herzensnähe an, die jeden Mangel in dir vollständig ausfüllt. Er bietet dir ein köstliches Gefühl der Ruhe an, das nur in seiner vollkommenen und bedingungslosen Liebe zu finden ist. Vielleicht liegt eine Vergangenheit hinter dir, die dich in Scham und Selbsthass gefangen hält. Vielleicht hast du den Dingen, die du getan hast, erlaubt, dich davon zu überzeugen, dass du nie Gottes Annahme oder Liebe bekommen wirst. Wenn du von Gott bisher nur als einem harten und richtenden Gott gehört hast, einem Gott, der dir jeden deiner Fehler vorhält, dann fordere ich dich auf, dem echten Retter zu begegnen, der dir bereits vergeben hat und dich einlädt, seine unfehlbare Liebe zu entdecken, zu schmecken und zu erleben.

Es spielt keine Rolle, zu welchem Chaos die Abwärtsspirale in deinem Leben geführt hat. Wenn du Jesus dein Herz öffnest und seiner Liebe erlaubst, dich zu heilen, kann er die Laufbahn deines Lebens verändern und dir einen echten Neuanfang und eine strahlende Zukunft schenken. Alles kann sich zum Besseren wenden, wenn du anfängst, das Richtige über seine Liebe zu dir zu glauben und lernst, aus ihr zu schöpfen!

Alles kann sich zum Besseren wenden, wenn du anfängst, das Richtige über seine Liebe zu dir zu glauben und lernst, aus ihr zu schöpfen!

Gott freut sich, wenn du aus seiner Liebe schöpfst

Weißt du, dass es Jesus große Freude bereitet, wenn du aus seiner Liebe schöpfst? Schau dir an, wie die Begegnung der Samariterin mit Jesus endete. Als die Jünger Jesus am Brunnen zurückließen, um etwas zu essen zu kaufen, war er müde und erschöpft von der Reise. Als sie zurückkamen, waren sie sehr überrascht, weil er so erfrischt aussah, und sie fragten sich, ob ihm bereits jemand etwas zu essen gebracht hatte. Jesus entgegnete ihnen: »Ich lebe von einer Nahrung, von der ihr nichts wisst« (Joh 4,32).

Auf welche Nahrung bezog Jesus sich hier? Er hatte weder etwas gegessen noch getrunken. Er hatte lediglich der Frau aus Samaria gedient. Anders ausgedrückt: Als Jesus ihr in seiner Liebe diente, wurde ihm dies zur Nahrung, zur Stärkung und zur Freude. Du weißt, wenn du deine Kraft von anderen Menschen beziehst, werden sie leer und schwach. Aber auf Jesus trifft das

Gegenteil zu. Wenn du deine Kraft aus ihm beziehst, wird er gestärkt, erfrischt, neu belebt! Jesus möchte, dass wir wissen: Ihm bereitet es große Freude und großes Vergnügen, wenn wir aus seiner Liebe zu uns schöpfen.

Als die Samariterin Jesus fragte, warum er (ein Jude) sie (eine Samariterin) um Wasser bat, sagte er zu ihr: »Wenn du wüsstest, welche Gabe Gott für dich bereithält und wer der ist, der zu dir sagt: ›Gib mir zu trinken‹, dann wärst du diejenige, die ihn bittet, und er würde dir lebendiges Wasser geben. … Wenn die Menschen dieses Wasser [aus dem Brunnen] getrunken haben, werden sie schon nach kurzer Zeit wieder durstig. Wer aber von dem Wasser trinkt, das ich ihm geben werde, der wird niemals mehr Durst haben. Das Wasser, das ich ihm gebe, wird in ihm zu einer nie versiegenden Quelle, die unaufhörlich bis ins ewige Leben fließt« (Joh 4,10.13–14).

Jesus sagt zu dir heute dasselbe: *Wenn du nur wüsstest,* wer derjenige ist, der dir in deinen dunkelsten Stunden beisteht. *Wenn du nur wüsstest,* wer dieses Geschenk Gottes ist und dich niemals verlässt oder im Stich lässt, der vor dir hergeht und dir mitten im Sturm begegnet. *Wenn du nur wüsstest,* wer der Eine ist, der dir seine Hände selbst dann entgegenstreckt, wenn du versagt hast, und der dir deine früheren Fehler oder dein gegenwärtiges Versagen nicht vorhält.

Lieber Freund, wenn du nur dieses Geschenk Gottes kennen würdest! Er bietet dir das lebendige Wasser seiner bedingungslosen Liebe an, sodass dich nie wieder dürsten würde, nachdem du davon getrunken hättest. Du bräuchtest dann nicht mehr an all den falschen Orten nach Liebe oder Annahme zu suchen. Dein Herz würde nicht mehr gebrochen werden, die Sorgen um die Zukunft würden dich nicht mehr belasten und dein Leben würde nicht mehr vom Kurs abkommen. Jeden Morgen darfst du aufwachen und das Gute erwarten. Jesus lud die Frau in erster Line dazu ein, ihn um das lebendige Wasser seiner Liebe zu bitten. Wirst du das heute tun? Dein Leben wird nie wieder dasselbe sein, wenn du seine Liebe persönlich erlebst!

Dein Leben wird nie wieder dasselbe sein, wenn du seine Liebe persönlich erlebst!

KAPITEL 3

»JESUS LIEBT MICH GANZ GEWISS«

Ich hörte einmal die Geschichte eines Geistlichen aus Oregon, der die Aufgabe hatte, als Seelsorger in einer psychiatrischen Anstalt zu dienen. Seinen ersten Einsatz hatte er in einer Gummizelle, in der geistig verwirrte, kaum bekleidete Patienten untergebracht waren. Der Raum stank nach menschlichen Fäkalien. Es war ihm nicht möglich, mit den Insassen zu sprechen, geschweige denn, ihnen seelsorgerlich zu dienen – die einzigen Reaktionen, die er erhielt, waren Stöhnen, Wimmern und dämonisches Lachen.

Dann gab ihm der Heilige Geist den Eindruck, sich in die Mitte des Raumes zu setzen und eine ganze Stunde lang ein bekanntes christliches Kinderlied zu singen: »Jesus liebt mich ganz gewiss. Denn die Bibel sagt mir dies. Alle Kinder, schwach und klein, lädt er herzlich zu sich ein.« Am Ende des ersten Tages war nichts geschehen, aber er blieb dran. Wochenlang saß er dort und sang mit stetig wachsender Überzeugung immer dasselbe Lied: »Ja, Jesus liebt mich! Ja, Jesus liebt mich! Ja, Jesus liebt mich! Die Bibel sagt mir dies.«

Im Laufe der Zeit begannen die Patienten, einer nach dem anderen, mit ihm zu singen. Überraschenderweise wurden am Ende des ersten Monats sechsunddreißig dieser schwerkranken Patienten von der Überwachungsstation auf eine andere Station verlegt, in der sie mehr Freiheiten hatten. Innerhalb eines Jahres wurden, mit Ausnahme von zwei Patienten, alle aus der psychiatrischen Anstalt entlassen.[3]

Diese einfachen Worte »Jesus liebt mich ganz gewiss« waren von Anna Bartlett Warner zuerst in einem Gedicht festgehalten worden. Sie war eine amerikanische Autorin, die 1827 auf Long Island im Bundesstaat New York geboren wurde. Im Jahr 1862 unterlegte William Batchelder Bradbury, der bereits viele Choräle geschrieben hatte, diese Worte mit der Melodie, die wir bis heute kennen, und fügte außerdem den Refrain hinzu: »Ja, Jesus liebt mich!« Rasend schnell wurde dieses Lied in ganz Amerika und auf jedem anderen Kontinent bekannt. Es ist in viele Sprachen übersetzt worden und wurde in kürzester Zeit zu einem der bekanntesten und beliebtesten Kirchenlieder aller Zeiten.

Der Grund, warum dieses Lied immer noch so beliebt ist, liegt in seiner prägnanten Eleganz, wie es das Herz Jesu offenbart. Es lädt den Hörer ein, Folgendes zu erkennen: Egal, mit welchen Herausforderungen, welchem Scheitern, welchen Verfehlungen man gerade zu tun hat, *die Liebe Jesu bleibt eine Konstante.*

Egal, mit welchen Herausforderungen, welchem Scheitern, welchen Verfehlungen man gerade zu tun hat, die Liebe Jesu bleibt eine Konstante.

»Jesus liebt mich ganz gewiss.«
Wieso?
»Denn die Bibel sagt mir dies.«
So einfach und doch so aussagekräftig.

Ob wir sie fühlen oder nicht, die beständige Liebe Jesu zu uns gründet sich auf der Wahrheit und dem Fundament seines unveränderlichen Wortes. Darin wird verkündet, dass seine Liebe zu dir und mir ganz und gar auf ihm beruht – und zwar auf seinen Verheißungen, seinem Werk und seiner Gnade.

Gottes Liebe zu dir ist bedingungslos

Glaubst du heute daran, dass Gott dich liebt? Egal, wie viele Fehler du in deinem Leben begangen hast, ich sage dir heute ohne den geringsten Anflug eines Zweifels, dass Gott dich liebt. Er liebt dich mit einer Liebe, die niemals vergeht. Egal, durch welche schwierigen Umstände du gerade gehst, ich möchte dich gerade jetzt ermutigen, dir vor Augen zu halten, dass der Himmel über dir geöffnet ist und Gottes unverdiente Gunst dich umgibt. Erwarte, dass gute Dinge vor dir liegen. Glaube an seine Liebe zu dir. Glaube von ganzem Herzen, dass du sein Augapfel und die Freude seines Herzens bist. Glaube daran, dass du höchst begünstigt, überreich gesegnet bist und innig geliebt wirst!

Gottes Liebe für dich ist bedingungslos. Sie ist so rein, ursprünglich und wunderbar. Sie hat nichts mit deiner Leistung zu tun. Alles dreht sich nur darum, wer du in Gottes Augen bist – sein geliebtes Kind. Der alte Bund des Gesetzes stellte deine Liebe zu Gott in den Mittelpunkt, aber der neue Bund der Gnade stellt Gottes Liebe zu dir in den Mittelpunkt. Unter dem Strich besagte der alte Bund Folgendes: »Ihr sollt den Herrn, euren Gott, von ganzem Herzen, von ganzer Seele und mit eurer ganzen Kraft lieben« (5Mo 6,5; siehe auch Mt 22,37.40).

Seien wir mal ehrlich: Hast du schon mal jemanden getroffen, der Gott auf diese Weise lieben kann? Natürlich nicht. Sogar David, den die Bibel als einen Mann nach dem Herzen Gottes beschreibt, liebte Gott nicht von ganzem Herzen, von ganzer Seele und mit seiner ganzen Kraft. Das ist menschlich unmöglich. Das Gesetz wurde entworfen, um uns zu zeigen, dass wir völlig unfähig sind, Gott auf vollkommene Weise zu lieben.

Weißt du, was Gott tat, da er wusste, dass der Mensch nicht in der Lage sein würde, ihn von ganzem Herzen, von ganzer Seele, mit seinem ganzen Denken und all seiner Kraft zu lieben? Er zeigte, dass nur *er* uns von ganzem Herzen, von ganzer Seele, mit seinem ganzen Denken und all seiner Kraft lieben kann, als er seinen geliebten Sohn, Jesus Christus, sandte, um uns durch sein Blut von all unseren Sünden zu erlösen. Deshalb steht beim neuen Bund Gottes Liebe zu dir im Mittelpunkt und nicht deine Liebe zu ihm! Unter der Gnade möchte Gott nicht, dass du deine Gedanken darauf konzentrierst, ob du Gott wirklich liebst. Das ist nicht der Fokus im neuen Bund. Unter der Gnade möchte Gott, dass du dich auf *seine* Liebe zu dir konzentrierst. Daher solltest du dir folgende Fragen stellen:

»Weiß ich, wie sehr Gott mich heute liebt?«
»Glaube ich wirklich, dass Gott mich jetzt, in diesem Moment, liebt?«

Du musst dich selbst an Gottes Liebe erinnern, ganz besonders, wenn du gerade gescheitert bist. Glaubst du, dass er dich liebt, wenn du gerade einen Fehler begangen hast? Hier trifft die Theorie auf die Praxis. Was du wirklich über Gottes Liebe glaubst, gerät dann auf den Prüfstand, wenn du versagst. Glaubst du wirklich, dass seine Liebe zu dir wahrhaftig und tatsächlich bedingungslos ist? Oder ist die bedingungslose Liebe Gottes nur eine Redensart, die für dich nicht mehr der Realität entspricht? Ich erlebe das immer wieder. Ich höre Leute sagen: »Gottes Liebe ist bedingungslos!« Aber in dem Moment, wo sie scheitern, wird die Liebe, von der sie einmal behauptet haben, sie sei bedingungslos, von ihrem Verhalten abhängig.

Viele Menschen glauben, dass Gott sie liebt, wenn sie das Richtige tun, aber aufhört, sie zu lieben, sobald sie etwas Falsches tun. Ich werde diesen falschen Glauben mit der Wahrheit des Wortes Gottes zerschmettern!

Auch wenn unsere Liebe für Gott schwanken kann, bleibt seine Liebe zu uns immer gleich. Seine Liebe zu uns gründet sich auf dem, wer er ist, nicht auf das, was wir tun. Ich liebe es, wie zuversichtlich und einfühlsam der Apostel Paulus das ausdrückt: »Ich bin überzeugt: Nichts kann uns von seiner Liebe trennen. Weder Tod noch Leben, weder Engel noch Mächte, weder unsere Ängste in der Gegenwart noch unsere Sorgen um die Zukunft, ja nicht einmal die Mächte der Hölle können uns von der Liebe Gottes trennen. Und wären wir hoch über dem Himmel oder befänden uns in den tiefsten Tiefen des Ozeans, nichts und niemand in der ganzen Schöpfung kann uns von der Liebe Gottes trennen, die in Christus Jesus, unserem Herrn, erschienen ist« (Röm 8,38–39).

Auch wenn unsere Liebe für Gott schwanken kann, bleibt seine Liebe zu uns immer gleich. Seine Liebe zu uns gründet sich auf dem, wie er ist, nicht auf das, was wir tun.

Bist du wie der Apostel Paulus *überzeugt*, dass dich als ein Kind Gottes nichts, noch nicht einmal deine Sünden, dein Scheitern und deine Fehler jemals von der Liebe Gottes trennen können?

Richte dich nicht nach dem, was du fühlst, denkst oder was dir beigebracht wurde. Gottes Wort sagt klar und deutlich, dass dich nichts von seiner Liebe trennen kann. Und nichts heißt *nichts*! Seine Liebe zu dir ist nicht abhängig von deiner tadellosen Leistung. Er liebt dich selbst in deinem Scheitern. Deshalb heißt es ja Gnade! Es ist die unverdiente, nicht von dir selbst erworbene, leistungsunabhängige Gunst Gottes. Wenn du dir Gottes Liebe verdienen könntest, wäre das keine Gnade mehr.

Kraft, um jedes Scheitern zu überwinden

Die Wahrheit lautet: Wenn du in der Lage bist, seine Liebe zu dir neu zu empfangen, wann immer du versagst, dann hast du die Kraft, dieses Scheitern in deinem Leben zu überwinden. Stellen wir uns einmal eine Situation vor, in der du in einer familiären Auseinandersetzung mit deiner Frau die Beherrschung verloren hast. Im Zorn hast du vielleicht einige verletzende Dinge gesagt, die du nicht hättest sagen sollen, und daraus ergab sich ein Schlagabtausch harter und unfreundlicher Worte. In deinem Zuhause bricht der kalte Krieg aus und deine Kinder gehen in Deckung. Nun fühlst du dich schrecklich schuldig aufgrund dessen, was du begonnen hast, und dein Gewissen klagt dich an:

Wie kannst du so mit deiner Frau reden?
Was für ein Christ bist du eigentlich?
Du bist so ein schlechtes Vorbild für deine Kinder!

Je länger du in den Schuldgefühlen verharrst, umso schlimmer wird es und umso wütender wirst du auf deine Frau – es ist *ihre* Schuld, dass du dich jetzt so schlecht und schuldig fühlst. *Ihret-*

wegen glaubst du jetzt, dass du von Gottes Liebe getrennt bist. Du glaubst – was ganz und gar falsch ist –, dass er wütend auf dich ist, weil du wütend auf deine Frau warst. Warum? Weil du zwar in deinem Kopf *wissen* magst, dass seine Liebe bedingungslos ist, aber in deinem Herzen nicht wirklich *glaubst*, dass seine Liebe zu dir bedingungslos ist.

Mein Freund, wenn du nur die Wahrheit erkennen könntest, dass Gott dich selbst in deinem Zorn vollkommen liebt. Wenn du nur sehen könntest, dass das Blut seines Sohnes diese Sünde bereits aus deinem Leben getilgt hat. Wenn du nur erfassen könntest, dass er dich selbst in deinem hässlichen Zustand als gerecht ansieht und sein geliebtes Kind nennt. Die Wahrheit lautet: Wenn du wirklich wüsstest, wie bereitwillig dir vergeben wurde und wie bedingungslos du geliebt wirst, würde es dir sehr schwerfallen, weiterhin wütend auf deine Frau zu sein und von deiner Seite aus den kalten Krieg aufrechtzuerhalten. Vielmehr würde das Gegenteil geschehen.

Wenn du von der herrlichen Liebe des Herrn und seiner verschwenderischen Vergebung zehrst – genau dann, wenn du das Gefühl hast, sie überhaupt nicht zu verdienen –, wirst du schließlich alle Hebel in Bewegung setzen, um dich mit deiner Frau zu versöhnen. Und nicht nur das – auch das, was dich zu Beginn der Auseinandersetzung so erbost hat, wird winzig, wenn du zulässt, dass dein Herz von der Größe seiner Liebe erfasst wird. Es ist daher kein Wunder, dass das Wort Gottes sagt: »Ihr Männer, liebt eure Frauen, *gleichwie auch der Christus die Gemeinde geliebt hat und sich selbst für sie hingegeben hat*« (Eph 5,25 SLT). Du besitzt nicht die Kraft, deine Frau zu lieben, wenn du nicht zuerst die bedingungslose Liebe Christi für dich persönlich erfahren hast!

In gleicher Weise ermahnt die Bibel die Ehefrauen: »Ihr Frauen, ordnet euch euren Männern unter *wie dem Herrn*« (Eph 5,22 LUT).

Ist es nicht großartig, wie praxisbezogen die Bibel ist? Wir regen uns so schnell über Kleinigkeiten auf, die in den Details des täglichen Miteinanders entstehen. Und erst dann, wenn wir Gottes Liebe Glauben schenken und uns ihr unterordnen, erlauben wir seiner Liebe, unsere fruchtlose Enttäuschung über Streitigkeiten aufzulösen, die es gar nicht wert sind, überhaupt ausgetragen zu werden. Stattdessen haben wir die Kraft, zu lieben, uns unterzuordnen und im Frieden mit unserem Ehepartner zu leben.

Verstehst du, was ich meine? Wenn wir unsere inneren Blockaden Gottes Liebe gegenüberstellen, sind sie wie ein Tropfen Wasser in einem endlosen, blauen Ozean oder wie ein winziges Sandkorn in einer Wüste, die sich bis zum Horizont erstreckt. Seine Liebe tilgt all deinen Zorn aus, deine Enttäuschung und deinen Schmerz. Seine Vergebung hüllt all deine Sünden, all dein Scheitern und all deine Fehler ein. Seine Gnade schenkt dir den Sieg und gibt dir Kraft, jede Sünde, Bindung und Sucht zu überwinden. Deshalb ist es so enorm wichtig für deine Beziehung mit Gott, den richtigen Glauben über seine bedingungslose Liebe zu dir zu haben.

Seine Liebe tilgt all deinen Zorn aus, deine Enttäuschung und deinen Schmerz. Seine Vergebung hüllt all deine Sünden, all dein Scheitern und all deine Fehler ein.

Dir wurde vollständig und unwiderruflich vergeben

Lieber Freund, dir wurde vollständig und unwiderruflich vergeben. Aufgrund seiner Liebe zu dir hat Jesus die Strafe für deine Sünden bereits getragen. Daher kannst du Gottes Liebe immer wieder aufs Neue empfangen, selbst wenn du Fehler machst – und zwar jedes Mal. Er hat dir vergeben. Es ist an der Zeit, dass du dir selbst auch vergibst! Glaube auch nicht einen Moment lang, dass er dich in deiner Schuld verharren sehen möchte, wenn du scheiterst. Die Wahrheit lautet: *Je schuldiger du dich fühlst, umso mehr bist du dazu verdammt, dieselbe Sünde immer wieder zu begehen.* Leider gibt es religiöse Leute, die glauben, wenn Menschen versagen oder sündigen, muss man in ihnen möglichst große Schuldgefühle wecken, bis sie zugeben, etwas Falsches getan zu haben.

Aber diese Lehre ist falsch. Eigentlich ist es so: Je mehr ein Mensch in Schuld und Verdammnis verharrt, umso sicherer wird er weiterhin sündigen! Man muss Menschen nicht beibringen, sich schuldig und verdammt zu fühlen. Ihr Gewissen klagt sie bereits jedes Mal an, wenn sie scheitern. Die gute Nachricht ist jedoch: Gott hat eine Antwort auf das Gewissen, das ständig nach Begleichung unserer Schuld schreit. Er hat seinen Sohn gesandt, damit dieser uns durch seinen eigenen Leib und sein eigenes Blut freikaufen würde.

Du kannst Gottes Liebe immer wieder aufs Neue empfangen, selbst wenn du Fehler machst – und zwar jedes Mal.

Wenn dein Gewissen dich heute anklagt und nach Gerechtigkeit schreit, wenn du versagst, sieh dich selbst durch das Blut Jesu als gereinigt, rein gewaschen und gerecht gemacht an. Setze deinen Glauben aktiv ein, um zu sehen, dass du in Gottes Augen gerecht bist, und zwar aufgrund des kostbaren Blutes Jesu Christi. Das Gewissen, das jedes Mal Bestrafung verlangt, wenn du Fehler begehst, ist in Wahrheit bereits durch das Blut des Lammes Gottes mundtot gemacht worden. Dieses Lamm wurde an deiner Stelle bestraft und gerichtet. Jedes Mal, wenn dein Gewissen dich anklagt, halte ihm deine Quittung ins Gesicht – das Kreuz Jesu! Halte dir beständig vor Augen, dass deine Sünden durch sein kostbares Blut von dir abgewaschen wurden. Schuld und Verdammnis enden an dem Punkt, wo das Blut Jesu vergossen wurde.

Wenn du also Fehler machst, wälze dich nicht in Schuldgefühlen und Anklagen. Dadurch gerätst du nur in eine Abwärtsspirale, die dich direkt in Niederlage, Depression und den Ruin führt. Jesus ist nicht am Kreuz gestorben, damit die Schuldigen noch schuldiger werden. Er starb nicht, damit die Kranken weitere Krankheiten bekommen. Er starb nicht am Kreuz, damit den Verdammten noch mehr Verdammnis aufgeladen wird. Ganz und gar nicht! Jesus hat sich nicht selbst am Kreuz geopfert, um diejenigen zu rechtfertigen, die perfekt und gottgefällig sind.

Gott rechtfertigt die Gottlosen

Das Wort Gottes ermahnt uns sehr deutlich, unsere eigenen Bemühungen, mit denen wir uns selbst rechtfertigen wollen, aufzugeben und an den zu glauben, »der den Gottlosen rechtfertigt« (Röm 4,5 SLT). Du solltest sicher sein, dass du das richtig verstehst. Wen rechtfertigt Gott?

Ist Jesus gestorben, um die Gottesfürchtigen oder die Gottlosen zu rechtfertigen? Mein Freund, er kam, um die *Gottlosen* zu rechtfertigen – diejenigen, die versagt haben, die den Erwartungen nicht entsprochen haben, die Fehler begangen und gesündigt haben. Hast du versagt? Den Erwartungen nicht entsprochen? Großartig, denn das bedeutet, *dass du seine Rechtfertigung erhalten kannst!* Gibt dir diese Wahrheit nicht neue Hoffnung und Glauben in dein Herz?

Schuld und Verdammnis enden an dem Punkt, wo das Blut Jesu vergossen wurde.

Glaube heute daran: Deine Fehler berechtigen dich dazu, Jesu Liebe, Vergebung und Rechtfertigung zu empfangen. Jesus ist nicht gekommen, um die zu retten, die (in ihren eigenen Augen) bereits vollkommen sind; er kam, um die zu retten und zu erlösen, die unvollkommen und gottlos sind. Und wenn du nur an Jesus glaubst, der die Gottlosen rechtfertigt, dann wird dir dein »Glaube als Gerechtigkeit angerechnet« (Röm 4,5 SLT). Das bedeutet, sowie du den richtigen Glauben hast, macht Jesus dich durch sein Blut gerecht. Was für ein sicheres Fundament ist das im Vergleich dazu, deine Gerechtigkeit davon abhängig zu machen, ob du das Richtige tust! Was haben wir doch für einen Retter in Christus!

Lieber Freund, denk beim nächsten Mal, wenn du versagst, an Folgendes: Jesus ist nicht gestorben, damit die Schuldigen noch schuldiger werden. Er starb, um die Schuldigen von der Qual ihrer Schuld zu befreien, um die zu heilen, die krank sind, und um für immer diejenigen gerecht zu sprechen, die verdammt worden sind. Das ist das Evangelium. Wir sollten uns nicht für das Evangelium entschuldigen oder schämen, denn es *ist* Gottes Kraft, die jedem Rettung bringt, der glaubt (siehe Röm 1,16)!

Jesus starb, um die Schuldigen von der Qual ihrer Schuld zu befreien, um die zu heilen, die krank sind, und für immer diejenigen gerecht zu sprechen, die verdammt worden sind. Das ist das Evangelium.

Jesus liebt den Sünder

Glaubst du an einen Gott, der die Gottlosen rechtfertigt? Hast du das wahre Evangelium seiner unglaublichen Gnade gehört? Oder hast du deinen Verstand mit menschlichen Überlegungen gefüttert, die sich auf menschliche Traditionen und Gedanken über Gott gründen, anstatt auf seinem Wort? Schau dir die Evangelien an. Den korrupten Zolleinnehmern, den Prostituierten, den vorlauten Fischern, den Lahmen, den Blinden und den Kranken, die der Liebe Jesu begegneten, wurde vergeben; sie erlebten Heilung, Befreiung und wurden verwandelt. Bei keinem einzigen von ihnen löste Jesus noch mehr Schuldgefühle, mehr Scham und mehr Verdammnis aus. Er wusste, dass sie sich bereits schuldig und verdammt fühlten und sich schämten.

In der Bibel gibt es einen Bericht über eine Frau, die als »eine Sünderin« beschrieben wird (Lk 7,37). Viele glauben, dass sie eine Prostituierte war. Als sie zu Jesus kam, der gerade bei einem Essen im Hause Simons des Pharisäers war, ließ er zu, dass sie auf ihn zukam und ihn anbetete, indem sie ihn mit einer Flasche Salböl übergoss. Der liebende Retter wusste, wer sie war, aber er jagte sie nicht fort, demütigte sie nicht und verurteilte sie nicht für ihre Sünden. Ebenso wenig sagte er in kühlem Ton zu ihr, dass sie erst ihr Leben in Ordnung bringen müsse, bevor sie es wagen könne, wieder in seine heilige Gegenwart zu treten.

Der Jesus, der in der Bibel beschrieben wird, hatte Mitleid mit ihr und wusste, wie schuldig und verurteilt sie sich bereits fühlte. Als sie sich ihm näherte, brach sie in seiner Gegenwart zusammen und begann zu weinen. Voller Liebe wusch sie Jesu Füße mit ihren Tränen und rieb sie mit ihren Haaren trocken. Ehrfürchtig küsste sie seine Füße und salbte sie mit dem kostbaren Salböl, das sie mitgebracht hatte. Es wird gesagt, dass dieses Salböl sie einen gesamten Jahreslohn gekostet haben muss – sie aber verteilte es ohne zu zögern großzügig auf Jesu Füße und betete ihn an.

Als der Pharisäer das sah, war er empört. Er sagte bei sich: »Wenn dieser Jesus wirklich der ist, der er sein soll, muss er wissen, dass diese Frau eine große Sünderin ist. Wie kann er ihr da erlauben, sich ihm zu nähern, geschweige denn seine Füße zu berühren?« (siehe Lk 7,39). Was er in seinem eigenen Haus sah, stieß ihn ab. (Traurigerweise haben gesetzliche Christen heutzutage viel mit diesem Pharisäer gemein.)

Jesus hieß die Sünderin willkommen und erlaubte ihr, ihn anzubeten und seine Füße zu berühren. Dieser Pharisäer aber hatte keinen Funken Barmherzigkeit für diese Frau, die unaufhörlich weinte, weil sie völlig überwältigt war von der Liebe und Vergebung, mit der Jesus ihr begegnete. Ihre Scham und ihre Tränen machten auf ihn keinerlei Eindruck. Was ihn betraf, verdiente sie es, verurteilt zu werden. Und wenn es nach ihm gegangen wäre, hätte man ihr gar nicht erlaubt, sein Haus zu betreten.

Anhand dieses biblischen Berichts kannst du sehen, dass Jesus das genaue Gegenteil von allem und jedem Religiösen ist. Sein Herz fließt über vor lauter Liebe und Barmherzigkeit für die, die gescheitert sind. Das war kein Geheimnis. Jeder, der Jesus traf oder ihm zuhörte, wusste von seiner Liebe. Diese Nachricht verbreitete sich in nah und fern, von Jerusalem bis nach Galiläa. Deshalb kamen die Sünder zu ihm, statt ihn zu meiden und vor ihm die Flucht zu ergreifen.

Christen, die mit dem Blut Jesu Christi erkauft sind, sollten zuversichtlich, kühn und mutig mit Gott über ihre Fehler sprechen.

Ist es nicht traurig, dass es heutzutage Christen gibt, die vor Gott weglaufen und sich vor ihm verstecken, wenn sie Fehler machen, während die Sünder zur Zeit Jesu den Mut hatten, zu ihm zu gehen, um Vergebung, Wiederherstellung, Heilung und Befreiung zu erfahren? Denkst du nicht auch, dass hier etwas nicht stimmt? Christen, die mit dem Blut Jesu Christi erkauft sind, sollten doch gerade die Menschen sein, die zuversichtlich, kühn und mutig mit Gott über ihre Fehler sprechen und sich daran erinnern, dass sie in Christus immer noch gerecht sind, selbst wenn sie versagen.

Dir wurde viel vergeben

Schauen wir uns an, wie die Geschichte weitergeht (siehe Lk 7,40–46). Jesus wusste, was Simon, der Pharisäer, dachte und stellte ihm eine Frage: »Stell dir einen Gläubiger vor, der zwei Leuten Geld geliehen hat. Der eine schuldete ihm eine Million Dollar, der andere schuldete ihm hundert Dollar. Der Gläubiger erließ beiden ihre Schuld. Was denkst du nun, wer wird den Gläubiger mehr lieben?«

Fast schon beleidigt durch diese schlichte Frage entgegnete Simon: »Ich nehme an, derjenige, dem er die größere Schuld erließ.«

Daraufhin sagte Jesus: »Du hast völlig recht! Ich kam in dein Haus und du hast mir kein Wasser für meine Füße angeboten. Diese Frau hat meine Füße mit ihren Tränen rein gewaschen und sie mit ihren Haaren getrocknet. Du hast mir keinen Begrüßungskuss gegeben, doch diese Frau hört nicht auf, mir die Füße zu küssen. Du hast meinen Kopf nicht mit Öl gesalbt, aber diese Frau hat meine Füße mit kostbarem Salböl gesalbt.«

Hör nun genau hin, was Jesus als nächstes sagte: »Deshalb sage ich dir: Ihre vielen Sünden sind vergeben worden, darum hat sie viel Liebe erwiesen; wem aber wenig vergeben wird, der liebt wenig« (Lk 7,47 SLT). Jesus meinte damit, dass diejenigen, die wissen und glauben, wie sehr Gott sie wirklich liebt und wie viel er ihnen vergeben hat, ihn auch viel lieben werden. Einfach ausgedrückt: Diejenigen, denen viel vergeben wurde, lieben viel. Diejenigen, denen wenig vergeben wurde, lieben wenig. Daher steht im neuen Bund nicht deine Liebe zu Gott im Mittelpunkt, sondern Gottes Liebe zu dir. Wenn du weißt, wie uneingeschränkt Gott dich liebt und dass er dir alle deine Sünden vergeben hat, wirst du ihn auch lieben – der, dem viel vergeben wurde, liebt viel!

Wenn du weißt, wie uneingeschränkt Gott dich liebt und dass er dir alle deine Sünden vergeben hat, wirst du ihn auch lieben – der, dem viel vergeben wurde, liebt viel!

Verstehst du, was ich meine? Im neuen Bund wird deine Liebe zu Gott aus der aufrichtigen und echten Beziehung zu ihm geboren. Sie ist keine unterwürfige Geste, die der Angst vor Strafe oder religiöser Verpflichtung entspringt. Unter der Gnade sind wir in der Lage, Gott zu lieben, weil er uns zuerst geliebt hat. Das ist der Grund, warum Menschen unter der Gnade zu den heiligsten Menschen werden, die du jemals treffen wirst. Sie sind nicht heilig aus Angst vor Strafe oder aus ihrer Verpflichtung gegenüber zwei kalter Steintafeln. Ihre Heiligkeit entspringt ihrer Liebesbeziehung zu Jesus! Sie haben seine bedingungslose Liebe zu ihnen selbst auf eine innige und persönliche Weise erfahren. Liebe verwandelt sie. Sie wollen einfach nur ein Leben führen, das den Namen Jesu verherrlicht und ehrt. Was das Gesetz nicht tun konnte – nämlich Menschen von innen heraus zu verwandeln –, tat Gott, indem er seinen Sohn Jesus Christus sandte!

Freund, uns allen ist viel vergeben worden. Das Problem ist, dass viele das nicht wissen und auch nicht *glauben*. Gib deine eigenen Anstrengungen auf, gerecht zu sein. Hör auf, auf eigene Faust zu versuchen, deine Fehler, dein Versagen, deine Süchte und deine Gebundenheit zu überwinden. Sei wie die Frau mit dem kostbaren Salböl. Wenn du scheiterst, lauf nicht weg und versteck dich nicht. Komm in seine liebende Gegenwart. Jesus kennt die Schuld und Verdammnis, die dich quälen, doch schon längst. Komm kühn und zuversichtlich zu ihm, wie diese Frau es tat. Fühl dich frei, in seiner Gegenwart zu weinen und ihn einfach anzubeten. Schütte dein ganzes Herz vor ihm aus. Hab keine Angst, er wird dich nicht mit noch mehr Schuld, Scham, Verurteilung und Verdammnis überhäufen. Er wird dir seine von Nägeln durchbohrten Hände zeigen und dich an das Kreuz erinnern. Er wird zu dir sagen: »Deine Sünden sind bereits vergeben. Ich habe auf Golgatha den Preis für deine Sünden schon bezahlt. Ruhe in meiner Vergebung und Liebe zu dir.«

Ich habe einen Brief von einem Mann erhalten, den ich Patrick nennen will. Er kämpfte seit über zehn Jahren mit sexuellen Süchten. Er wusste, dass sein Verhalten falsch war, kam aber trotz aller Anstrengungen nicht von diesen Süchten los. Jedes Mal, wenn er versuchte, in der Bibel zu lesen, plagte ihn sein Gewissen und erinnerte ihn an seine Sünden. Dies nährte seine Überzeugung, er sei nicht gut genug für Gott und Gott wolle aufgrund seiner Süchte nichts mit ihm zu tun haben.

Tag für Tag lebte dieser Mann in Selbstzerfleischung. Dann las er eines Tages eines meiner Bücher, *Zur Herrschaft bestimmt*. Durch das Buch kam er zu der Erkenntnis und zu dem Glauben an das vollendete Werk Jesu am Kreuz. Er schrieb: »Ich entschloss mich einfach, in dem vollendeten Werk Jesu zu ruhen, in seiner Vergebung, seinem Sieg, seiner Gnade und seiner Liebe, *und jetzt haben Pornografie und Selbstbefriedigung keine Kraft oder Macht mehr über mich*. Es ist wirklich unglaublich, besonders weil ich seit über zehn Jahren versucht habe, den Sieg darüber zu erringen – aber ich musste einfach nur die Wahrheit erkennen und in dem vollendeten Werk Jesu ruhen. Alle Ehre sei Gott!«

Ich weiß nicht, mit welcher Schuld du zurzeit kämpfst, aber Gott weiß es. Du musst dein Leben nicht länger von deinem Gewissen bestimmen lassen, das dich immer dann anklagt, wenn du das Ziel verfehlst. Erkenne, wie das Blut Jesu dein Herz reinigt, werde frei von deiner Schuld und erlebe wie dieser Bruder, was es heißt, im Sieg zu leben.

Gib dich seiner Liebe hin

Lieber Leser, die Liebe Gottes ist kein theologisches Konzept. Liebe ist eine Emotion. Gott hat uns nach seinem Bild mit Emotionen geschaffen und eine der besten Arten, um seine Liebe zu erfahren, besteht darin, sich einfach ihm hinzugeben und ihn anzubeten. In der Bibel heißt es: »die Opfernden wären ein für alle Mal gereinigt gewesen, und sie hätten ein reines Gewissen gehabt« (Hebr 10,2 SLT). Wenn du nicht länger das Gefühl der Verdammnis mit dir herumschleppst und stattdessen glaubst, dass sein Blut dich von deinen Sünden reingewaschen hat, wirst du zu einem Menschen, der Gott anbetet, weil er so hingerissen ist von seiner Liebe.

Ich möchte dir Mut machen, dein Herz mit Psalmen, Chorälen und geistlichen Liedern zu füllen, die voll von Gottes Liebe und Gnade sind. Wenn dein Herz voll von Jesus ist, wird falscher Glaube mit der Zeit durch richtigen Glauben ersetzt. Süchte werden durch neue, positive Gewohnheiten ersetzt. Angst, Scham und Schuldgefühle werden sich in der Wärme seiner vollkommenen Liebe zu dir auflösen. Seine Liebe ist keine intellektuelle Übung. Man muss sie erleben.

Der Psalmist ruft aus: »Schmecke und sieh, dass der Herr gut ist. Freuen darf sich, wer auf ihn vertraut!« (Ps 34,9). Vertraust du Gottes Liebe zu dir? Er will nicht, dass du seine Liebe nur intellektuell kennst, sondern dass du persönlich an seine Liebe zu dir glaubst und sie *schmeckst*. Sie kann nicht nur in deinem Verstand oder Intellekt bleiben, sondern muss im Herzen erlebt werden.

Egal, wie viele Fehler du gemacht hast,
er gibt dich nicht auf!

Glaube heute von ganzem Herzen, dass Gott dich liebt. Er ist für dich. Egal, wie viele Fehler du gemacht hast, er gibt dich nicht auf! Der erste Schlüssel zu richtigem Glauben ist, an seine bedingungslose Liebe zu dir zu glauben. Lege all dein Versagen zu seinen Füßen nieder. Fühle dich frei, in seiner liebenden Gegenwart zu weinen. Entdecke, wie deine Ängste, deine Schuld, deine Störungen und Fehlprägungen verschwinden, wenn du dich seiner Liebe hingibst und ihn mit folgenden einfachen Worten anbetest:

Jesus liebt mich ganz gewiss,
denn die Bibel sagt mir dies.
Alle Kinder, schwach und klein,
lädt er herzlich zu sich ein.

Ja, Jesus liebt mich!
Ja, Jesus liebt mich!
Ja, Jesus liebt mich!
Die Bibel sagt mir dies.

TEIL 2

LERNE ZU SEHEN, WAS GOTT SIEHT

KAPITEL 4

SPIELE DAS RICHTIGE KOPFKINO AB

Ich erinnere mich noch daran, wie ich eine Frau aus meiner Gemeinde im Krankenhaus besuchte. Heather hatte einen Schlaganfall erlitten. Ihre linke Körperhälfte war vollständig gelähmt. Als ich für sie betete, machte sie mit ihrer rechten Hand eine betende Geste. Erstaunlicherweise tat ihre linke Hand es ihrer rechten nach, wenn auch langsamer, doch dies war etwas, das sie nach dem Schlaganfall nicht mehr hatte tun können. Durch die Gnade Gottes erlebte sie den Beginn ihrer Heilung – das Gefühl kehrte in ihren linken Arm zurück.

Doch innerhalb weniger Augenblicke, als sie intubiert und angeschlossen an unaufhörlich piepende medizinische Geräte auf der Intensivstation lag, begann ihr linker Arm vor Anstrengung zu zittern.

»Mach dir keine Gedanken über das Beten für einen Durchbruch«, beruhigte ich Heather. Lächelnd zeigte ich auf einen meiner Pastoren, der mich begleitete und sagte zu ihr: »Überlass das Beten uns.«

Dann tippte ich mir mit dem Zeigefinger kurz an meine Schläfe und sagte zu ihr: »Aber pass auf dein Kopfkino auf. Achte darauf, dass du in deinem Kopf die richtigen Filme abspielst.«

Was meinte ich damit? Ich sagte ihr, dass sie das sehen soll, was Gott sieht, und *den Anblick und all die Töne und Gerüche* vergessen sollte, *die ihre natürlichen Sinne in dieser Krankenhausumgebung aufnahmen.* Ich ermutigte sie, ihr Denken mit Bildern zu füllen, in denen sie sich selbst gesund und stark sah und umgeben von der Liebe ihrer Familie zuhause. Ich wollte nicht, dass sie weiterhin an das Schlimmste dachte, was passieren könnte.

Dann sagte ich zu ihr: »Man braucht einen Gedanken, um einen Gedanken zu heilen.«

Dieses Wort hatte ich in meinem Geist für sie empfangen. Aus irgendeinem Grund hatte ich den Eindruck, dass es dem Feind gelungen war, einen falschen Gedanken oder ein falsches Bild in ihrem Denken zu verankern. Dieser musste beseitigt und durch die richtigen Gedanken, Bilder und Glaubensinhalte ersetzt werden, die sich auf dem unveränderlichen Wort Gottes gründeten. Kurz nach unserem Besuch wurde Heather aus dem Krankenhaus entlassen und ihr Zustand besserte sich.

Sehen zu lernen, was Gott sieht, beinhaltet, deine falschen Glaubensinhalte durch die richtigen, auf Gottes Wort gründende Glaubensinhalte, zu ersetzen.

Lerne, zu sehen, wie Gott sieht

Es ist ein mächtiger Schlüssel für den richtigen Glauben, wenn man lernt, zu sehen, was Gott sieht. Es beinhaltet, deine falschen Glaubensinhalte durch die richtigen, auf Gottes Wort gründende Glaubensinhalte, zu ersetzen. Als Jesus den Mann mit der verkrüppelten Hand sah, sah er nicht nur die verkrüppelte Hand; er sah, dass mehr als genug Gnade da war, damit diese Hand vollständig wiederhergestellt werden konnte. Jesus sagte zu dem Mann: »Strecke deine Hand aus!« Der Mann tat, was er ihm gesagt hatte, und seine Hand wurde vollständig wiederhergestellt und sah so gesund aus wie seine andere Hand (siehe Mk 3,1–5).

Nun, du wirst zu jemandem, dessen Hand offensichtlich verkümmert und behindert ist, nicht sagen »strecke deine Hand aus«, es sei denn, du hättest eine andere Sichtweise. Jesus sieht anders als du und ich. Aus diesem Grund müssen wir uns an das Wort Gottes wenden und sehen lernen, was er sieht. Wenn Jesus eine Krankheit oder einen Mangel sieht, oder jemanden, der in Angst, Schuld, Sucht und Sünde gefangen ist, sieht er nicht nur das Problem. Er sieht Gottes Heilung, Gnade und Kraft, die für dieses Defizit reichlich vorhanden sind.

Erkenne seine überfließende Gnade in deiner persönlichen Situation, in der du Mangel erlebst, kämpfst oder vor einer Herausforderung stehst.

Auch du kannst das verändern, was du siehst, indem du über das hinausblickst, was deine natürlichen Augen sehen. Sei darauf aus, das zu sehen, was Gott sieht. Erkenne seine überfließende Gnade in deiner persönlichen Situation, in der du Mangel erlebst, kämpfst oder vor einer Herausforderung stehst. Jesus sagt heute zu dir: »Meine Gnade ist alles, was du brauchst. Meine Kraft zeigt sich in deiner Schwäche« (2Kor 12,9). Übergib all deine Schwächen, dein Versagen und all deine Fehler an den Herrn Jesus und sieh dabei zu, wie er deine Schwächen in Stärken verwandelt.

Was du glaubst, hat Macht. Lebst du also nach dem, was du siehst oder nach dem, was Gott sieht? Du bist vielleicht nicht in der Lage, negative Gedanken daran zu hindern, durch deinen Kopf zu wandern oder ungesunde Emotionen wie Angst davon abzuhalten, dein Herz einzuschnüren. Auf jeden Fall aber kannst du deine Gedanken und Emotionen in dem unveränderlichen Wort Gottes verankern. Du kannst definitiv sicherstellen, dass du den richtigen Glauben an das hast, was Gott in seinen kostbaren Verheißungen in seinem Wort über dich sagt. Je mehr richtigen Glauben du an seine Liebe hast und an das, was sein Wort über deine Situation und dein Leben sagt, umso mehr werden deine Gedanken mit seinen Gedanken über dich übereinstimmen. Du wirst Gedanken des Friedens und nicht des Leids entwickeln, Gedanken voller Hoffnung und Zukunftsperspektive (siehe Jer 29,11).

Der Apostel Paulus sagt: »Und seid nicht gleichförmig dieser Welt, sondern werdet verwandelt durch die Erneuerung des Sinnes …« (Röm 12,2 ELB). Weißt du, Gott will nicht, dass wir so denken, wie die Welt denkt, oder dass wir sehen, wie die Welt sieht, und von allen möglichen Arten von Angst, Sorge und schlechten Angewohnheiten in Beschlag genommen werden. Er will, dass wir unser Denken erneuern. Wie? Indem wir an die echten Wahrheiten, die nur in seinem Wort gefunden werden können, glauben und über ihnen meditieren. So erleben wir Verwandlung und Wiederherstellung in jedem Bereich unseres Lebens.

Das Wort »Erneuerung« ist das griechische Wort *anakainosis. Thayer's Greek Lexicon* definiert es folgendermaßen: »eine Umstrukturierung, Renovierung, völlige Veränderung zum Besseren«.[4] Mir gefällt das Wort »Renovierung«. Unser Denken braucht mit Sicherheit eine Generalüberholung durch das Wort Christi!

Wer ist dein Innenausstatter?

Wenn du dein Denken überholen und *renovieren* möchtest, welchem Innenausstatter wirst du diese Aufgabe anvertrauen? Lass nicht zu, dass deine Morgenzeitung, negativ eingestellte Freunde oder die Medien zu deinem Innenausstatter werden. Sei nicht gleichförmig dieser Welt!

Viele von uns haben sich in den Informationen, Ideen und Gedanken dieser Welt verfangen. Wir leben in einer Zeit, in der wir unmittelbaren Zugang zu enorm großen Informations- und Datenmengen haben. Musst du irgendetwas umgehend wissen? Google es einfach mit deinem Smartphone. Doch diese große Anhäufung von Wissen hat uns weder freier noch glücklicher gemacht. Die Menschen sind mehr als je zuvor miteinander vernetzt, haben sich aber noch nie einsamer, isolierter und abgeschnittener gefühlt.

Achte auch darauf, dass nicht der Teufel zum Innenausstatter deines Denkens wird. Man kann sich direkt vorstellen, wie er die dunkelsten Vorhänge, die schäbigsten Sofas und die grausigsten Möbel aussucht, um die verschiedenen Zimmer deines Denkens damit zu schmücken. Die Farbpalette deiner Wände würde von seinem liebsten Dunkelgrau bis hin zu düsterstem Schwarz reichen. Es ist seine Mission, deine Gedanken möglichst dunkel, pessimistisch und negativ einzufärben. Wenn du dich in Gedanken geschlagen siehst, dann hat er aus seiner Sicht die Schlacht bereits gewonnen.

Lass dich nicht von Angst einwickeln

Als ich mit meiner Frau eines Tages im Supermarkt einkaufte, kam ein Mann auf mich zu und stellte sich vor. Er erzählte mir, dass er seit vielen Jahren meine Predigten höre und regelmäßig unsere Gemeinde besuche. Derek war ein erfolgreicher Unternehmer. Das Geschäft lief gut – neue Märkte erschlossen sich ihm und seine Verkaufszahlen schnellten nach oben.

Doch so war es nicht immer gewesen.

Zu Beginn stand er ständig unter dem Stress, das noch junge Unternehmen zu führen. Derek erzählte, dass er in jenen Tagen eines Morgens gemäß seiner Gewohnheit die Zeitung zur Hand nahm und in einem Artikel las, wie ein Mann seines Alters plötzlich an einem Herzinfarkt gestorben war. Er konnte es nicht erklären, aber sobald er diesen Artikel las, schien es, als würde die Luft in seinem Wohnzimmer dünner werden und er hatte auf einmal Mühe zu atmen. Die Angst hatte begonnen, sich wie eine Schlange um sein Herz zu winden.

Es ist eine gut belegte Tatsache, dass viele Schlangenarten ihre Beute durch Einschnüren allmählich töten. Dazu gibt es interessante Studien, die detailliert beschreiben, wie eine Würgeschlange ihre Beute umbringt. Entgegen der landläufigen Ansicht zerschmettert und zerbricht die Schlange nicht die Knochen ihres Opfers, um es zu töten. Vielmehr töten Würgeschlangen, wie eine Boa oder eine Python, ihre Beute durch Ersticken. Sie nutzen das Überraschungsmoment ihres Angriffs, um sich mehrmals um den Körper ihres Opfers zu winden. Dann beginnen sie, es zu würgen (jedes Mal, wenn die Beute ausatmet) und würgen weiter, bis das Opfer nicht mehr atmen kann.[5]

Forscher, die untersuchten, warum manche Beutetiere schneller sterben als durch Ersticken möglich wäre, haben allerdings die Hypothese aufgestellt, dass der Würgedruck den Druck im Hohlraum des Körpers der Beute erhöht. Dieser Druck ist höher als das Herz bewältigen kann, was schließlich zu Herzstillstand führt. Die Studien zu dieser Hypothese dauern noch an, aber es ist bereits wissenschaftlich belegt, dass bestimmte Schlangen genug Druck ausüben können, um diese Hypothese plausibel erscheinen zu lassen. Eine grüne Anakonda zum Beispiel hat eine Würgestärke von 6 kg/cm², was einer Gesamtstärke von 4000 kg entspricht![6]

Warum ist das relevant für unsere Studie über die Kraft des richtigen Glaubens?

Weißt du, unser Feind ist eine listige alte Schlange. Es wäre weise, wenn wir seine Strategie verstehen, damit, wie die Bibel sagt, »der Satan uns nicht überlistet. Schließlich kennen wir seine Fallen und Tricks nur zu gut« (2Kor 2,11). Seine Methoden haben sich nicht verändert und obwohl er keine echte Kraft besitzt, weil Jesus ihn am Kreuz entwaffnet hat (siehe Kol 2,15), weiß er, dass er negative Gedanken benutzen kann, um in unseren Herzen Angst hervorzurufen.

Gründe dein Herz in Gottes Liebe

Das Wort Gottes stellt auch eine direkte Verbindung zwischen Angst und dem Zustand unseres Herzens her. Als er die Ereignisse in der Endzeit beschrieb, sagte Jesus, dass »die Angst den Menschen das Herz brechen wird«. Doch er ermutigt die Christen: »Geratet nicht in Panik. All diese Dinge müssen kommen, doch das ist noch nicht das Ende« (Lk 21,9). Damit bestätigt er seine unabänderliche Kontrolle über alles, was in der Zukunft geschehen wird. Er versichert uns auch, warum wir uns nicht zu fürchten brauchen, und fügt hinzu: »richtet euch auf und hebt den Blick, denn eure Erlösung ist ganz nahe!« (Lk 21,28).

Nur die Offenbarung seiner vollkommenen Liebe kann alle Angst vertreiben.

Gott möchte, dass unsere Herzen von Frieden und Ruhe erfüllt sind. Sein Wort sagt uns: »Ein mit Friede erfülltes Herz hält den Körper gesund« (nach Spr 14,30). Friede erfüllt uns, wenn unser Herz und unser Denken in seiner *Liebe* und nicht in Furcht verankert sind. Und nur die Offenbarung seiner vollkommenen Liebe kann alle Angst vertreiben. Ich werde in diesem Buch noch viele Bibelstellen zitieren, aber ich möchte dir Mut machen, insbesondere den folgenden Bibelvers auswendig zu lernen. Er wird dir für den Rest deines Lebens als Quelle für geistlichen, körperlichen und seelischen Trost dienen.

> *Wo die Liebe regiert, hat die Angst keinen Platz; ›Gottes‹ vollkommene Liebe vertreibt jede Angst. Angst hat man nämlich dann, wenn man mit einer Strafe rechnen muss*[7]. *Wer sich also noch ›vor dem Gericht‹ fürchtet, bei dem ist die Liebe noch nicht zum vollen Durchbruch gekommen. ›Der tiefste Grund für unsere Zuversicht liegt in Gottes Liebe zu uns:‹ Wir lieben, weil er uns zuerst geliebt hat.*
> – *1. Johannes 4,18–19* NGÜ

Beachte, Gottes Wort erklärt hier in aller Deutlichkeit, dass Angst mit Strafe zu tun hat.

Mein Freund, nicht Gott ist dein Peiniger – sondern der Teufel. Nicht Gott ist der Urheber von Angst – sondern der Feind. Angst und Sicherheit können nicht gleichzeitig existieren. Kann man jemanden wirklich lieben, vor dem man sich fürchtet? Natürlich nicht. Furcht führt immer zu Unsicherheit. Deshalb will Gott nicht, dass du Angst vor ihm hast. Tatsächlich beschrieb Jesus für uns die Furcht des Herrn als *Anbetung* Gottes – und nicht als Angst, die darauf beruht, von einem zornigen Gott bestraft zu werden. (Ich werde in Kapitel 15 noch näher auf Jesu Definition der Furcht des Herrn eingehen.) Die Wahrheit ist: Gott möchte, dass du seine vollkommene Liebe, vollständige Annahme und überreiche Gnade empfängst. Wenn du jemals einer Lehre ausgesetzt warst, die dem widersprach, erinnere dich daran: *Furcht ist nicht in der Liebe.* Und Gott *ist* Liebe (siehe 1Joh 4,8+16). Angst ist die Strategie des Feindes – nicht Gottes. Der Teufel benutzt Angst, um dich zu quälen und deine Gedanken zu manipulieren, wie er es bei dem Mann tat, dem ich im Supermarkt begegnete.

Angst ist die Strategie des Feindes – nicht Gottes.

Wie die Angst Raum gewinnt

Derek hatte arglos seine Morgenzeitung gelesen und auf einmal schlug die Angst zu, wie eine lauernde Python, und ergriff sein Herz.

Es begann mit Atemnot, und dann bekam der arme Mann alle möglichen schrecklichen Fantasien. In Gedanken sah sich Derek allein das Lager betreten, um Material zu holen (etwas, was zu seinem Arbeitsalltag gehörte), aber dann stellte er sich vor, wie er sich dabei ernsthaft verletzte und es niemanden gab, der bemerkte, dass er medizinische Hilfe brauchte.

Tag für Tag spürte Derek, wie der Würgegriff um sein Herz fester wurde. Er wurde regelrecht besessen von dem Gedanken daran, wie er sich verletzen und sterben könnte, bis er schließlich Angst hatte, überhaupt allein irgendwohin zu gehen.

Fast überflüssig zu sagen, dass er in eine Abwärtsspirale geriet, als sein Gefühl der Bedrückung schlimmer wurde. Wie ein Horrorfilm spielten sich im Zeitlupentempo immer wieder Bilder vor seinem inneren Auge ab, in denen er sah, wie er sich verletzte. Zusätzlich litt er unter akuten Angstattacken.

Als seine Atembeschwerden schlimmer wurden, ließ Derek sich ins Krankenhaus einweisen, in der Überzeugung, ernsthaft krank zu sein. Doch nach einer Reihe von Tests sagte der Arzt zu ihm: »Sie haben kein Herzproblem. Sie haben ein Angstproblem. Bitte räumen Sie Ihr Bett für jemanden, der wirklich Herzprobleme hat.« Der einst so starke und gesunde Derek hatte dem Druck, den der Würgegriff der Schlange ausübte, nachgegeben und war zusammengebrochen.

Schalte das Licht der Worte Gottes ein

Glücklicherweise lud ein ehrenamtlicher Mitarbeiter aus unserer Gemeinde Derek zu einem unserer Hauskreise ein. Derek erzählte mir, dass der Leiter dieses Hauskreises ihn dazu ermutigte, jeden Morgen im Wort Gottes zu lesen und jeden Tag auf dem Weg zur Arbeit dreißig Minuten im Geist zu beten.

»Immer wieder habe ich mir Ihre Predigten im Auto angehört«, erzählte Derek. »In einer Ihrer Predigten sagten Sie, man solle sich auf das Wort Gottes konzentrieren und nicht auf seine eigenen Probleme. Und genau das tat ich! Ich begann, mich von diesen dunklen Gedanken abzuwenden und ließ zu, dass das Licht der Worte Jesu in meine Situation hineinkam.«

Mein Freund, glaubst du, dass Gottes Gedanken größer sind als die des Teufels? Weißt du, dass sein Licht stärker ist als jede Finsternis? Stell dir vor, du gehst in einen stockdunklen Raum. Wenn du den Lichtschalter betätigst, verschluckt dann die Dunkelheit das Licht oder vertreibt das Licht die Dunkelheit?

Der Durchbruch dieses geschätzten Bruders begann, als er das Licht des Wortes Gottes einschaltete und es auf ihn und seine Situation scheinen ließ. Er erkannte, dass er wegen seines irrationalen Glaubens, er könnte sich aus irgendeinem Grund verletzen und sterben, Angst vor dem Alleinsein hatte. Und er erkannte, dass das eindeutig eine Lüge war, die direkt aus der Hölle kam. Er zitierte einen seiner Lieblingsverse, der ihm während dieser dunklen Zeit seines Lebens Mut und Trost schenkte: »Gott hat gesagt: ›Ich werde dich nie verlassen und dich nicht im Stich lassen‹« (Hebr 13,5). Immer, wenn er Angst hatte, sprach er diesen Vers laut aus, und sagte anschließend zu sich selbst: »Der Herr steht zu mir, deshalb fürchte ich mich nicht« (Hebr 13,6).

Ausgerüstet mit dem Wort Gottes spielte Derek die richtigen Filme in seinem Kopf ab. Jedes Mal, wenn eine Angstattacke kam, und jedes Mal, wenn die bösen Fantasien sich in seinem Kopf erneut abspielen wollten, schwang er diese Bibelverse wie eine Waffe gegen den Angriff der Schlange. Immer wieder proklamierte er: »Gott wird mich nie verlassen und mich nicht im Stich lassen. Der Herr ist mein Helfer, deshalb fürchte ich mich nicht.«

Je öfter er das sagte, umso mehr lockerte sich der Griff der Schlange. Er bemerkte, dass er wieder frei atmen konnte und sein Herz sich nicht mehr wie eingeschnürt anfühlte. Gestärkt durch das Wort begann er zu sehen, wie der Herr immer bei ihm war. Er begann, sich selbst vor Gesundheit strotzend zu sehen und vor allem Bösen geschützt, während er seiner Arbeit nachging. Derek wurde vollständig geheilt und befreit von all seinen Ängsten, als er anfing, die falschen Filme, die sich in seinem Kopf abgespielt hatten, durch die richtigen zu ersetzen.

Welche Filme spielst du heute in deinem Kopf ab? Sind es Gedanken der Niederlage und der Verzweiflung oder Gedanken des Sieges und der Gunst? Glaube ist, nur das zu sagen, was Gott über dich sagt und das zu sehen, was Gott in dir und in deiner Situation sieht.

Ersetze die negativen Gedanken mit Gottes Gedanken

Kannst du dich noch an meine Ausführung am Anfang erinnern, als ich sagte, dass man einen Gedanken braucht, um einen anderen Gedanken zu heilen? Entgegen der Welt, die dich lehrt, deinen Verstand zu leeren, um inneren Frieden zu erreichen, besteht Gottes Ansatz darin, dein Denken mit erfrischenden, mächtigen und freimachenden Gedanken zu füllen.

Man braucht einen richtigen Glauben, um einen falschen Glauben zu ersetzen. Du brauchst Gottes Wahrheit, um die Lügen des Feindes zu ersetzen, die dich gefangen gehalten haben.

Der Apostel Paulus weist uns an: »Konzentriert euch auf das, was wahr und anständig und gerecht ist. Denkt über das nach, was rein und liebenswert und bewunderungswürdig ist, über Dinge, die Auszeichnung und Lob verdienen« (Phil 4,8). Es geht also nicht nur um den Versuch, schlechte Gedanken mit deiner Willenskraft auszumerzen. Man braucht einen Gedanken, um damit einen anderen Gedanken zu ersetzen. Man braucht einen richtigen Glaubensinhalt, um einen falschen Glauben zu ersetzen. Du brauchst Gottes Wahrheit, um die Lügen des Feindes zu ersetzen, die dich gefangen gehalten haben.

Mein Freund, wenn heute ein falscher, schlechter oder negativer Gedanke in deinem Denken wohnt und es scheint, als könntest du ihn nicht loswerden, höre auf, es zu versuchen! Vielleicht liegst du in einem Krankenhausbett und kannst nicht anders, als über das Schlimmste nachzudenken, was dir passieren könnte. Du versuchst es zu unterdrücken, aber es funktioniert nicht. Hör auf damit! Hör auf mit dem Versuch, es aus deinem Denken zu löschen. Das wird einfach nicht funktionieren. Was du tun musst, ist, diesen zerstörerischen Gedanken durch einen Gedanken zu ersetzen, der von Gott kommt. Das ist die einzige Art, wie man mit einem falschen Gedanken umgehen und den Heilungsprozess einleiten kann. Fang an, über Wahrheiten zu meditieren wie: »Jesus nahm meine Krankheiten auf sich und trug meine Schmerzen. Er wurde gestraft, damit ich Frieden habe. Durch seine Wunden wurde ich geheilt! Er will mir ein langes Leben schenken« (siehe Jes 53,4–5 und Ps 91,16). Spiel in deinem Kopf Filme ab, in denen du siehst, wie es dir besser geht, wie du aus dem Krankenhaus entlassen wirst, mit deinen Kindern Spaß hast oder einen schönen Urlaub erlebst!

Halte deine Gedanken auf Jesus gerichtet

Du brauchst die Wahrheit des Wortes Gottes, um jeden falschen Glauben mit der Wurzel auszureißen. Tauche ein in sein Wort und seine Gedanken. Wenn du bemerkst, dass dein Verstand aufgrund von Kleinigkeiten immer wieder in sorgenvolle Gedanken abgleitet, lerne den folgenden Vers auswendig und sprich ihn laut aus: »Du bewahrst denjenigen in vollkommenem Frieden, dessen Gedanken auf dich gerichtet sind, denn er vertraut auf dich« (Jes 26,3 NKJV).

Du brauchst die Wahrheit des Wortes Gottes, um jeden falschen Glauben mit der Wurzel auszureißen.

Wenn ich gestresst bin oder mir wegen etwas Sorgen mache, ziehe ich mich aus dem Trubel und der Hektik des Lebens zurück und meditiere einfach über Gottes Verheißungen. Manchmal fahre ich dazu gerne in einen ruhigen Park und während in meinem Auto ruhige Anbetungsmusik läuft, stärke ich mich aus seinem Wort und spreche es laut aus. Dabei erlaube ich dem Wort, sich in meinem Geist zu entfalten. »Gottes Wort sagt: Einem festen Herz bewahrst du den Frieden, weil es auf dich vertraut.« Und dann sage ich zum Herrn: »Ja, Herr, du bist es, der mich in vollkommenem Frieden bewahrt. Vollkommener Friede kommt von dir. Ich muss einfach nur in deiner Gnade ruhen und mein Denken auf dich gerichtet halten. Ich muss nicht darüber nachdenken, wie sich dieses Problem lösen lässt. Wenn ich auf dich vertraue und mein Denken auf dich ausrichte, wirst du mich führen und leiten. Ich vertraue nicht auf meine eigene Stärke, sondern auf dich allein, Jesus.«

Was genau tue ich da? Anstatt zuzulassen, dass Stress und Sorgen mich überwältigen, übe ich mein Herz darin, zu sehen, wie Gott meine Herausforderungen sieht. Je größer Gott in meinem Herzen wird, umso kleiner werden meine Herausforderungen. In der Tat ist es oft so: Wenn ich mich einfach entspanne und meine Gedanken auf den Herrn richte, beginnen sein Frieden und seine Weisheit mich zu durchströmen und das Problem, um das ich mir zuvor so viele Sorgen gemacht habe, wird in der Gegenwart des allmächtigen Gottes winzig und belanglos.

Stehst du heute vor unüberwindbaren Herausforderungen? Sieh, was Gott sieht, und lass seinen Frieden deine Angst vertreiben. Lass seine Weisheit deine Gedanken leiten.

Aus welchem Boden besteht dein Herz?

Der Schlüssel, um zu sehen, was Gott sieht, liegt darin, deinen Glauben auf sein sicheres und unerschütterliches Wort zu gründen. Leider glauben nicht alle an das, was Gottes Wort über sie sagt. Jesus erzählt davon in dem Gleichnis vom Sämann (siehe Mt 13,3–9.18–23).

Der Schlüssel, um zu sehen, was Gott sieht, liegt darin, deinen Glauben auf sein sicheres und unerschütterliches Wort zu gründen.

In diesem Gleichnis sät ein Sämann Samen aus, der auf vier verschiedene Arten von Boden fällt. Der Sämann steht hier für jemanden, der Gottes Wort weitergibt. Der Boden ist ein Bild dafür, wie der Zuhörer dieses Wort aufnimmt. Man sieht in diesem Gleichnis, dass der Sämann die Art des Bodens, auf den die Samen von Gottes Wahrheit fallen, nicht festlegt. Du und ich müssen selbst entscheiden, wie unser Herz Gottes Wort aufnimmt. Wollen wir sehen, was Gott sieht oder ziehen wir es vor, die Dinge auf unsere Weise zu sehen?

Zu Beginn des Gleichnisses fallen die Samen von Gottes Wort auf den Wegrand: Noch bevor das Wort tief in das Herz des Zuhörers eindringen kann, wird es vom Feind durch Zweifel und Unglauben gestohlen. Zum Beispiel liest du vielleicht gerade dieses Buch und denkst: »Gott kann mich niemals lieben. Ich habe so viele beschämende Fehler gemacht. Ich werde nie in der Lage sein, von meinen Süchten loszukommen. Das ist eben mein Leben und nichts kann daran etwas ändern.« Wenn das auf dich zutrifft, möchte ich dir Mut machen, für Gottes überreichliche Gnade offen und empfänglich zu sein, während du dich in das vertiefst, was hier geschrieben steht. Öffne dein Herz und lass dich von seiner Liebe erfüllen und heilen. Lass deinen Glauben durch seine Liebe wiederherstellen. Gott wird dich niemals verletzen. Er wird dir nie seinen Willen aufzwingen. Du hast die Wahl: Entweder du lässt seine Worte des Lebens in dein Herz eindringen, Wurzeln schlagen und dich in seiner Gnade aufbauen oder du lässt seine Worte neben den Weg fallen.

Höre immer mehr über Gottes Güte

Als nächstes ist in diesem Gleichnis von steinigem Boden die Rede. Damit sind Zuhörer gemeint, die Gottes Wort hören und es begeistert aufnehmen. Sie denken: »Wow, Gott vergibt mir und nimmt mich an, wie ich bin. Das ist so cool!« Doch sie haben nicht das Gnadenfundament, mit dessen Hilfe das Wort in ihrem Herzen bleibt. In dem Moment, wo ihr Gewissen sie wegen ihrer Schuld verurteilt, vergessen sie alles, was sie über Gottes bedingungslose Liebe zu ihnen erfahren haben und schlittern zusehends zurück in Niederlage und Verdammnis.

Deshalb ist es so enorm wichtig, sich Predigten anzuhören, die sich darum drehen, was Jesus für dich am Kreuz getan hat, und dein Herz mit den Wahrheiten des neuen Bundes zu füllen. »Gebt dem Wort Raum, in dem Christus bei euch gegenwärtig ist. Lasst es seinen ganzen Reichtum unter euch entfalten. Unterweist und ermahnt einander mit aller Weisheit. Singt Gott von ganzem Herzen Psalmen, Hymnen, Loblieder, wie seine Gnade sie schenkt und sein Geist sie euch eingibt« (Kol 3,16 GNB).

Schuld und Verdammnis werden nicht mehr in der Lage sein, in dein Herz einzudringen, wenn du dir deiner Identität und Gerechtigkeit in Christus bewusst bist.

Wenn du es zulässt, dass Jesu Worte uneingeschränkt Raum in dir haben, werden die Samen seiner Wahrheit, seiner Liebe und seiner Vergebung aufkeimen und in deinem Herzen Wurzeln schlagen. Wenn dann Widrigkeiten über dich hereinbrechen, wird dein Glaube an Gott nicht so leicht herausgerissen und vom Feind gestohlen werden können. Wenn die Stimme der Verdammnis laut wird, ist dein Herz gefestigt durch Gottes Wahrheit, gerüstet durch seine Gnade und bewaffnet mit dem ewigen Blut Jesu. Du wirst ein Christ sein, über den die Bibel sagt: »Keine Waffe, die gegen dich geschmiedet wird, wird erfolgreich sein. Und wer dich vor Gericht verklagt, den wirst du widerlegen« (Jes 54,17). Schuld und Verdammnis werden nicht mehr in der Lage sein, in dein Herz einzudringen, wenn du dir deiner Identität und Gerechtigkeit in Christus bewusst bist. Sobald die Lügen des Feindes über dich im Licht der Wahrheit Gottes bloßgestellt werden, sind sie hinfällig und können dein Denken nicht länger quälen.

Stelle das Wort Gottes über materielles Streben

Der nächste Boden ist von Dornen umrankt und steht für Menschen, die Gottes Wort zwar hören, aber anstatt es zu glauben, ist ihr Herz von den Sorgen dieser Welt eingenommen. Ihnen erscheinen Gottes Wahrheiten in der Praxis nicht anwendbar, vielmehr halten sie sie für geistliches Kauderwelsch. Es geht ihnen mehr darum, viel Geld zu verdienen und anderen flüchtigen materiellen Wünschen nachzujagen. Die Folge ist, dass sie ein sehr stressvolles Leben führen, sich Gedanken über Geld machen und nie erleben, dass sich gute Früchte in ihrem Leben bilden.

Weißt du, dass es viele Menschen in der Welt gibt, die viel Geld besitzen, aber tatsächlich doch arm sind, wenn es um das geht, was wirklich zählt? Ich drücke das gern so aus: Es gibt viele »arme« Menschen mit viel Geld. Man kann sich mit Geld Schlaftabletten kaufen, aber keinen friedlichen Schlaf. Man kann sich auch keinen Frieden für seine Seele, keine Vergebung für sein Herz und keine Gesundheit für seinen Körper kaufen. Lass nicht die Annehmlichkeiten dieser Welt und das Ziel, mehr Geld zu verdienen, deine einzigen Bestrebungen im Leben sein, sonst lebst du am Ende ständig in Stress, Angst und Sorge. Die Bibel fragt uns: »Was nützt es einem Menschen, wenn er die ganze Welt gewinnt, dabei aber seine Seele verliert?« (Mk 8,36). Jesus liebt dich und kann jede Sorgen-Dorne aus deinem Herzen entfernen, wenn du ihn lässt. Ruhe in Jesus, deinem Versorger. Er ist der Hirte deiner Seele, bei dem es keinen Mangel gibt (siehe Ps 23,1).

Entscheide dich, guter Boden zu sein

Die letzte Art Boden in dem Gleichnis ist der, den dieses Buch beschreibt. Dieser Boden steht für Menschen, die auf die Kraft des richtigen Glaubens vertrauen, Menschen, deren Herzen offen, empfänglich und bereit für all das sind, was Gott für sie hat. Er steht für Menschen, die bereit sind, seinem Wort zu erlauben, in ihrem Leben Wurzeln zu schlagen.

Ich möchte dir Mut machen, dich beim Lesen dieses Buches selbst als guten, fruchtbaren Boden zu sehen. Lass das kostbare Wort Gottes nicht aufgrund von Unglaube auf den Wegesrand fallen. Sei nicht der steinige Boden, der leicht erschüttert wird, wenn Gegenwind aufkommt. Und lass nicht zu, dass Gottes Verheißungen für dein Leben von den Sorgen dieser Welt aufgezehrt werden. Sei ein guter Boden – habe ein empfängliches Herz, das in Gottes Gnade verankert ist. Wenn du dich selbst mit seinem Wort nährst und siehst, was er sieht, wirst du mit Sicherheit deine dreißigfachen, sechzigfachen und hundertfachen Durchbrüche in jedem Bereich deines Lebens erfahren!

KAPITEL 5

SIEH DICH SELBST SO, WIE GOTT DICH SIEHT

Mein Team erhielt eine sehr ermutigende E-Mail von Ron, ein für uns wichtiger Partner. Ron erzählte darin von einem guten Freund namens Tyler, mit dem er zur Grundschule gegangen war und der sein bester Freund wurde. Tyler kam aus einer guten christlichen Familie, er war ein toller Sportler und lebte den »amerikanischen Traum«.

Jesus bezahlte nicht nur für unsere Sünden, sondern nahm auch all unsere Scham auf sich.

Doch nach dem College begann Tyler, Zeit mit den falschen Arbeitskollegen zu verbringen und bekam ein ernstes Drogen- und Alkoholproblem, was wiederum zu einer Reihe schlimmer Fehler führte. Innerhalb von vierundzwanzig Monaten hatte Tyler alles verloren, was ihm im Leben etwas bedeutet hatte. Beschämt und unglücklich verließ Tyler die Kirchengemeinde und hätte fast auch sein Leben, Gott und die Gnade aufgegeben. Aber Gott in seiner

Gnade ging Tyler (durch Ron) nach, wie Ron in seiner E-Mail erzählte:

> *Eines Abends, als ich in einem Park joggte und dabei eine Predigt von Pastor Prince hörte, hatte ich den Eindruck, dass Gott mir sagte, ich solle Tyler eine SMS schicken. Ich hatte das Gefühl, Gott wollte, dass ich Tyler frage: »Was sieht Gott, wenn er dich ansieht?« Also schrieb ich ihm genau diese Worte, während ich weiterjoggte. Nach langer Zeit erhielt ich seine Antwort-SMS:*
>
> *Tyler: »Meinst du das ernst?«*
> *Ron: »Ja.«*
> *Tyler: »Also, ich bin mir sicher, es ist nichts Gutes.«*
> *Ron: »Jesus.«*
> *Tyler: »Was meinst du?«*
> *Ron: »Ich meine, wenn Gott dich ansieht, sieht er Jesus!«*
> *Dreißig Minuten später erhielt ich folgende SMS:*
> *Tyler: »Danke, Kumpel, du weißt nicht, wie dringend ich das hören musste!«*

Würde es dir guttun, zu wissen, dass die SMS, die Ron an Tyler schickte, genau die Botschaft ist, die Gott heute dir weitergeben will? Ich glaube, dass Tausende und Abertausende Christen wie Tyler durchs Leben gehen und dabei glauben, dass Gottes Liebe zu ihnen von ihrem Verhalten abhängt. Daher glauben viele wirklich, dass Gott sich für sie schämt, weil sie Fehler gemacht und versagt haben. Entweder haben sie nicht gehört oder vergessen, dass Jesus nicht nur für unsere Sünden bezahlt hat, sondern auch all unsere Scham auf sich nahm. Irgendwie haben wir unterwegs aus dem Blick verloren, dass Gottes Gnade »überströmend geworden« ist (Röm 5,20 SLT). Wir haben das Ausmaß seiner Gnade unterschätzt!

Was glaubst du wirklich?

Mein Freund Ron hörte sich eine meiner Predigten über unsere gerechtfertigte Identität in Christus an, als er sich vom Herrn geführt fühlte, seinem Kumpel Tyler diese Frage zu schicken, um ihn zum Nachdenken zu bringen: »Was sieht Gott, wenn er dich ansieht?« Ich denke, das ist eine großartige Frage, und wenn du diese Frage heute ehrlich beantworten müsstest, würde sie zeigen, was du in deinem Herzen über Gott wirklich glaubst.

Wenn alles glatt läuft, glauben die meisten Menschen, dass Gott mit ihrem Verhalten und ihrer Einstellung zufrieden ist. Wenn sie jedoch Fehler machen und scheitern, glauben sie, dass sich das ändert. Sei es, dass sie im Straßenverkehr ihre Beherrschung verlieren, sich eine Website ansehen, die sie nicht hätten besuchen sollen, oder zu jemandem, den sie lieben, etwas Verletzendes sagen. In diesem Moment des Versagens glauben sie, dass Gott nichts Gutes sieht, wenn er sie jetzt anschaut. Sie glauben, dass er böse auf sie und enttäuscht von ihnen ist und sie für ihre Fehler bestrafen will.

Welche Hoffnung vermittelt der Glaube daran, dass du, wenn du etwas Gutes tust, gesegnet wirst, aber verflucht, wenn du versagst? Genau so hat der alte Bund des Gesetzes funktioniert. Der alte Bund war ein unvollkommenes System. Beachte im Hebräerbrief, wie Gott selbst etwas an dem alten Bund auszusetzen hatte und ihn ersetzen wollte: »Hätte der erste Bund keine Mängel gehabt, wäre es nicht nötig gewesen, ihn durch einen zweiten zu ersetzen. … ›Es wird ein Tag kommen, spricht der Herr, an dem ich einen neuen Bund … schließen werde‹« (Hebr 8,7–8).

Schon vom neuen Bund der Gnade gehört?

Mein Freund, ich möchte dir heute sagen, dass Gott bereits einen neuen Bund geschlossen hat. Der neue Bund, den er eingeführt hat, ist der Bund der Gnade, den du und ich heute genießen dürfen. Es ist ein Bund, in dem er uns zusagt: »Ich werde gnädig sein gegen ihre Ungerechtigkeiten, und an ihre Sünden und ihre Gesetzlosigkeiten werde ich nicht mehr gedenken« (Hebr 8,12 SLT). Halleluja!

Gott kann dir all dein Unrecht vergeben und nie wieder an deine Sünden denken, da die Strafe für deine Sünde bereits vollständig von Jesus am Kreuz bezahlt wurde. Wenn Gott dich also heute ansieht, wirst du von ihm nicht gemäß deiner Mängel verurteilt, bewertet oder gemessen. Er sieht dich in dem Geliebten – er sieht dich in Christus und er sieht das Blut, das durch seinen geliebten Sohn für dich vergossen wurde.

Wenn Gott dich heute ansieht, sieht er Jesus. Daher sind seine Gedanken über dich Gedanken der Liebe, der Vergebung, des Segens und der Gunst. Jesus bezahlte einen unglaublich hohen Preis am Kreuz, damit du dein Leben in dem Bewusstsein führen kannst, vollkommen von Gott angenommen und bedingungslos von ihm geliebt zu sein. Das zu wissen und zu glauben wird darüber entscheiden, wie du dein Leben gestaltest – egal, was sich dir entgegenstellt.

»Aber Pastor Prince, ich verdiene diese Liebe Gottes nicht!«

Du hast völlig Recht! Wenn es danach geht, was wir heute verdienen, verdienen wir alle (ich eingeschlossen), für unsere Sünden bestraft zu werden. Weißt du, dass die Strafe für Sünde nicht einfach nur eine Verwarnung ist? Sie ist nicht etwas, das wir schönreden können – der Lohn der Sünde ist der Tod (siehe Röm 6,23). Anders ausgedrückt: Wenn es danach geht, was du und ich verdienen, ist die Strafe für unsere Sünde der Tod. Und selbst dann könnte unser Tod nie die angemessene Bezahlung für unsere Sünde sein, denn unser Blut ist kein sündloses Blut. Deshalb erinnere ich Menschen, die danach streben, durch ihre eigene Gerechtigkeit gerecht gesprochen zu werden, gern daran, dass dies schlichtweg unmöglich ist. Wir alle haben eine Schuld zu begleichen, die wir nicht bezahlen können.

Die gute Nachricht ist, dass Jesus an unserer Stelle die Todesstrafe am Kreuz getragen hat. Hatte er verdient, gekreuzigt zu werden? Keineswegs! Er wählte das Kreuz freiwillig, damit sein sündloses Blut uns von all unseren Sünden reinwaschen konnte. Das Kreuz ist – für alle Ewigkeit – Jesu immerwährende Liebeserklärung an uns. Am Kreuz wurde Jesus zwischen Himmel und Erde als Opfer für unsere Sünde aufgehängt. Er trug jede Strafe, die wir verdient hätten. Er nahm jede Bestrafung auf sich, die das Gesetz für unsere Sünden forderte.

Das Kreuz ist – für alle Ewigkeit – Jesu immerwährende Liebeserklärung an uns.

Glaube nur

Weißt du, warum Jesus das Kreuz wählte? In Johannes 3,14–15 finden wir die Antwort: »Und wie Mose in der Wüste die Bronzeschlange auf einem Pfahl aufgerichtet hat, so muss auch der Menschensohn an einem Pfahl aufgerichtet werden, damit jeder, der glaubt, das ewige Leben hat.«

Er ging ans Kreuz, damit jeder, der an ihn *glaubt*, das Geschenk des ewigen Lebens empfangen kann.

Jeder, der *glaubt*. Das ist alles, was du tun musst, um das Erbe anzutreten, das für dich mit dem Blut des Sohnes Gottes erkauft wurde. Glaube an IHN. Glaube an Jesus. Glaube an das, was er für dich am Kreuz getan hat. Glaube, dass alle deine Sünden ihm angerechnet wurden und all seine Gerechtigkeit dir angerechnet wurde. Glaube an diesen göttlichen Austausch. Glaube an seine Liebe. Glaube, dass alle deine Sünden am Kreuz bestraft wurden und dass du durch Jesus das Geschenk der Gerechtigkeit und des ewigen Lebens erhalten hast.

Aus Johannes 3,15 können wir so viel erfahren. Schau dir den Vers noch einmal an. Was meinst du, wer hat einen Anspruch auf Errettung? Das Wort Gottes sagt hier nicht: »Jeder, der ihm vollkommen gehorcht.« Es heißt dort auch nicht: »Jeder, der niemals wieder Fehler macht.« Und mit Sicherheit steht dort ebenfalls nicht: »Jeder, der alle seine Gebote einhält.« Es heißt dort schlicht: »Jeder, der an ihn *glaubt*.« Jeder, der an ihn glaubt, wird nicht verloren gehen, sondern das ewige Leben haben. Die einzige Tat deinerseits ist zu glauben!

»Pastor Prince, wie kann das bloße ***Glauben*** *an Jesus mich gerecht machen? Es muss doch irgendetwas geben, das ich* ***tun*** *muss, um mir Gottes Liebe zu verdienen.«*

Tu es nicht ab, nur weil es so einfach klingt, und unterschätze die Kraft des richtigen Glaubens nicht. Wenn du den richtigen Glauben hast – wenn du glaubst, dass du durch Jesus gerecht gemacht bist –, werden Früchte der Gerechtigkeit das Ergebnis sein. Der Apostel Paulus spricht in Philipper 1,11 (SLT) von den »Früchten der Gerechtigkeit« und sagt ausdrücklich, dass sie »durch Jesus Christus« gewirkt werden. Wenn du deine Augen darauf richtest, dass einzig und allein Jesus die Quelle deiner Gerechtigkeit und Vergebung ist, werden daraus die Früchte der Gerechtigkeit, Heiligkeit und Integrität in deinem Leben entstehen.

Die Bibel sagt uns sogar, wenn wir nicht sehen oder wenn wir vergessen haben, dass wir von unseren früheren Sünden gereinigt worden sind, fehlen uns letztlich Selbstbeherrschung, Ehrfurcht vor Gott und die Liebe zu den Gläubigen (siehe 2Petr 1,5–9). Erkennst du den Zusammenhang? Wenn du den richtigen Glauben hast, führt das zum richtigen Leben. Mach daher Jesus, seine Vergebung und seine Liebe zum Zentrum deines ganzen Lebens!

Mach Jesus, seine Vergebung und seine Liebe zum Zentrum deines ganzen Lebens!

Den Namen Jesus erheben

Israel Houghton, der bekannte Lobpreisleiter, Songschreiber und Grammy-Gewinner, ist ein guter Freund von mir. Nachdem er auf einer Konferenz meine Predigt darüber gehört hatte, Jesus zum Zentrum unseres Lebens zu machen, sagte er mir, dass ihn das inspiriert hätte, zusammen mit Adam Ranney und Micah Massey das Lied »Jesus at the Center« (Jesus im Zentrum) zu schreiben. Dieses Lied ist für viele Christen auf der ganzen Welt zu einer Hymne geworden. Wann immer ich Israel treffe, witzelt er, dass er ernsthaft darüber nachdenkt, mir Tantiemen zu zahlen, weil er jedes Mal, wenn er mich über Jesus predigen hört, die Idee für ein neues Lied bekommt.

Nun, Israel, mein Freund, wenn du das hier liest – bisher ist noch kein Scheck in meinem Briefkasten gewesen.

Natürlich mache ich nur Spaß! Ich bin von Herzen froh, dass der Name Jesu auf der ganzen Welt immer mehr erhoben wird. Auf einer meiner Reisen nach Israel begegnete ich Adam Ranney. Er erzählte mir davon, wie mein Dienst ihn beeinflusst hatte, weil Christus immer ins Zentrum gerückt wird. Das ermutigt mich wirklich, denn vor über zwei Jahrzehnten bekam ich vom Vater im Himmel den Auftrag, seinen Sohn zurück in die Gemeinde zu bringen.

Es ist eine traurige Tatsache, dass es einige Gemeinden gibt, in denen du sehr detailliert zu hören bekommst, wie du dich verhalten solltest, aber dabei der Name Jesus niemals fällt. Du hörst dort nichts über das Kreuz und auch nichts darüber, dass du in Christus gerecht gemacht bist. Du hörst nichts darüber, wie Gott dich heute in Christus sieht. Deshalb begeistert und beglückt mich das Wissen, dass der herrliche Name unseres Herrn Jesus erhoben und auf der ganzen Welt zunehmend verherrlicht wird. Dafür lebe ich!

Die Leute nennen mich »Gnaden-Prediger« und sie haben recht damit. Aber vor allem ist es mein Ziel, einfach jemand zu sein, der die Menschen auf Jesus hinweist! Ich weiß, wenn sich die Schönheit, Vollkommenheit und Liebe Jesu im Leben von Menschen offenbart, wird sich ihr Leben verändern und sie werden nie wieder so sein wie zuvor. Selbsthilfe-Bücher weisen dich darauf hin, was du tun sollst. Meine Predigten und Bücher drehen sich darum, dass Jesus dir hilft – sie weisen dich auf Jesus hin und auf das, was er für dich getan hat!

Es spielt keine Rolle, wie oft du versagt hast. Wenn du Jesus zum Zentrum deines Lebens machst, wird Gott seinen Segen, seine Gunst und seine Gnade in deine Situation hineinfließen lassen. Die Sucht, mit der du gekämpft hast, wird nicht mehr existieren. Die schwere Last aus Schuld und Verdammnis, die du jahrelang mit dir herumgeschleppt hast, wird von deinen Schultern genommen werden. Die Essstörung, die Bitterkeit und die lähmende Angst werden von Jesus persönlich völlig zerstört werden!

Von Christus umhüllt

Wenn du anfängst zu sehen, was Gott sieht, wird dein Leben nie wieder dasselbe sein. Ich habe das schon einmal gesagt, aber ich kann es nicht oft genug sagen: Als du Christ wurdest, hat Gott von da an nicht mehr dich in deiner Person gesehen! Wenn er dich heute ansieht, sieht er Jesus. Du bist nun *in* Christus. Wenn ich darüber in meiner Gemeinde lehre, veranschauliche ich das meistens so: Ich nehme einen ganz gewöhnlichen Kugelschreiber, lege ihn in die Mitte meiner Bibel und klappe die Bibel dann zu.

Dann frage ich die Gemeinde: »Könnt ihr meinen Stift jetzt sehen?« und halte dabei meine Bibel hoch. Nein, das können sie nicht. Alles, was sie sehen können, ist die Bibel. Der Stift ist nun vollständig in den Seiten der Bibel versteckt und von ihnen umhüllt.

Genauso wirst du in dem Moment, in dem du Jesus annimmst, von Christus umhüllt. Wenn Gott dich heute ansieht, sieht er dich nicht mit deinen ganzen Macken und Fehlern. Er sieht nur seinen geliebten Sohn Jesus! Sein Wort sagt: »zum Lob der Herrlichkeit seiner Gnade, mit der er uns begnadigt [angenehm gemacht] hat in dem Geliebten« (Eph 1,6 SLT). Das bezieht sich auf dich, mein Freund. Durch Gottes überfließende und verschwenderische Gnade – seine unverdiente Gunst – bist du begnadigt und angenommen in Jesus, dem Geliebten!

Das bedeutet, dass Gott dich nicht mehr auf der Basis deiner Leistungen bewertet und richtet. Es geht nicht mehr darum, was du getan oder *nicht* getan hast. Seine Liebe zu dir ist nicht abhängig von deinem Verhalten; sie ist abhängig von Jesus. Es spielt überhaupt keine Rolle, welche Fehler du gemacht hast, er sieht dich als reingewaschen durch das Blut seines geliebten Sohnes.

Da du in Christus bist, ist für dich eine gesegnete Zukunft nicht davon abhängig, wie sehr du dich anstrengst, perfekt zu sein oder wie sehr du daran arbeitest, dich selbst zu ändern. Sie ist abhängig von Jesus. Es geht nicht darum, ob *du* es verdient hast, gesegnet, begünstigt und siegreich zu sein. Die Frage ist: Verdient *Jesus* es, gesegnet, begünstigt und siegreich zu sein?

In der Bibel wird erklärt: »gleichwie Er ist, so sind auch wir in dieser Welt« (1Joh 4,17 SLT). Verdient Jesus es, gesegnet, geschätzt und siegreich zu sein? Dann trifft das auch auf dich zu! Das bedeutet es, in Jesus Christus zu sein. Es bedeutet, dass Gott dich heute auf der Basis der Vollkommenheit Jesu bewertet und sieht. Jesu Gerechtigkeit ist deine Gerechtigkeit. Die Bibel erklärt sogar, dass wir nun die Gerechtigkeit Gottes in Christus sind, weil Jesus, der nie gesündigt hat, für uns zur Sünde gemacht wurde (siehe 2Kor 5,21).

Verdient Jesus es, gesegnet, geschätzt und siegreich zu sein? Dann trifft das auch auf dich zu! Das bedeutet es, in Jesus Christus zu sein.

Deine Gerechtigkeit ist ein Geschenk

»Gerechtigkeit« ist ein Rechtsbegriff. Er bedeutet, dass man vor Gott eine gerechte bzw. richtige Stellung hat. In *Vine's Expository Dictionary of Biblical Words* wird Gerechtigkeit folgendermaßen definiert: »das gnädige Geschenk Gottes an die Menschen, durch die alle, die an den Herrn Jesus Christus glauben, in die richtige Beziehung zu Gott gebracht werden«.[8] Anders ausgedrückt basiert deine gerechte Stellung vor Gott auf der gerechten Stellung Jesu vor Gott.

Du bist heute so gerecht wie Jesus, weil deine Gerechtigkeit von ihm kommt. Er hat sie für dich am Kreuz erworben. Als du ihn als deinen Herrn und Erlöser annahmst, nahm er ein für alle Mal all deine Ungerechtigkeit fort und gab dir *sein* Geschenk der Gerechtigkeit. Diese Gerechtigkeit ist etwas, das du durch richtiges Handeln niemals erwerben oder erreichen kannst; sie kann nur *empfangen* werden, indem du den richtigen Glauben an Jesus hast.

Und weißt du, was passiert, wenn du dieses Geschenk der Gerechtigkeit empfängst? In der Bibel heißt es: »Durch Jesus Christus werden jetzt die, die Gottes Gnade und das Geschenk der Gerechtigkeit in so reichem Maß empfangen, in der Kraft des neuen Lebens herrschen« (Röm 5,17 NGÜ). Hey, wenn du herrschst, dann herrschen nicht deine Süchte. Wenn du herrschst, dann herrscht nicht deine Krankheit. Wenn du herrschst, werden Angst, Depression und jedes Hindernis, das dich davon abhält, ein Leben in Fülle zu führen, eingerissen und weggespült.

Habe den richtigen Glauben über deine gerechte Stellung in Christus

Heutzutage gibt es so viele Predigten über das richtige Tun, aber die Antwort liegt im richtigen Glauben hinsichtlich deiner gerechten Stellung in Christus. Deshalb ist es so wichtig, dass du dir Folgendes ins Gedächtnis rufst: Deine Gerechtigkeit (gerechte Stellung) vor Gott ist ein *Geschenk.*

So viele Menschen haben heute Probleme, weil sie versuchen, ihre gerechte Stellung vor Gott durch ihren eigenen Gehorsam, ihre eigenen Bemühungen und Fähigkeiten zu verdienen. Sie glauben tief in ihrem Herzen, Gott wird sie segnen, wenn sie mehr Gutes vollbringen, gehorsamer werden, mehr für Jesus aufgeben, mehr beten und Gott mehr dienen. Bitte lass mich das zu Ende ausführen. Ich bin absolut dafür, all das zu tun. Aber wenn du glaubst, dass du dir mit diesen Dingen Gerechtigkeit verdienen kannst, dann wird das zu einem ernsthaften Problem.

So gut das alles auch klingen mag, sobald diese Leute es nicht schaffen, gehorsam zu sein (was passieren wird), wenn sie es nicht schaffen, mehr für Jesus aufzugeben (was passieren wird) und wenn sie nicht »genug« beten, nicht »genug« in der Bibel lesen und sich nicht »genug« in der Gemeinde engagieren, werden sie bewusst oder unbewusst denken, dass sie nicht gut genug sind, Gottes Liebe, Nähe und Segen zu erfahren. Aber wer entscheidet denn überhaupt darüber, was »genug« ist? Der Verkläger der Brüder wird jede Gelegenheit nutzen, um Christen dafür zu verdammen, dass sie *niemals* »genug« tun. Wenn das geschieht, beginnen sie in eine Falle der Schuld, Minderwertigkeitsgefühle, Verdammnis und Scham zu tappen.

Das ist das Problem. Wenn jemand seine Beziehung zu Gott auf seine eigenen Verdienste gründet, wird er immer scheitern. Das ist der Weg des alten Bundes – tue das Richtige und Gott wird dich segnen, tue das Falsche und du wirst verflucht sein. Dummerweise hat der Mensch aber keine Chance, sich Gottes Segen durch seine Handlungen zu verdienen. Auch unter dem alten Bund wurde niemand gesegnet, weil er Gott vollkommen gehorchte. Die Menschen unter dem alten Bund wurden vielmehr aufgrund der zeitweiligen Gerechtigkeit gesegnet, die sie durch das Blut von Stieren und Ziegen empfingen. Das Blut dieser Opfertiere war aber nur ein Schatten des Blutes, das Jesus schlussendlich am Kreuz vergießen sollte, um für uns das Geschenk ewiger Gerechtigkeit zu erkaufen. Erkennst du es? Damals wie heute kann die gerechte Stellung vor Gott nicht verdient werden; sie ist ein Geschenk von ihm, das auf seiner unverdienten Gunst beruht.

Die gerechte Stellung vor Gott kann nicht verdient werden; sie ist ein Geschenk von ihm, das auf seiner unverdienten Gunst beruht.

Wenn du das vollendete Werk Jesu siehst, erfährst du Gottes Segen

Das Team, das für meinen Fernsehdienst verantwortlich ist, erhielt eines Tages eine E-Mail von einer Frau aus Texas. Nancy hatte meinen Dienst durch das Fernsehen kennengelernt und fing dadurch an, wirklich eine persönliche Offenbarung über Gottes Güte und ihre gerechte Stellung durch das vollendete Werk Jesus zu erfahren. Sie schrieb mir, um zu erzählen, wie Gottes Gnade nicht nur Einfluss auf ihr eigenes Leben genommen hatte, sondern auch auf ihre gesamte Familie:

Als ich Sie vor fünf Jahren zum ersten Mal im Fernsehen sah, war ich eher skeptisch. Doch irgendetwas an Ihnen war anders. Ich wusste in meinem Geist, dass Sie das wahre Evangelium predigten. Also begann ich, mir Ihre Predigten jeden Tag anzusehen, manchmal auch zwei Mal am Tag. Je mehr ich sah, umso mehr sah ich Gottes Weisheit auf Ihnen und umso mehr wollte ich eine Beziehung mit Gott und Jesus haben.

Zu jener Zeit war ich an einem Tiefpunkt angelangt und stand kurz davor, meine Ehe aufzugeben. Ich stellte sogar meinen Glauben und Gott infrage. Ich erkannte nicht, wie sehr ich Gott in eine Schublade gesteckt und ihn nur in bestimmte Bereiche meines Lebens gelassen hatte, weil ich dachte, er würde mich richten.

Als ich endlich die Wahrheit über das Evangelium hörte, setzte ich voll und ganz darauf! Niemals wieder werde ich zurückblicken, denn Sie haben mir von der wahren Freiheit erzählt, für die Jesus starb, um sie mir zu schenken. Preist den Herrn! Als der Schleier vor meinen Augen weggenommen wurde, erkannte ich, wie gerecht ich wirklich bin, und es haut mich völlig um, wie Gott mich seitdem segnet!

Meine Ehe hat sich um hundertachtzig Grad gedreht und wird immer stabiler. Wir sind nun im 12. Ehejahr und ich danke Gott, dass er mich mit vier wunderschönen und gesunden Töchtern gesegnet hat. Gott hat meinen Mann auch beruflich vorangebracht und ihm eine Lohnerhöhung geschenkt. Darüber hinaus hat Gott uns kürzlich in eine unglaublich tolle Gegend ziehen lassen und sogar die Türen dafür geöffnet, dass zwei meiner Mädchen auf eine Privatschule gehen können. Er hat uns so viel Gunst geschenkt, denn auf der Warteliste für diese Schule stehen mindestens fünfhundert Leute!

Und das ist noch nicht alles. Vor einem Jahr, als ich Sie in Israel predigen sah, sagte ich in meinem Herzen still zum Herrn: »Herr, ich möchte nach Israel reisen. Ich weiß nicht, wie das gehen soll, aber ich möchte es.« Dann dachte ich gar nicht mehr über diesen Wunsch nach, bis Gott mir im April dieses Jahres eine Gratis-Reise nach Israel in den Schoß fal-

len ließ und auch ermöglichte, dass ich sie wirklich wahrnehmen konnte!

Mein himmlischer Vater hat mir gezeigt, dass ich seine Tochter bin und er bereit ist, für den Rest meines Lebens für alle meine Bedürfnisse zu sorgen! Ich habe nichts getan, womit ich das verdient hätte! Ich strahle von innen heraus und jeder will wissen, was der Grund für all das ist.

Ich kann dir gar nicht sagen, wie schön es für mich ist, wahre Geschichten von Leuten wie Nancy zu hören, und zu erfahren, wie Jesus ihr Leben und ihre Beziehung zu ihm verändert hat. Ich bin so dankbar für Menschen wie sie, die sich die Zeit nehmen, uns zu schreiben und uns mitteilen, wie sie durch die Offenbarung über Gottes Vergebung und sein Geschenk der Gerechtigkeit freigesetzt wurden, sodass sie an seine Versorgung für all ihre Bedürfnisse glauben und sie empfangen können.

Jeden Tag erhalten wir E-Mails von Menschen auf der ganzen Welt. Darin erzählen sie uns, wie das Hören von Gottes Liebe und Gnade durch unser Fernsehprogramm, unsere Bücher und andere Medien ihr Leben vollständig revolutioniert und ihnen Hoffnung für ihre Zukunft zurückgegeben hat. Und wir lieben es, von ihnen zu hören, denn genau darum geht es – dass sich das Leben der kostbaren Menschen verändert, für deren Erlösung Jesus starb!

Erkenne, was am Kreuz wirklich geschah

Der Herr zeigte mir einmal eine Vision von dem, was am Kreuz geschehen ist. Ich sah, wie die ganze Sünde der gesamten Menschheit (Lüge, Betrug, Neid, Bitterkeit, Ehebruch, Sucht, Gebundenheit, Mord) und alle Folgen der Sünde (Angst, Krankheit, Schuld,

Leiden und Verdammnis) um Jesus herumwirbelten wie böse Geister und Dämonen, die dabei abscheulich lachten, ihn höhnisch verspotteten und quälten. Jesus wurde wie ein Magnet für all die Sünde und freiwillig nahm er sie in seinen eigenen Körper auf.

Du und ich können uns niemals den qualvollen Schmerz vorstellen, der seinen Körper am Kreuz durchzog. Jeder bösartige Krebs, jeder Tumor, jede Krankheit und jedes Leiden kam ebenfalls zur gleichen Zeit auf ihn. Er, der nie gesündigt hatte, nahm die gewaltige Last der dunkelsten und übelsten Sünden der Menschen auf sich. Er nahm sie selbst auf sich.

Im Wort Gottes heißt es: »Er selbst nahm unsere Schwachheiten und trug unsere Krankheiten« (Mt 8,17 ELB). »Selbst« – ein Reflexivpronomen im Singular, das anzeigt, dass du und ich nicht darin eingeschlossen sind. Da er selbst die volle Strafe, das vollständige Urteil und die völlige Verdammnis für alle Sünde auf sich nahm, sind du und ich, wenn wir ihn als unseren Retter annehmen, von jeder Bestrafung, jedem Urteil und aller Verdammnis für jegliche Sünde ausgeschlossen.

Aber die Geschichte ist hier noch nicht zu Ende. Jesus starb nicht am Kreuz, als er gerade die Hälfte aller Sünden der Menschheit auf sich selbst genommen hatte. Er nahm alles auf sich und in seinen Körper auf. Dann entlud sich der Zorn des Gerichtes Gottes über seinen kostbaren Sohn und erst als die letzte Sünde bestraft war, rief Jesus aus: »ES IST VOLLBRACHT!« – nur wenige Augenblicke, bevor er seinen letzten Atemzug tat (siehe Joh 19,30). Kannst du dir das vorstellen? Jesus hielt am Kreuz aus, bis jede einzelne Sünde, die du je begangen hast und begehen wirst, an seinem Körper bestraft worden war. Deshalb nennen wir das, was Jesus am Kreuz vollbracht hat, ein »vollendetes Werk«.

Fang an zu sehen, wie Gott sieht

Was ist nun heute deine Aufgabe? Deine Aufgabe ist es, mit deinem Herzen zu glauben und mit deinem Mund zu bekennen, dass Jesus Christus der Herr deines Lebens ist und dass für alle deine Sünden am Kreuz bezahlt wurde. Wenn du glaubst, dass dir alle deine Sünden vergeben wurden, wird die Sünde keine Macht mehr über dich haben. Du musst nicht länger mit einem »Berg von Sünden« auf deinen Schultern herumlaufen, weil dieser »Berg von Sünden« voll und ganz auf den Schultern eines anderen ruhte – Jesus. Er selbst hat den Preis für deine Sünden bereits bezahlt, also hör damit auf, dich selbst zu verdammen!

Jesus selbst hat den Preis für deine Sünden bereits bezahlt, also hör damit auf, dich selbst zu verdammen!

Was siehst du, wenn du heute in den Spiegel blickst? Siehst du dich selbst, wie du in all deinen Fehlern, deinem Versagen und deinen Sünden gefangen bist? Oder siehst du, was Gott sieht?

Mein lieber Freund, wenn Gott dich heute ansieht, sieht er Jesus. Nutze deine Augen des Glaubens und glaube, dass du so bist wie Jesus. In Gottes Augen bist du gerecht, begünstigt, gesegnet und du bist geheilt. Du bist befreit von allen Sünden, allen Schuldgefühlen, jeder Form der Verdammnis und jeder Bindung an eine Sucht!

KAPITEL 6

DU BIST UNWIDERRUFLICH GESEGNET

Wie ein Scharfschütze bestieg Bileam den Berg und hielt dabei Ausschau nach der günstigsten Ausgangsstellung, um einen lähmenden Fluch auf Gottes Volk abzufeuern. Er war von dem Gangster Balak angeheuert worden, der zunehmend Angst vor den Kindern Israels bekam, die in sein Gebiet eindrangen.

Balak war Zeuge von dem geworden, was Israel einer anderen kriminellen Sippe, den Amoritern, angetan hatte. Er wollte kein Risiko eingehen und einen Präventivschlag ausführen, um damit die Ehre seiner Familie und ihr Vermächtnis in den Ebenen Moabs um jeden Preis zu schützen.

Bileam hatte den Ruf, ein sehr zuverlässiger Auftragsmörder zu sein, den man anwerben konnte. Es hieß, wen immer Bileam segnete, war wirklich gesegnet und wer immer von ihm verflucht wurde, war wirklich verflucht. In diesem Wissen hatte Balak den professionellen Mörder angeworben, um seinen Feind Israel aus seinem Territorium zu vertreiben.

Doch als Bileam und Balak auf einer Anhöhe standen, von der aus sie das Zeltlager der Kinder Israels sehen konnten, geschah etwas Merkwürdiges. Als Bileam seinen Mund öffnete, um sie zu verfluchen, kam stattdessen nur Segen für das Volk Israel heraus!

Aufgeregt und wütend rief Balak aus: »Was hast du mir angetan? Ich habe dich holen lassen, damit du meine Feinde verfluchst. Jetzt hast du sie auch noch gesegnet!« (4Mo 23,11).

Da Balak es kaum abwarten konnte, seine Feinde verflucht und aus seinem Gebiet vertrieben zu sehen, brachte er Bileam auf eine andere Anhöhe und verlangte, dass er nachlegte und noch einmal versuchte, Flüche auf Israel abzufeuern. Doch wieder kamen aus Bileams Mund Segensworte statt Flüche.

Jetzt hör genau hin, was Bileam sagte, denn Gott hatte gesagt, er würde seine Worte in Bileams Mund legen (siehe 4Mo 22,35): »Ich erhielt den Befehl zu segnen. Er hat gesegnet und ich kann den Segen nicht aufheben. Er sieht nichts Böses in Jakob und nimmt kein Unheil in Israel wahr. Der Herr, ihr Gott, ist mit ihnen; er ist ihr König, dem ihr Jubel gilt« (4Mo 23,20–21).

In Christus bist du unwiderruflich gesegnet

Dies sind kostbare Worte, die offenbaren, wie Gott dich und mich heute sieht. Weißt du, dass wenn er dich segnet, niemand – kein Prophet, kein Zauberer und kein Teufel – es rückgängig machen kann? Du bist unwiderruflich gesegnet! Du kannst niemals verflucht werden! Kein Generationenfluch oder irgendeine andere Art Fluch kann auf dich gelegt werden, weil Gott dich bereits gesegnet hat! Das schließt auch die Befreiung vom Fluch des Gesetzes mit ein, wie es in Galater 3,13 steht: »Doch Christus hat uns vom Fluch des Gesetzes gerettet; am Kreuz nahm er den Fluch auf sich. Denn in der Schrift heißt es: ›Verflucht ist jeder, der an einem Holz hängt.‹«

Wenn deine Feinde aus Neid, Eifersucht und Angst negative Dinge über dich sagen oder wenn es Menschen gibt, die gemeine

Lügen über dich verbreiten, um deinem Ruf zu schaden, darfst du wissen: Der Herr ist dein Verteidiger. Es ist Gott, der Worten Einfluss schenkt, und er kann ihre Worte zunichtemachen. Er kann sogar, wie wir gerade gelesen haben, ihre Flüche in Segen verwandeln. Du musst nicht aus der Fassung geraten, dich aufregen oder wütend werden. Sei dir einfach bewusst, dass der Herr auf deiner Seite ist, und wenn er dich segnet, kann niemand das rückgängig machen. Amen!

Wenn Gott dich segnet, kann niemand das rückgängig machen.

Ich möchte, dass dieser richtige Glaube tief in dein Herz sinkt: *In Jesus Christus bist du unwiderruflich gesegnet.* Egal, wie düster deine Umstände jetzt erscheinen mögen, du kannst lachen und voller Elan deines Weges gehen. Wen der Herr gesegnet hat, kann niemand verfluchen! Gott wird dich durch diesen Sturm hindurchtragen. Die Dinge werden sich für dich zum Besten wenden. Du musst kein Leben voller Enttäuschung, Entmutigung und Verzweiflung führen. Wie du in dem biblischen Bericht von Bileam sehen kannst: Wenn Gott auf deiner Seite ist, wer kann gegen dich sein?

Glaube, dass Gott über dich wacht

Es ist noch eine weitere Wahrheit in der Geschichte Bileams verborgen, die ich dir zeigen möchte. Ist es nicht bemerkenswert, dass die Kinder Israels nichts taten, um sich gegen Balak zu verteidigen? Tatsächlich bemerkten sie gar nicht, wie Gott über sie wachte, und doch verteidigte er sie.

Genauso kannst du in dem Wissen ruhen, dass Gott dein Verteidiger ist. Der Psalmist erinnert uns daran: »Siehe, der Israel behütet, wird nicht müde und schläft nicht. Der Herr selbst behütet dich! Der Herr ist dein schützender Schatten über deiner rechten Hand. Die Sonne wird dir am Tag nichts anhaben noch der Mond bei Nacht. Der Herr behütet dich vor allem Unheil und bewahrt dein Leben. Der Herr behütet dich, wenn du kommst und wenn du wieder gehst, von nun an bis in Ewigkeit« (Ps 121,4–8).

Was für eine Verheißung! Gott wacht über dich und die Menschen, die du liebst, und er macht dabei nie eine Pause. Du bist zu jeder Zeit des Tages vor jeder Gefahr geschützt.

Gott wacht über dich und die Menschen, die du liebst, und er macht dabei nie eine Pause.

Erkenne, was Gott nicht sieht

Es gibt bei dieser Geschichte noch einen Grund, sich zu freuen, wenn du lernst, zu sehen, was Gott sieht. Schauen wir uns noch einmal die Worte an, die Gott in Bileams Mund gelegt hatte: »Er sieht nichts Böses in Jakob und nimmt kein Unheil in Israel wahr« (4Mo 23,21). Halten wir an dieser Stelle einen Moment inne. Gab es Böses in Israel? (Als Gott hier die Bezeichnung »Jakob« gebrauchte, bezog er sich damit auf alle Kinder Israels.) Gab es Sünde in Israel? Oder war jeder im Zeltlager vollkommen?

Wenn man von der Spitze des Berges in das Zeltlager hineingezoomt hätte, hätte man darin wahrscheinlich viel Murren und Jammern über Mose und seinen Führungsstil gehört. Mit Sicherheit gab es Leute, die schnell die Beherrschung verloren, und vielleicht gab es auch ein oder zwei, die gern den Esel ihres Nachbarn gehabt hätten. Es ist nicht schwer, sich vorzustellen, dass in diesem Lager eine große Bandbreite an Unvollkommenheit, Sünden, Fehlern und Bösem vorhanden war. Doch die Frage ist: Hat Gott das gesehen?

Schau dir noch einmal 4. Mose 23,21 an. Beachte, dass Gott *nicht* sagte, dass es in seinem Volk nichts Böses oder keine Sünde gab. Er sagte einfach, dass er es nicht sah. Genauso sagt er nicht, dass es in dir keine Sünde mehr gibt. Gott sagt vielmehr: »Ich sehe sie nicht.«

»Moment mal, wie kann ein unbeugsam heiliger Gott keine Sünde in mir sehen?«

Mein Freund, es ist deshalb so, weil dieselben heiligen Augen deine ganzen Sünden im Körper Jesu Christi bestraft sahen. Deine Sünden wurden vollständig ins Nichtvorhandensein hinein bestraft.

Obwohl es Verfehlungen, Sünden und Bosheit im israelitischen Zeltlager gab, hat Gott nichts davon gesehen, weil das täglich dem Herrn geopferte Blut der Stiere und Ziegen die Kinder Israels schützte. Wie viel mehr gilt das heute für uns, die wir für immer reingewaschen sind durch das Blut des Lammes Gottes, Jesus Christus, unserem großartigen Retter.

Unter dem alten Bund hatten die Israeliten einen *zeitlich begrenzten* Schutz durch die Tieropfer, aber für uns sind die Sühne und die Bezahlung für alle unsere Sünden durch Jesus *ewig*. Daher sieht Gott weder Sünde oder Verfehlung noch irgendeine Bosheit in dir. Wenn Gott dich heute ansieht, sieht er dich als geliebten

Sohn oder geliebte Tochter – du bist gerecht, geheilt, geliebt, gesegnet, angenommen und dir ist vergeben – durch das Kreuz Jesu. Also, siehst du dich selbst so, wie Gott dich sieht?

Wenn Gott dich heute ansieht, sieht er dich als geliebten Sohn oder geliebte Tochter – du bist gerecht, geheilt, geliebt, gesegnet, angenommen und dir ist vergeben – durch das Kreuz Jesu.

Vollkommen gemacht in Christus

Ich glaube, dass wir Probleme haben, diese Wahrheit zu glauben, weil wir uns selbst so gut kennen, zu gut, um genau zu sein. Wir sind uns über jede kleinste Schwäche im Klaren. Die Sünden, die wir begangen haben, das Scheitern, das wir erlebt haben und die Fehler, die wir gemacht haben, sind uns sehr bewusst. Wir erinnern uns an sie und spielen sie immer wieder in unserem Kopf durch. Fehler, die wir vor zehn oder zwanzig Jahren gemacht haben, stehen uns immer noch so lebendig vor Augen, als hätten wir sie gestern begangen.

Im Fernsehen sah ich einmal ein Interview mit einigen Frauen, die große Probleme hatten, eine Antwort zu finden, als man sie nach ihren besten Eigenschaften fragte. Als sie jedoch gefragt wurden, welche Dinge sie an sich selbst gar nicht mochten, sagten alle zugleich: »Oh, wo soll ich da bloß anfangen?«, und hörten dann gar nicht mehr auf, über jedes ihrer Körperteile zu reden – ihre Haare, ihre Nasen, ihre Ohren. Sie hatten sogar etwas an ihren Schultern auszusetzen.

Unsere Neigung, uns auf unsere Schwächen zu konzentrieren, tritt nicht nur bei unserem Aussehen zutage. Hast du schon einmal bemerkt, wie unsere Aufmerksamkeit sich automatisch auf winzige Fehler in allem richtet, was wir uns ansehen? Stell dir einmal vor, wir ständen vor einer großen weißen Tafel. Anstatt das Ausmaß der reinen, weißen Fläche wahrzunehmen, ist es sehr wahrscheinlich, dass wir – falls vorhanden – den winzigen schwarzen Fleck in der linken Ecke der Tafel finden und uns darauf konzentrieren. Unser menschlicher Verstand tendiert so sehr dazu, sich am Negativen und Unvollkommenen festzuhalten. Dementsprechend haben wir auch eine Tendenz, uns selbst auf unsere kleinsten Fehler zu konzentrieren und dafür zu verdammen, anstatt uns darauf zu konzentrieren, wie Gott uns wirklich sieht – vollkommen in Christus.

Jesus, die Quelle unseres Glaubens

Aus diesem Grund ist Glauben notwendig, um darauf zu vertrauen, dass Gott uns als gerecht sieht. Man braucht Glauben, um darauf zu vertrauen, dass er uns nicht in unseren Sünden sieht und dass er nicht die Sünde oder das Vergehen in uns wahrnimmt. Man braucht Glauben, um darauf zu vertrauen, dass er meint, was er sagt, wenn man seine Worte liest: »Ich werde gnädig sein gegen ihre Ungerechtigkeiten, und an ihre Sünden und ihre Gesetzlosigkeiten werde ich nicht mehr gedenken« (Hebr 8,12 SLT). Man braucht Glauben, um darauf zu vertrauen, dass Gott sich nicht an unsere Fehler und unser Versagen erinnert!

»Aber Pastor Prince, meine Sünden starren mir direkt ins Gesicht. Wie kann ich den Glauben finden, um darauf zu vertrauen, dass Gott sie nicht sieht?«

Mein Freund, der Schlüssel zum Glauben liegt darin, auf die Quelle des Glaubens zu sehen – Jesus. Die Bibel drückt es so aus: »indem wir hinschauen auf Jesus, den Anfänger und Vollender des Glaubens« (Hebr 12,2 SLT). Dein Glaube findet sich in Jesus! Die *Amplified Bible* überträgt diesen Vers folgendermaßen: »… wegsehen [von allem, was ablenkt] auf Jesus, der der Anführer und die Quelle unseres Glaubens ist [der den ersten Anstoß zu unserem Glauben gibt], und auch sein Vollender [der ihn zur Reife und Vollkommenheit führt].«

Der Schlüssel zum Glauben liegt darin,
auf die Quelle des Glaubens zu sehen – Jesus.

Anders ausgedrückt: Wende deine Augen ab von deinen Fehlern, Mängeln, Schwächen, Unzulänglichkeiten und richte deine Augen nur auf Jesus. Je mehr du Jesus und sein vollendetes Werk siehst, umso mehr Glauben wächst in deinem Herzen, durch den du darauf vertrauen kannst, dass dir wirklich all deine Sünden vergeben wurden. Du kannst einen Schlussstrich ziehen und in Christus einen Neuanfang machen. Das Alte ist vergangen, das Neue ist geworden!

Auf Jesus schauen birgt Kraft

Vielleicht denkst du bei dir: »Aber das klingt doch unmöglich. Wie kann sich mein Leben dadurch verändern, dass ich einfach meine Augen auf Jesus richte?«

Nun, es schien nicht so unmöglich, als Petrus seine Augen auf Jesus richtete. *Er lief auf dem Wasser!* Erst als er sich abwandte und auf die stürmischen Wellen sah, begann er zu sinken.

Wenn wir unsere Augen auf Jesus richten und ihn zum Zentrum unseres Lebens machen, werden wir gleicherweise übernatürlich verändert werden und auf den aufgewühlten Meereswogen aus Schuld und Verdammnis laufen. Wenn wir jedoch unsere Augen von Jesus abwenden und wieder auf die Wellen unserer Fehler, unseres Scheiterns und unserer Sünde sehen, werden wir wie Petrus in dem tobenden Sturm aus Schuld und Verdammnis versinken. Doch selbst wenn das geschieht, kannst du neuen Mut fassen, denn Jesus wird direkt an deiner Seite sein, um dich herauszuziehen und zu retten – genauso wie er es für Petrus tat.

Ich glaube, dass Jesus das jetzt gerade in deinem Leben tut. Gibt es etwas, das du getan hast und nicht loszuwerden scheinst, etwas, das sich wie ein schweres Gewicht an deinen Füßen anfühlt? Heute ist der Tag für deinen Durchbruch. Lerne, zu sehen, was Gott sieht, indem du deine Augen auf Jesus richtest.

Das, was du siehst oder wie andere Menschen dich sehen, ist nicht so entscheidend wie Gottes Sicht von dir.

Du musst verstehen, dass das, was du siehst oder wie andere Menschen dich sehen, nicht so entscheidend ist wie *Gottes* Sicht von dir. Viele Leute denken, dass Gott sie in ihren Sünden sieht und nur darauf wartet, sich plötzlich auf sie zu stürzen und zu bestrafen. Dieser falsche Glaube führt zu einem falschen Leben. Wenn du so über Gott denkst, kannst du gar nicht anders, als aufgrund deiner früheren Sünden ständig in Angst, Unsicherheit und

Sorge zu leben. Triff heute die Entscheidung, deine Augen auf Jesus zu richten, denn er hat dich bereits durch sein Blut gerecht gemacht!

Heiligkeit ist eine Begleiterscheinung,
wenn man Jesus in seiner Gnade sieht.

Es ist sogar so: Je mehr du Jesus ansiehst, umso mehr wirst du von Herrlichkeit zu Herrlichkeit verändert. In der Bibel heißt es: »Wir alle aber, indem wir mit unverhülltem Angesicht die Herrlichkeit des Herrn anschauen wie in einem Spiegel, werden verwandelt in dasselbe Bild von Herrlichkeit zu Herrlichkeit, nämlich vom Geist des Herrn« (2Kor 3,18 SLT). Die größte Form von Heiligkeit liegt darin, seine Augen auf Jesus zu richten. Viele Leute denken, sie müssten *mehr tun*, um heiliger zu sein und von Gott geliebt und angenommen zu werden. Die Wahrheit lautet: Wenn du mehr auf Jesus siehst und seine Liebe, Vergebung, unendliche Gnade und seine Gerechtigkeit, die er für dich mit seinem eigenen Blut erkauft hat, vor Augen hast, wirst du übernatürlich verändert.

Heiligkeit ist eine Begleiterscheinung, wenn man Jesus in seiner Gnade sieht. Wenn du Jesus jeden Tag ansiehst und täglich seine Liebe und Gnade empfängst, wird dein Herz innerlich verwandelt. Das ist keine Anpassung äußerlichen Verhaltens. Es ist echte Veränderung. Sie entspringt einem Herzen, das von seiner Gnade berührt wurde, und einem befreiten Gewissen, das für alle Zeiten von Schuld befreit wurde. Dann fällt Sucht von deinem Leben ab. Dann löst sich Angst in seiner vollkommenen Liebe auf und die Verdammnis, die von den Fehlern deiner Vergangenheit hervorgerufen wurde, ist durch sein kostbares Blut abgewaschen.

Was für ein Leben! Es ist das Leben, das Gott für dich vorgesehen hat. Kannst du es sehen? Kannst du sehen, was er sieht?

In seinen Augen bist du kostbar

Ich möchte dir noch einen weiteren Aspekt von Gottes heutiger Sicht von dir zeigen, und zwar durch eine Wahrheit, die sich in dem Brustschild des Hohenpriesters Israels verbirgt. In der Bibel finden wir sehr präzise Angaben darüber, was der Hohepriester im alten Israel getragen hat – und es gibt einfach keine unbedeutenden Details in der Bibel. Heute ist Jesus unser Hohepriester, und wenn wir uns den Brustschild näher ansehen, werden wir einen starken Eindruck davon gewinnen, wie der Herr sein Volk sieht.

In der nebenstehenden Abbildung sind auf dem Brustschild des Hohenpriesters 12 Steine zu finden. Auf jedem Stein ist jeweils einer der Namen der zwölf Stämme Israels eingraviert. Auf dem Karneol-Stein in der ersten Reihe ist zum Beispiel »Juda« eingraviert und auf dem Diamanten in der zweiten Reihe steht »Gad«.

Der Hohepriester Israels: Auf den zwölf Edelsteinen seines Brustschilds sind die Namen der zwölf Stämme Israels eingraviert.

Diese zwölf Steine repräsentieren das heutige Volk Gottes. Es ist doch interessant, dass Gott sein Volk, dich und mich, als Edelsteine beschreibt. Er nutzte keine gewöhnlichen Steine oder Kiesel, die es in Israel zuhauf gab. Ganz bewusst wählte er sehr teure, seltene und kostbare Edelsteine wie einen Saphir, einen Topas, einen Smaragd, einen Amethyst, einen Diamanten, einen Onyx und einen Jaspis, um dich und mich darzustellen (siehe 2Mo 39,9–14). Darüber hinaus war von allen Kleidungsstücken, die der Hohepriester anzog, der Brustschild seinem Herzen am nächsten. Dies ist ein Ausdruck davon, wie sehr der Herr dich schätzt und wie sehr er sich danach sehnt, dich nah an seinem Herzen zu haben. In seinen Augen bist du sehr wertvoll, kostbar und geliebt. Wenn dir jemals erzählt wurde, dass Gott dich als schmutzigen, verdorbenen Sünder sieht, dann darfst du wissen, dass das eine Lüge ist, die direkt aus der Hölle kommt!

Ich möchte deine Aufmerksamkeit auch darauf richten, dass die Namen der Stämme Israel nicht bloß auf die Edelsteine geschrieben wurden. In der Bibel heißt es, dass sie *eingraviert* wurden (siehe 2Mo 39,14). Das bedeutet, sobald du an Jesus glaubst, ist dein Name für immer in sein Buch des Lebens eingraviert. Wenn dein Name dort bloß hineingeschrieben würde, könnte man denken, dass er leicht wieder gelöscht oder ausradiert werden kann. Aber die Wahrheit lautet: Jesus hat deinen Namen auf einen kostbaren Stein *graviert* und er trägt ihn nah an seinem Herzen.

Kann dein Name jemals von seinem Platz an Gottes Herzen getilgt werden? Schau dir an, was Jesus denen verheißt, die wiedergeboren sind: »[Der, der] überwindet, der wird mit weißen Kleidern bekleidet werden; und ich will seinen Namen nicht auslöschen aus dem Buch des Lebens, und ich werde seinen Namen bekennen vor meinem Vater und vor seinen Engeln« (Offb 3,5 SLT). Lieber Freund, durch Christus Jesus bist du ein Überwinder und in Christus Jesus bist du für immer geborgen. Ruhe in der Gewissheit, dass dein Name nicht aus dem Buch des Lebens ausgelöscht werden wird. Er wird für alle Ewigkeit in Stein graviert und nah an Gottes Herzen sein!

Durch Christus bist du ein Überwinder

Wie wirst du also zu jemandem, »der überwindet«? Lass nicht zu, dass jemand diesen Vers so verdreht, dass am Ende alles von dir abhängt. Viele falsche Glaubensinhalte entstammen menschenzentrierten Lehren, die sich auf das konzentrieren, was der Mensch tun sollte, oder in diesem Fall, was der Mensch aus sich selbst heraus durch seine eigenen Werke überwinden muss. Achte darauf, dass das, woran du glaubst, christuszentrierte Lehren sind, die sich auf das konzentrieren, was Jesus getan hat und fortwährend in deinem Leben tut.

Wenn du Zweifel hast, lege die Bibel anhand der Bibel aus. In diesem Fall wird uns wenige Kapitel weiter in Offenbarung 12,10–11 (SLT) gesagt: »Denn hinabgestürzt wurde der Verkläger unserer Brüder, der sie vor unserem Gott verklagte Tag und Nacht. Und sie haben ihn überwunden um des Blutes des Lammes und um des Wortes ihres Zeugnisses willen.«

Der Himmel und deine ewige Rettung haben nichts mit deinen eigenen Bemühungen zu tun. Entscheidend ist dein Glaube an Jesus und an alles, was er für dich am Kreuz getan hat.

Wie überwindest du den Teufel, der dich für deine Fehler verklagt und verdammt? Durch das Blut des Lammes, das dich von aller Ungerechtigkeit reinwäscht, und durch das Wort deines Zeugnisses, dass Jesus Christus dein Herr und Retter ist! Der Himmel und deine ewige Rettung haben nichts mit deinen eigenen Bemühungen zu tun. Entscheidend ist dein Glaube an Jesus und an alles, was er für dich am Kreuz getan hat. Niemand kommt in den Himmel durch seine eigene Gerechtigkeit. Wir ALLE sind dazu nur durch das Blut des Lammes berechtigt!

Jedes Mal, wenn dein schuldbewusstes Gewissen oder der Verkläger der Brüder, der Teufel, dich für deine Fehler anklagen, halte dir das großartige Bild vor Augen, das Gott in seinem Wort von uns zeichnet. Erkenne und glaube in deinem Herzen, dass du in seinen Augen so wertvoll wie die Edelsteine auf dem Brustschild des Hohenpriesters bist und einen Platz nah an seinem Herzen hast. Es geht nicht darum, wie du dich selbst siehst, wie dein Ehepartner dich sieht oder wie deine Verwandten, Freunde und Kollegen dich sehen. Das Wichtigste ist, dass du zuerst lernst, *zu erkennen, wie Gott dich sieht.*

Edelsteine funkeln im Licht

Vielleicht siehst du dich schon seit Jahren als schwach an – jemand, der Schuld, Panikattacken oder Süchten leicht erliegt. Heute ist der Tag gekommen, an dem du deine Augen von dir selbst und deinen Schwächen abwenden solltest. Lerne zu sehen, was Gott sieht. Er sieht dich in Jesus Christus durch das Kreuz und durch das kostbare Blut hindurch, das für deine Erlösung vergossen wurde. Wirf all deine falschen Glaubensinhalte über Bord und sieh dich selbst als kostbaren Edelstein, der innigst geliebt wird und nah an Gottes Herzen ist.

Ich möchte dich Folgendes fragen: Wenn du erkennst, wie wertvoll und kostbar du in seinen Augen bist, bewirkt das in dir, dass du anfangen willst zu sündigen oder weiterhin in Sünde leben möchtest?

Natürlich nicht!

Im Gegenteil, deine Gedanken sehen etwa so aus: »Hey, so benimmt sich kein Christ, der für den Herrn so kostbar ist. Ein wertvoller Edelstein gehört nicht in den Schmutz, Dreck und Schlamm der Sünde. Das passt nicht zu einem Diamanten. Der rechtmäßige Platz für einen Edelstein befindet sich nah an Gottes Herzen, wo er funkelt und strahlt.«

Deine wahre, gerechte und wertvolle Identität in Christus zu erkennen, wird dich über jede Sucht, Bindung und Sünde erheben. Es bewirkt, dass du das Leben eines Königskindes führen willst. Ein heiliges Leben, ein guter Charakter und echte Moral sind die logische Folge davon, dass man erkennt, wie Gott einen heute sieht. Wenn du dich selbst für einen schmutzigen, verdorbenen Sünder hältst, wird dieser falsche Glaube dich gefangen halten und du wirst dich letztlich auch so verhalten wie ein schmutziger, verdorbener Sünder. Ich habe dieses Buch geschrieben, um dir zu sagen, dass du das *nicht* bist! Gott sieht dich in Christus. Wenn er dich sieht, sieht er das Kreuz und durch das Kreuz hindurch siehst du schön aus. Habe deshalb keine Angst vor Gottes Wahrheit und seinem Licht.

Gott sieht dich in Christus. Wenn er dich sieht, sieht er das Kreuz und durch das Kreuz hindurch siehst du schön aus.

Weißt du, was geschieht, wenn Licht auf Edelsteine fällt? Sie schimmern und strahlen pure Schönheit aus. Tatsächlich ist das Licht der beste Freund eines Edelsteins, denn es bringt die besten Eigenschaften in ihm zum Vorschein. Weißt du, dass das Licht von Gottes Gnade und Wahrheit auch auf dich fällt, während du dies hier gerade liest? Es will dich nicht verdammen, sondern dich zum Leuchten bringen und deine besten Eigenschaften hervorheben. Dieses Licht zeigt, wie vollkommen das Werk Jesu ist, das dich völlig rein gemacht hat. Vor diesem Licht brauchst du keine Angst zu haben. Gnade bringt das Beste in dir zum Vorschein, weil Gnade immer Heiligkeit hervorbringt. Je mehr du Gottes Liebe und Gnade empfängst und siehst, wie er dich sieht, umso mehr wirst du dich aus jedem Bereich der Niederlage erheben und wie die kostbaren Edelsteine auf dem Brustschild des Hohenpriesters herrlich für Jesus leuchten.

Alles dreht sich um das Kreuz

In der Geschichte von Bileam ist ein verblüffendes Geheimnis verborgen. Weißt du, was Bileam von der Anhöhe aus sah, als er versuchte, das Volk Gottes zu verfluchen? Er sah Folgendes:

Das israelitische Zeltlager vor Bileams Augen war ein Bild des Kreuzes Jesu.

Was siehst du? Genau! Es ist das Kreuz Jesu!

In der Bibel wird sehr genau ausgeführt, wie die zwölf Stämme Israels im Zeltlager gruppiert waren und wie groß die Zahl der Menschen der einzelnen Stämme war (siehe 4Mo 2,2–32). Wir erfahren, dass das Lager Judas (das sich aus den Stämmen Juda, Issachar und Sebulon zusammensetzte) das größte Lager war und die gesamte östliche Seite des Zeltlagers einnahm. In der Abbildung ist zu sehen, dass dieser Teil den längeren unteren Balken des Kreuzes bildet. Ich sagte ja bereits, dass es in der Bibel keine unbedeutenden Details gibt – alles weist auf Jesus hin! Ist das nicht erstaunlich? Ich liebe es, wenn das Kreuz Jesu offenbart wird!

Als Bileam also versuchte, Gottes Volk zu verfluchen, erhaschte er in Wirklichkeit einen kurzen Blick darauf, wie Gott sein Volk sieht – durch das Kreuz, durch das Opfer seines Sohnes. Natürlich verstand Bileam die Bedeutung des Kreuzes nicht, ebenso wenig wie die Kinder Israels zu jener Zeit.

Aber du und ich, wir verstehen sie.

Mein Freund, wenn Gott dich heute ansieht, sieht er den Preis, den sein geliebter Sohn am Kreuz bezahlt hat, um dich von all deinen Sünden freizukaufen. Er sieht dich in Christus. In seinen Augen ist dir vergeben. Du bist gerecht, unendlich wertvoll, wunderschön und nah an seinem Herzen. Es ist an der Zeit, dass du dich selbst so siehst, wie Gott dich sieht!

TEIL 3

EMPFANGE GOTTES VOLLSTÄNDIGE VERGEBUNG

KAPITEL 7

EMPFANGE SEINE VERGEBUNG UND HERRSCHE

Selbst nach über zwei Jahrzehnten im aktiven Dienst für den Herrn überrascht es mich doch immer wieder, wie hart Menschen mit sich selbst sein können. Ich glaube, dass das auf ihren falschen Glauben über Gott zurückgeführt werden kann. Wenn du fälschlicherweise glaubst, dass Gott wegen deiner Fehler hart mit dir ins Gericht geht, wirst du automatisch auch hart mit den Menschen in deinem Umfeld umgehen und letztlich vor allem mit dir selbst äußerst hart sein.

Wenn du erkennst, dass Gottes Herz nicht auf Verdammnis aus ist, sondern auf Vergebung, kann dein ganzes Leben zu seiner Ehre völlig umgekrempelt werden!

Menschen, die hart mit sich selbst sind, können sich ihre früheren Fehler nicht vergeben. Leider gelangen sie irgendwann an den Punkt, an dem sie sich – bewusst oder unbewusst – selbst bestrafen. Manche ritzen sich und verletzen sich. Manche entwickeln Essstörungen oder verfallen in Medikamentenmissbrauch. Wieder andere geben ihrem sexuellen Verlangen nach und geraten völlig außer Kontrolle. Dabei verletzen sie nicht nur sich selbst, sondern auch die Menschen, die sie lieben, und das nur, weil sie – wenn auch unbewusst – einem Instinkt folgen, sich selbst zu bestrafen.

Es ist ein Teufelskreislauf der Niederlage. Je weniger sie sich selbst vergeben können, umso mehr verletzen sie sich selbst mit ihrem Handeln und umso mehr werden sie von den unterschiedlichsten Süchten gefangen gehalten. Das wiederum führt zu noch mehr Schuldgefühlen, weshalb sie denken, sie müssten sich noch mehr bestrafen – und so setzt sich der Kreislauf immer weiter fort.

Gib dein Versagen an Jesus ab

Aus diesem Grund glaube ich, dass die eigentliche Ursache für viele sündhafte Gewohnheiten, Ängste und Süchte auf Verdammnis zurückgeführt werden kann. Ich will dir heute zeigen, wie du dich mit der Wurzel selbst, nämlich Verdammnis, auseinandersetzen kannst. So möchte ich dir helfen, Gottes Vergebung in diesen Bereichen zu empfangen, damit du aus dem Kreislauf der Niederlage ausbrechen und einen neuen Kreislauf des Sieges beginnen kannst.

Gibt es gerade heute in deinem Leben ungeklärte Schuld und Verdammnis? Ich habe großartige Neuigkeiten für dich. Wenn du erkennst, dass Gottes Herz nicht auf Verdammnis aus ist, sondern auf Vergebung, kann dein ganzes Leben zu seiner Ehre völlig umgekrempelt werden! Ich habe selbst erlebt, dass so viele Menschen verändert wurden, sobald sie nur einen kleinen Schritt des Glaubens wagten, seiner Gnade vertrauten und seine Vergebung für ihr Leben empfingen.

Anstatt sich selbst für ihre Fehler zu bestrafen und sich für unwürdig zu halten, begannen diese Menschen, ihren Glauben zu korrigieren und Gottes Vergebung zu empfangen, indem sie auf Jesus sahen, der ihre Strafe auf sich genommen hatte. Sie erkannten, dass ihr Retter ihnen das Recht gab, allen Segen zu empfangen, den Gott ihnen für ihre Ehen, Familien und ihr Arbeitsleben schenken wollte.

Ich möchte dich ermutigen, die angehäufte Schuld und Verdammnis für deine Fehler jetzt in diesem Moment an den Herrn abzugeben.

Möchtest du gerne das folgende Gebet mit mir sprechen?

Herr Jesus, ich will nicht mehr so leben wie bisher. Heute gebe ich all mein Versagen, meine Sünden und Fehler in deine liebenden Hände. Und ich empfange jetzt, in diesem Moment, deine Vergebung in meinem Herzen. Danke für dein kostbares Blut, das mich weißer wäscht als Schnee. Für mich gelten jetzt deine Gerechtigkeit, Liebe, Freude und dein Frieden. In Jesu Namen. Amen!

Es ist ein einfaches, aber wirkungsvolles Gebet. Ich möchte dich ermutigen, dieses Gebet jedes Mal zu sprechen, wenn du versagst und in deinem Herzen mit Schuldgefühlen und Verdammnis zu kämpfen hast. Hör auf, dich selbst zu bestrafen – deine Lösung findest du am Kreuz Jesu. Ich verspreche dir, wenn du dich zu Jesus hinwendest und dich jedes Mal, wenn du fällst, selbst daran erinnerst, dass du in Christus gerecht bist und dir in ihm vergeben wurde, wirst du anfangen, als der Mensch zu leben, der gerecht gemacht und dem vergeben wurde – als der Mensch, zu dem Jesus dich gemacht hat.

Gott liebt dich vollkommen

Gott ist ein Gott der Vergebung. Er kennt dich vollkommen und liebt dich dennoch vollkommen. Wir sind Sklaven der Vorstellung, man könne uns nicht mehr lieben, sobald man unsere Schwächen sieht. Vielleicht trifft das auf menschliche Beziehungen zu, aber Gott ist anders.

Gott sieht all unsere Unzulänglichkeiten, Schwächen und Fehler auf Jesus am Kreuz. Unsere Sünden und unsere Abscheulichkeit schrecken ihn nicht ab. Vielmehr sind sie für ihn Gelegenheiten, seine Gnade und Vergebung durch das Blut seines Sohnes zu demonstrieren, der alle unsere Sünden auf Golgatha erfolgreich ausgelöscht hat.

Gott kennt deine Schwächen besser als du selbst und er liebt dich trotzdem.

Schäme dich also nicht für deine Schwächen, Fehler und Unzulänglichkeiten. Gott kennt deine Schwächen besser als du selbst und er liebt dich trotzdem. Sein Wort erinnert uns daran, dass Jesus niemand ist, »der kein Mitleid haben könnte mit unseren Schwachheiten«. Vielmehr wurde Jesus in allem versucht, doch er blieb ohne Sünde (Hebr 4,15 SLT). Er kennt jede Versuchung und jede Prüfung, die du durchlebst. Er ist nicht enttäuscht von dir und erwartet nicht, dass du es schaffst, gemäß einer »Du darfst«-

und »Du darfst nicht«-Liste zu leben, bevor er dir vergeben und dich lieben kann. In der Bibel heißt es: »Gott aber beweist seine Liebe zu uns dadurch, dass Christus für uns gestorben ist, als wir noch Sünder waren. Wieviel mehr nun werden wir, nachdem wir jetzt durch sein Blut gerechtfertigt worden sind, durch ihn vor dem Zorn errettet werden!« (Röm 5,8–9 SLT).

Hast du das verstanden? *Wann* hat Gott dich geliebt?

Du hast richtig gelesen: *als du noch ein Sünder warst.* Bevor du ihn überhaupt kanntest und als du noch in Sünde gelebt hast, hat er dich bereits geliebt. Wie viel mehr tut er es jetzt, da du durch das Blut Jesu gereinigt und gerecht gemacht wurdest! Weil du die Gerechtigkeit Jesu empfangen hast, bist du nun für immer gerecht. Selbst wenn du in Sünde fällst, machen deine Sünden dich nicht wieder zu einem Sünder.

Wenn du heute versagst, bist du immer noch die Gerechtigkeit Gottes. Das ist so, weil deine Gerechtigkeit von Jesus kommt. Genauso wie ein wunderschöner Schmetterling sich nicht in eine Raupe zurückverwandeln kann, kannst du dich nicht mehr zurück in einen Sünder verwandeln, wenn du einmal durch das Blut Jesu gerecht gemacht worden bist. Wenn du deine gerechte Identität in ihm kennst, gibt dir das die Kraft, jede Sünde, jede Sucht und jede schlechte Angewohnheit zu überwinden!

Deine gerechte Identität in ihm zu kennen, gibt dir die Kraft, jede Sünde, jede Sucht und jede schlechte Angewohnheit zu überwinden!

Du bist gerecht in Christus

Der falsche Glaube, den viele Christen haben, ist, dass sie jedes Mal wieder zu Sündern werden, wenn sie Fehler machen. Daher führen sie ihr Leben als Christen voller Unsicherheit und Verdammnis. Manchmal denken sie, sie wären gerecht, manchmal denken sie, sie wären Sünder. Fälschlicherweise glauben sie, dass ihre Gerechtigkeit davon abhängt, wie sie sich am jeweiligen Tag verhalten. Das führt zu einer schweren Identitätskrise. Da ist es kein Wunder, dass sie nicht die Durchbrüche sehen, die Jesus am Kreuz für sie bereits erworben hat!

Mein Freund, erkenne deine gerechte Identität in Jesus. Wiedergeborene Christen, die in dem Blut Jesu reingewaschen worden sind, finden kein Vergnügen daran, in Sünde zu leben, genauso wenig wie es Schafen gefällt, sich im Schlamm zu suhlen. Also, wenn ein Schaf in den Schlamm fällt, ist es immer noch ein Schaf? Natürlich! Es wird nicht plötzlich zu einem Schwein, das das Schlammbad genießt. Das Schaf mag sich im Schlamm befinden, aber es fühlt sich darin nicht wohl, sondern hasst den Schlamm und kann es kaum erwarten, davon gereinigt zu werden.

Gnade ist kein Freibrief, um zu sündigen; sie ist die Antwort, um Sünde zu überwinden!

Ich richte mich an Menschen, die aufrichtig nach einem Weg suchen, von ihren Ängsten, Schuldgefühlen, Bindungen, Süchten und falschen Gewohnheiten frei zu werden. Ich richte mich an Schafe, die es hassen, in Angst zu leben, die es hassen, von Schuldgefühlen gefesselt zu sein, und die es hassen, in Süchten und falschen Gewohnheiten festzustecken, von denen sie sehr genau wissen, dass sie zerstörerisch sind – aber nicht wissen, wie sie frei werden können. Und ich möchte euch heute Folgendes sagen: Gottes Gnade ist die Antwort. Gnade ist kein Freibrief, um zu sündigen; sie ist die *Antwort*, um Sünde zu überwinden!

»Aber was ist mit meinem Bekannten, der sich selbst Christ nennt, aber wie der Teufel lebt?«

Es ist nicht unsere Aufgabe, zu beurteilen, wer ein Christ ist und wer nicht. Es gibt Menschen, die sich selbst als »Christen« bezeichnen, in deren Leben es aber keinen Beleg dafür gibt. Genauso wie ein Mensch nicht zum Hamburger wird, wenn er zu McDonald's geht, oder zum Auto, wenn er eine Garage betritt, wird er auch nicht zum Christen, wenn er in die Kirche geht!

Doch die gute Nachricht ist: Auch wenn du nicht beurteilen kannst, ob jemand wirklich ein wiedergeborener Christ ist, kannst du mit Sicherheit wissen, ob *du* selbst wiedergeboren bist.

Stell dir selbst einfach folgende Frage: Glaubst du in deinem Herzen, dass Jesus Christus dein Herr und Retter ist? Wenn deine Antwort Ja lautet, dann bist du ein wiedergeborener Christ, der durch das Blut Jesu gerecht gemacht worden ist, und du darfst die ewige Gewissheit haben, dass der Himmel dein Zuhause ist!

Du bist gerettet und gerecht gemacht aus Gnade durch Glauben. Als Christ wirst du immer noch Fehler machen, versagen, und auch immer noch versucht werden. Von Zeit zu Zeit wirst du in Sünde fallen. Aber gesündigt zu haben, verwandelt dich nicht wieder zurück in einen Sünder. Du wurdest erkauft und erlöst durch das Blut Jesu, und in Christus bist du immer noch Gottes Gerechtigkeit, selbst wenn du versagst. Warum? Weil deine Gerechtigkeit nicht das Ergebnis deines richtigen Handelns ist – sie ist das Ergebnis deines richtigen Glaubens. Sie ist ein Geschenk Gottes, und nichts, was du durch deinen Gehorsam, dein richtiges

Handeln und deine sündlose Vollkommenheit verdienen könntest. Deshalb kannst du in dem Wissen, dass du durch Jesus, und nicht durch deine eigenen Werke, gerettet wurdest, ewige Sicherheit haben!

Am Kreuz hat Jesus dich von allen deinen Sünden erlöst. Aber weißt du, dass Jesus dich nicht davon erlöst hat, jemals wieder versucht zu werden und zu sündigen? Du glaubst mir nicht? Nenne mir einen einzigen Christen, den du kennst, der nie versucht wird und niemals sündigt.

Beweisführung abgeschlossen.

Erkennst du es? Wenn wir heute durch unsere eigenen Werke und unser gerechtes Handeln gerettet und gerecht gemacht werden, welche Hoffnung haben wir dann? Lasst uns Gott dafür preisen, dass unsere unerschütterliche Hoffnung auf Erlösung allein in Jesus zu finden ist!

Die Kraft, um Sünde zu überwinden

Leider wird heute an vielen Orten nur darüber gelehrt, das Richtige zu tun, das Richtige zu tun, und … das Richtige zu tun! Doch ich glaube, was wir wirklich brauchen, ist mehr Lehre über den richtigen *Glauben*! Wir müssen die Menschen kontinuierlich auf Jesus, seine Gnade, sein vollendetes Werk und seine Vergebung hinweisen. Ich habe keinen Zweifel daran, dass ihr richtiger Glaube dann auch die richtige Art zu leben hervorbringen wird. Sie werden sich in Menschen verwandeln, deren Hoffnung nicht in der Gerechtigkeit begründet liegt, die *sie* hervorbringen können, sondern in dem *Geschenk der Gerechtigkeit* durch Jesus Christus und in dem, was Jesus in ihnen wirken kann.

Ich kann dir Tausende von Christen nennen, die Siege über Versuchung, Schuldgefühle, Süchte und Sünde erleben. Mein Team hat E-Mails und Briefe von Leuten aus meiner Gemeinde sowie von Christen auf der ganzen Welt erhalten, die ihren Durchbruch in Bezug auf die Sünde erlebt haben, als sie ihre gerechte Identität in Jesus entdeckten.

Es sind Christen, die wissen, dass sie nicht durch ihre eigenen Werke gerecht gemacht sind, sondern durch das Blut Jesu. Sie sind Christen, die ihr Leben unter der Gnade führen, wo die Sünde keine Macht mehr hat. Sobald sie unter die Gnade kommen, fangen sie an, Römer 6,14 (SLT) in ihrem Leben umzusetzen, wo es heißt: »Denn die Sünde wird nicht herrschen über euch, weil ihr nicht unter dem Gesetz seid, sondern unter der Gnade.« Wenn sie in ihren Gedanken versucht werden, empfangen sie bereits Gottes Vergebung in ihrem Herzen und halten so die Sünde auf, bevor aus einem sündigen Gedanken überhaupt eine sündige Tat werden kann.

Ich will dir das Zeugnis von Lucas erzählen. Dies ist, was dieser kostbare Bruder sagte:

Obwohl ich in einem gläubigen Elternhaus aufwuchs und Eltern hatte, die beide radikal für Jesus lebten, geriet ich auf die schiefe Bahn und wurde drogenabhängig. Ich versuchte, zur Gemeinde zu gehen, aber wenn ich den Predigten zuhörte, hatte ich das Gefühl, dass es mir nie gelingen würde, genug Sünden zu bekennen, genug Buße zu tun oder meine Sünden genügend zu hassen, um Gottes Vergebung zu empfangen.

Dann gab mir ein guter Freund ein Exemplar Ihres Buchs »Zur Herrschaft bestimmt«. Dieses Buch hat meine geistliche Welt auf den Kopf gestellt. Ich erkannte, dass nicht die Sünde das Problem war. Das Problem war stattdessen, dass ich die Gnade meines wunderbaren Herrn und Retters nicht verstand. Als ich das vollendete Werk Jesu erkannte, verstand ich, dass Gott nicht mit einem großen Stock in der Hand darauf wartete, dass ich einen Fehler machte, damit er mich damit bestrafen konnte.

Als ich weiter in Ihrem Buch las und das Evangelium der Gnade in mich aufsog, wurde ich innerhalb von fünf Tagen von einer fünf Jahre anhaltenden Drogenabhängigkeit freigesetzt! Und ich weiß, dass das alles nur durch die Gnade Jesu möglich war, die in meinem Leben offenbart wurde.

Vielen Dank, Pastor Prince, für Ihr Buch und Ihre Predigten. Ich möchte diesen Gott der Gnade noch näher kennenlernen und ich wünsche auch meiner Familie, dass sie ihn als Gott der Gnade kennenlernt und nicht als einen Gott des Gesetzes, der seine Kinder verdammt. Nie zuvor wusste ich, dass Gott so voller Liebe ist!

Kannst du sehen, wie wirkungsvoll es sein kann, mit einem Bewusstsein zu leben, das durch die Vergebung Jesu geprägt wurde? Die Sünde hat keine Macht über dein Leben, wenn du unter der Gnade bist. Die Sünde kann in deinem Leben keine Wurzeln schlagen, wenn du in Gottes Vergebung gegründet bist. Seine Vergebung zu empfangen bedeutet, in einem Kreislauf des Sieges über die Sünde zu leben, während die Menschen, die sich für jeden falschen Gedanken verdammen, in einen niemals endenden Kreislauf der Niederlage geraten. Kannst du den Unterschied sehen?

Vergebung wird empfangen, nicht erarbeitet

Es gibt absolut nichts, was du tun kannst, um dir Gottes Vergebung zu verdienen. Vergebung wird empfangen, nicht erarbeitet. Wenn du versuchst, dir deine eigene Vergebung zu verdienen, und denkst, dass Gott ständig zornig auf dich ist, will ich dir heute sagen, dass das nicht dem Herzen Gottes entspricht. Das ist christliche Religion. Christliche Religion ist eine unaufhörliche Tretmühle, die sich auf unsere eigenen Bemühungen gründet, Gottes Vergebung, Bestätigung und Annahme verdienen zu wollen. Kommt dir das bekannt vor? Wenn das auf dich zutrifft, hör dir die Worte Jesu an:

> *Seid ihr müde? Abgekämpft? Ausgebrannt durch Religion? Kommt zu mir. Kommt fort mit mir und ihr werdet euer Leben zurückgewinnen. Ich werde euch zeigen, wie ihr euch wirklich eine Auszeit gönnen könnt. Lebt mit mir und arbeitet mit mir – schaut zu, wie ich es mache. Lernt, im ungezwungen Rhythmus der Gnade zu leben. Ich werde nichts Schweres oder Unpassendes auf euch legen. Bleibt in meiner Nähe und ihr werdet lernen, in Freiheit und Leichtigkeit zu leben. – Matthäus 11,28–30 MSG*

»Der ungezwungene Rhythmus der Gnade« – was für eine tolle Formulierung! Sie drückt aus, dass das Leben in seiner Gnade mit Leichtigkeit und Genuss verbunden ist. Und steht somit in direktem Gegensatz zu dem Kampf und der Mühe eigener Anstrengungen. Es liegt eine solche Ruhe darin, wenn du weißt, dass du nichts tun kannst, um dir Gottes Vergebung zu verdienen. Gib deine Selbstgerechtigkeit auf, die die Bibel als »beflecktes Kleid«

bezeichnet (siehe Jes 64,5 ELB), und empfange mit offenen Armen und einem offenen Herzen seine Vergebung!

Es liegt eine solche Ruhe darin, wenn du weißt, dass du nichts tun kannst, um dir Gottes Vergebung zu verdienen.

Der Schlüssel zum Durchbrechen des Kreislaufs von Sünde und Niederlage ist, einfach zu empfangen und sich nicht länger selbst fertigzumachen. Empfange und höre auf, dich selbst zu bestrafen, denn deine Sünden wurden bereits am Körper eines anderen bestraft – sein Name ist Jesus, unser wunderbarer Herr und Retter. Es ist nicht verwunderlich, dass man das Evangelium die *gute Nachricht* nennt.

Verpflichtung versus Beziehung

Wenn du Gottes Gnade und Vergebung verstehst, wirst du auch den Unterschied zwischen Verpflichtung und Beziehung verstehen. Unter dem neuen Bund der Gnade wurde der Antrieb für ein gerechtes Leben verändert. Unter dem Gesetz lebt man gerecht aufgrund religiöser Verpflichtung. Unter der Gnade kommt alles, was wir heute tun, aus einem inneren Antrieb, der direkt auf unsere Liebesbeziehung mit Jesus zurückzuführen ist.

Unter der Gnade kommt alles, was wir heute tun, aus einem inneren Antrieb, der direkt auf unsere Liebesbeziehung mit Jesus zurückzuführen ist.

Mein Freund, Gott ist nicht gesetzlich. Er will nicht, dass du sein Wort liest, nur weil er gesagt hat, dass du das machen sollst.

Er will, dass du seine Liebe erfährst und Zeit mit seinem Wort verbringst, weil du seine herrliche Gegenwart genießen *willst*. Äußerlich betrachtet kann das Verhalten dasselbe sein: Zwei Menschen lesen in der Bibel. Doch einer tut es aus religiöser Verpflichtung heraus, während der andere aufgrund der Liebe Gottes eine innere Motivation dazu verspürt. Der eine tut es in dem Versuch, sich Gottes Vergebung und Annahme zu verdienen, der andere tut es, weil er weiß, dass ihm vergeben wurde. Der eine tut es aus Gesetzlichkeit heraus, der andere tut es auf der Grundlage einer Beziehung. Es ist doch in Wirklichkeit so: Wenn du deine Bibel nicht liest, solltest du dich nicht schuldig, sondern hungrig fühlen.

Kürzlich aß ich mit einem Reiseprediger zu Mittag, der mich fragte: »Ist es gesetzlich, wenn Pastoren die Ehemänner in ihrer Gemeinde dazu auffordern, ihre Frauen zu lieben und diese zu lehren, sich ihren Ehemännern unterzuordnen?« Ich konnte an der Art, wie er das sagte, erkennen, dass er von mir folgende Antwort erwartete: »Natürlich ist das nicht gesetzlich.« Daher war er sprachlos, als ich sagte: »Ja, das ist es!«, und hinzufügte: »Die Bibel sagt uns nicht, dass wir das tun sollen.«

Ich erklärte ihm, dass wir als Prediger über den gesamten Abschnitt lehren müssen, in dem Folgendes steht: »Ihr Frauen, ordnet euch euren eigenen Männern unter als dem Herrn« und »Ihr Männer, liebt eure Frauen, *gleichwie auch der Christus die Gemeinde geliebt hat und sich selbst für sie hingegeben hat*« (Eph 5,22.25 SLT). Im Fokus steht hier Jesu Liebe zu uns. Alles, was wir heute unter dem neuen Bund der Gnade tun, entspringt unserer Liebesbeziehung zu Jesus. Seine Liebe muss zuerst in uns wirken.

Weißt du, es ist eine Frage der Motivation. Wie fändest du es, wenn dein Mann zu dir sagen würde: »Gott sagt, dass ich dich lieben soll und wir mehr miteinander reden sollten, also lass uns heute Abend essen gehen?« Dort angekommen stellt er die Stoppuhr an seinem Handy und sagt: »Alles klar, meine Liebe, deine Zeit beginnt jetzt.« Hey, keine Frau, die etwas auf sich hält, würde das akzeptieren, oder? Du willst, dass dein Mann dich nicht zum Essen ausführt, weil er das muss, sondern weil er das *will.*

Deshalb ermahnt das Wort Gottes die Männer nicht einfach nur, ihre Frauen zu lieben, sondern führt weiter aus, wie Ehemänner das machen sollen bzw. können – die Kraft zu lieben kommt, wenn die Männer zuerst für sich selbst erleben, wie Jesus sie geliebt hat und sich selbst für sie hingegeben hat.

Verwandelt von seiner Liebe

Ihr Männer, wenn ihr von der Liebe Jesu zehrt, wird der Liebestank für eure Frau und Kinder niemals zur Neige gehen. Denke über seine Liebe nach. Schließe deine Augen und erkenne, wie dein Retter am Kreuz alles für dich aufgegeben hat. Wenn du dein Herz mit seiner Liebe volltankst, wird deine Frau unmittelbar von dieser überfließenden Liebe Jesu profitieren. Ein Mann, der die Liebe Jesu erlebt, liebt einfach! Ein Mann, der die Vergebung Jesu erlebt, vergibt einfach! Wir haben die Kraft zu lieben und zu vergeben, weil er uns zuerst geliebt und vergeben hat.

Wir haben die Kraft zu lieben und zu vergeben,
weil er uns zuerst geliebt und vergeben hat.

So werden wir in sein Bild verwandelt. Du wärst gern geduldiger? Meditiere darüber, wie geduldig Jesus mit dir all die Jahre über gewesen ist. Du wärst deiner Frau gegenüber gern vergebungsbereiter? Dann sättige dich selbst mit Gedanken an seine Vergebung für jeden Fehler, den du hast. Denke darüber nach, wie er dich jedes Mal, wenn du versagt hattest, wieder aufgerichtet hat, ohne dich dabei zu richten oder zu verdammen. Da war einfach nur seine Liebe. »Der Gottesfürchtige kann sieben Mal fallen und wird doch jedes Mal wieder aufstehen« (Spr 24,16).

Ganz genau, mein Bruder, in welcher Hinsicht du auch gefallen sein magst, Jesus sieht dich als gerechten Mann, der in seinen Mantel der Gerechtigkeit gehüllt ist, und nichts wird dich klein halten. Vielleicht denkst du, es ist alles aus, aber das ist es nicht. Gott ist mit dir noch nicht am Ende. Seine Pläne und Absichten für dein Leben haben sich noch nicht vollständig erfüllt. Seine Liebe zu dir geriet nie ins Wanken.

Alle deine Unzulänglichkeiten werden von seiner vollkommenen Liebe verschlungen. Du hast vielleicht Fehler gemacht, aber es ist nie zu spät, seine Vergebung zu empfangen und Mut und Kraft, um das Richtige zu tun – kehre zu deiner Frau zurück, bitte sie um Vergebung und vertrau dem Herrn, dass er eure Liebe füreinander wieder neu entfacht und mit Heilung und Wiederherstellung in eure Ehe hineinkommt. Deine Antwort findest du in der Person Jesus. Er wird dich wieder zurechtbringen und bewirken, dass dir alle Dinge zum Guten und zu seiner Ehre dienen. Empfange seine Vergebung und lass ihn dich führen.

Deine Antwort findest du in der Person Jesus. Er wird dich wieder zurechtbringen und bewirken, dass dir alle Dinge zum Guten und zu seiner Ehre dienen.

Die Gnade übertrifft das Gesetz

Wenn du dein Herz und dein Leben auf Jesus und seine Vergebung ausrichtest, wirst du sogar das übertreffen, was das Gesetz von dir fordert. Im Gesetz heißt es: »Du sollst nicht begehren«, aber es kann dir nicht befehlen, großzügig zu sein. Nur Gnade macht dich großzügig. Im Gesetz steht: »Du sollst nicht morden«, aber es kann dir keine Liebe und Vergebung für jemanden geben, der dich ungerecht behandelt hat. Nur die Liebe und Vergebung Jesu können das in deinem Herzen bewirken und dich so verändern, dass du deinen Feinden und den Menschen, die dich verletzt haben, vergibst und sie liebst. Das Gesetz besagt: »Du sollst nicht die Ehe brechen«, aber es kann dir keine Leidenschaft, Liebe und Vergebungsbereitschaft für deinen Ehepartner schenken. Das kann nur Jesus!

Derjenige, dem viel vergeben wurde, liebt viel, und derjenige, der am meisten geliebt wird, liebt auch am meisten!

Wenn du unter der Gnade bist, wirst du in jeder Hinsicht die Vorschriften des Gesetzes nicht nur befolgen, sondern sie sogar unbewusst und auch mühelos übertreffen! Das meint Gott, wenn er über den neuen Bund sagt: »Ich will ihnen meine Gesetze in den Sinn geben und sie in ihre Herzen schreiben; und ich will ihr Gott sein, und sie sollen mein Volk sein« (Hebr 8,10 SLT). Diese Gesetze, die Gott in unser Denken und in unser Herz schreibt, sind nicht die Zehn Gebote. Sie übersteigen die Zehn Gebote. Sie gehören zu dem königlichen Gesetz der Liebe, das aus dem Herzen Jesu fließt und unser Denken und unsere Herzen erfüllt. In der Tat, »die Liebe [ist] die Erfüllung von Gottes Gesetz« (Röm 13,10)!

Womit füllst du heute dein Herz – mit Verdammnis oder mit Gottes Vergebung? Lieber Freund, ich möchte dir Mut zusprechen, seine Vergebung zu empfangen und damit aufzuhören, dich selbst zu bestrafen. Dies ist nicht nur der Schlüssel dafür, den Kreislauf der Sünde und Niederlage in deinem Leben zu durchbrechen, sondern auch dafür, ein Leben voller Liebe, Hoffnung, Sieg und Frieden zu führen.

Erinnere dich: Derjenige, dem viel vergeben wurde, liebt viel, und derjenige, der am meisten geliebt wird, liebt auch am meisten!

KAPITEL 8

FRISCHE GNADE FÜR JEDEN FEHLER

Vor nicht allzu langer Zeit fuhren Wendy und ich zum Mittagessen und aus irgendeinem Grund reagierte ich auf jede ihrer Bemerkungen gereizt oder machte eine unnötig provozierende Aussage. Jede meiner Erwiderungen war bissig und wie du dir sicher vorstellen kannst, verbrachten wir den Rest der Autofahrt bald schweigend. Später, während des Essens, fragte meine Frau, geduldig wie sie ist: »Liebling, gibt es irgendeinen Grund, warum du heute so gereizt bist?«

Hast du schon einmal einen dieser Tage gehabt, an dem dir deine Frau so eine Frage stellen musste? Nun ja, dies war für mich ein solcher Tag. Falls du es noch weißt: Wir Diener Gottes haben keinen »Streit« mit unseren Frauen; wir haben nur »sehr intensive Diskussionen«! Nein, das war nur Spaß. Natürlich kommt es auch bei Familie Prince gelegentlich zu Auseinandersetzungen. Das gehört sicher nicht zum Alltag, aber von Zeit zu Zeit geschieht es doch, besonders dann, wenn Wendy meine »Weisheit« nicht erkennt. Darf ich hier ganz ehrlich sein? Darf ich mich von meiner verletzlichen Seite zeigen und dir sagen, wo meine Schwächen liegen?

Weißt du, manchmal begegnen mir die Leute auf der Straße, wenn ich nur meine Jeans, ein einfaches T-Shirt und eine Baseballkappe trage. Wenn sie mich dann auf einmal wiedererkennen, sind sie überrascht und rufen laut: »Pastor Prince, Sie sehen so ganz anders aus als auf Ihren Buchumschlägen!« Klar sehe ich anders aus. Glaubst du wirklich, dass ich jeden Tag im Anzug oder Smoking herumlaufe?

Entspann dich. Ich mache nur Spaß und reite ein bisschen darauf herum, dass manche Prediger sich selbst gern als immer heilig und perfekt darstellen – jede Haarsträhne sitzt und sowohl ihr Erscheinungsbild als auch ihr Verhalten sind makellos. So bin ich nicht. Ich bin gern offen, authentisch und transparent. Ich bin sowohl auf wie auch hinter der Bühne gerne derselbe Mensch. Ob ich nun auf der Kanzel stehe oder mit dir in einem Café sitze – ich bin dieselbe Person. Ich liebe das Wort Gottes, ich liebe Menschen, und ich liebe es, unvollkommene Menschen auf Jesus hinzuweisen. Und ich stehe ganz oben auf dieser Liste unvollkommener Menschen. Während ich dieses Buch schreibe, predige ich das Wort Gottes auch mir.

Okay, um auf die Geschichte über das Mittagessen von mir und meiner Frau zurückzukommen und warum ich an jenem Tag so gereizt war – mir ist es wichtig zu sagen, dass ich normalerweise sehr umgänglich bin, weshalb das, was passierte, sonst gar nicht meinem Wesen entspricht. Natürlich war meine Frau, wie bei allem, die Erste, die von diesem Anfall von Gereiztheit »profitierte«. Und auch wenn ich an jenem Tag nicht in der besten geistigen Verfassung war, war meine Antwort auf die Frage meiner Frau wirklich gut, wenn ich das mal so sagen darf.

Ich sagte: »Liebling, ich weiß nicht, was mit mir los ist, aber wenn dir das wieder einmal an mir auffällt, sag es mir bitte, okay?« Und nur für den Fall, dass du dir irgendwelche absonderliche Illusionen darüber machst, wie ich als Ehemann bin, will ich gleich klarstellen, dass ich nicht immer so reagiere. Ich werde an dieser Stelle besser nicht ins Detail gehen, da wir uns in diesem Kapitel mit wichtigeren Dingen beschäftigen wollen, aber du verstehst schon, was ich meine.

Mein Bruder, wenn es darum geht, unsere Frauen mehr lieben zu lernen und aufmerksamer, fürsorglicher und sanfter mit ihnen umzugehen, hat noch keiner von uns das Ziel erreicht. Wie jeder andere Ehemann lerne und wachse auch ich noch. Dank sei Jesus für seine überfließende Gnade und dass es durch sein Geschenk keine Verdammnis mehr für uns gibt!

Wenn sich Schuldgefühle einschleichen

Wendys Frage – »Liebling, gibt es irgendeinen Grund, warum du heute so gereizt bist?« – brachte mich dazu, über die Ursache meiner Gereiztheit an jenem Tag nachzudenken. Konnte es Müdigkeit gewesen sein? Ich überlegte, ob ich in der Nacht zuvor gut geschlafen hatte. Ja, ich hatte gut geschlafen. Ich hatte sogar mehr Schlaf bekommen als üblich.

Dann fiel es mir wieder ein. An jenem Tag hatte ich zuvor eine kleine Auseinandersetzung mit einem Verwandten gehabt. Es war nichts Ernstes, aber ich hatte im Nachhinein meinen Tonfall und auch meine Wortwahl infrage gestellt. Ich hatte nichts Unangemessenes gesagt, hatte aber dennoch angefangen, mich selbst zu verurteilen und zu denken: »Vielleicht hätte ich es einfach auf sich beruhen lassen sollen. Vielleicht hätte ich das nicht sagen sollen. Schließlich ist dieser Mensch mit mir verwandt.«

Diese Gedanken geisterten durch meinen Kopf. Innerlich rechtfertigte ich mein Verhalten und meine Worte, begann aber zugleich unbewusst, mich schuldig zu fühlen. Dann, etwas später, telefonierte ich mit jemandem aus meinem Team und wies ihn wegen eines groben Fehlers, den er begangen hatte, zurecht. Beim Auflegen dachte ich: »War ich zu hart?«

Direkt im Anschluss daran ging ich mit meiner Frau Mittagessen und was dann geschah, weißt du schon. Wendy plauderte nur mit mir. Sie war nicht der Verwandte und auch nicht die Person, die ich am Telefon zurechtgewiesen hatte. Sie war eine unschuldige (und, wenn ich das hinzufügen darf, wunderschöne) Unbeteiligte, die zur falschen Zeit am falschen Ort war! Weißt du, was ich meine?

Dann erkannte ich, dass ich so gereizt gewesen war, weil ich mich in Wahrheit schuldig gefühlt hatte. Ich hatte nicht unbedingt etwas falsch gemacht, ließ aber zu, dass sich ein wenig Schuldgefühl in mein Herz einschlich und gab unbewusst auch Verdammnis Raum. Mein Freund, wenn du unter einer Wolke der Verurteilung lebst, kannst du ein sehr ungenießbarer Zeitgenosse sein. Glaub mir, ich weiß, wovon ich rede. Ich bin Gott dankbar, dass er mir, als Wendy mir ihre Frage stellte, diesen Moment der Klarheit schenkte, in dem mir der Zustand meines Herzens bewusst wurde.

Ich bin sehr froh und dankbar für meine scharfsinnige und einfühlsame Ehefrau, die meine Worte nicht persönlich nahm und wusste, dass mit mir etwas nicht stimmte. Aus diesem Grund bat ich sie, mich darauf hinzuweisen, wenn sie wieder Zeugin eines ähnlichen Verhaltens bei mir würde. Denn sogar als Autor von Büchern über Gottes Gnade und Vergebung kann es in deinem Leben Momente geben, in denen Verdammnis sich in dein Herz einschleicht, und du es überhaupt nicht wahrnimmst. Du fühlst dich dann den ganzen Tag miserabel und alles, was du sagst, hat einen gewissen negativen Beigeschmack. Das ist nicht das Leben in Fülle, das Jesus uns verheißen hat. Es geht darum, sich beständig Gottes Vergebung bewusst zu sein. Anstatt all die

Schuldgefühle, Verdammnis und Verurteilung anzunehmen und mit sich herumzutragen, sollten wir fest auf der vollkommenen Vergebung Jesu stehen.

Es ist eine wertvolle Eigenschaft, wenn du dir, statt deiner Fehler, Sünden und deinem Scheitern, deiner Vergebung bewusst bist. Wenn du vergebungs-bewusst lebst und deine Fehler am Kreuz Jesu hängen siehst, empfängst du die Kraft, von deiner Gereiztheit, Ungeduld und Unbeherrschtheit frei zu werden. Du empfängst die Kraft, von Essstörungen, Süchten und Ängsten frei zu werden! Wenn wir erkennen, dass wir Gottes Vergebung und Gnade zwar nicht verdienen, er sie uns aber trotzdem schenkt, werden wir durch diese Offenbarung seiner unverdienten Gunst von innen heraus verwandelt. Sie löst den Zorn und die Ungeduld, die sich über die Jahre hinweg in uns angehäuft haben, in Nichts auf und versetzt uns in die Lage, Gottes Liebe zu genießen und anderen Menschen liebevoll zu begegnen.

Wenn wir erkennen, dass wir Gottes Vergebung und Gnade zwar nicht verdienen, er sie uns aber trotzdem schenkt, werden wir durch diese Offenbarung seiner unverdienten Gunst von innen heraus verwandelt.

Gnade ist nicht nur Befähigung oder »Ermächtigung«

Der Schlüssel liegt daher darin, seine Gnade als unverdiente Gunst zu empfangen und daran zu glauben, dass es eben diese unverdiente Gunst ist, die dich verändert. In letzter Zeit hat sich eine Lehre verbreitet, die Gnade mit »göttlicher Befähigung« oder

»göttlicher Ermächtigung« gleichsetzt. Davor solltest du dich in Acht nehmen, denn es verwässert und schmälert das, was Gnade wirklich ist.

Gnade bringt tatsächlich göttliche Befähigung hervor, aber an sich ist Gottes leistungsunabhängige, unverdiente, nicht von dir selbst erworbene Gunst der wahre Kern der Gnade. Wann befindest du dich in einem Zustand, wo du wirklich nichts davon verdient hast? Wenn du versagt hast. Unverdiente Gunst bedeutet, dass du, wenn du versagt hast und absolut unwürdig bist, trotzdem Jesu Gunst, Segen, Liebe und vollkommene Annahme erfahren *kannst*. Ich möchte dir sagen, wenn du Gnade als Gottes unverdiente Gunst verstehst und empfängst, wirst du nicht nur befähigt, sondern auch geheilt und von innen heraus verwandelt werden.

Geh daher achtsam damit um, was du über Gnade hörst und glaubst. Gottes Gnade ist nicht wie etwas, das auf dich übertragen wird, damit du mehr tun und leisten kannst (weil du mehr Kraft empfangen hast). Nein, es ist eine Herzensbegegnung mit deinem Retter, der dich mehr liebt, als du dir jemals vorstellen kannst. Es geht nicht darum, was *du tun sollst*, sondern darum, was *Jesus getan hat*.

Die echte Gefahr dabei, Gnade lediglich als göttliche Befähigung anzusehen, liegt darin, dass wir unbewusst Gnade auf den Kopf stellen und sie nicht mehr als Gottes Werk in unserem Leben sehen, sondern als unser eigenes. Anstatt sich auf das zu konzentrieren, was Jesus getan hat, betont diese irrige Definition von Gnade als »Befähigung«, was *du* nun tun und leisten musst, nachdem du diese Gnade, diese »göttliche Befähigung«, empfangen hast. Erkennst du, worauf das hinausläuft? Bei dieser Definition von Gnade legt sich die Last, ein Leben zu führen, das Christus gefällt, wieder voll und ganz auf deine eigenen Schultern.

Mein Freund, stelle sicher, dass das, was du in deinem Herzen glaubst, dich immer einzig und allein auf Jesus verweist, und zwar auf ihn allein, und nicht auf dich selbst. Erinnere dich daran, dass sich alles um sein Werk, sein Tun, seine Leistung und seine Liebe in unserem Leben dreht. Es geht niemals um dich. Lass dich nicht täuschen von Leuten, die von der unverfälschten Definition von Gnade als Gottes unverdienter Gunst abrücken und den Fokus schlussendlich auf dich lenken und auf das, was du tun musst. Das ist keine Gnade. Gnade ist Gottes Werk – vom Anfang bis hin zum Ende.

Gnade ist Gottes Werk –
vom Anfang bis hin zum Ende.

Lass die Bibel Gnade für dich definieren

In der englischen *Amplified Bible* findet sich neben dem Wort »Gnade« jedes Mal ein Einschub, der Gnade als Gottes unverdiente Gunst definiert. Zum Beispiel heißt es in Johannes 1,17: »Denn das Gesetz wurde durch Mose gegeben; Gnade (unverdiente Gunst und geistlicher Segen) und Wahrheit ist durch Jesus Christus geworden.« In einer anderen Bibelstelle, in Römer 5,17, steht: »Alle, die [Gottes] überfließende Gnade (unverdiente Gunst) und das Geschenk der Gerechtigkeit [das sie in die gerechte Stellung vor ihn versetzt] annehmen, herrschen als Könige durch den einen Menschen Jesus Christus (den Messias, den Gesalbten).«

Denke also jedes Mal, wenn du das Wort »Gnade« hörst, an Jesu unverdiente Gunst. Lass nicht zu, dass jemand dir die Reinheit der Gnade Gottes verdirbt. Vielleicht führen diese Leute sogar unterschiedliche Definitionen von Gnade aus verschiedenen Wörterbüchern an, die aber letztlich doch nur menschliche Definitionen sind. Ich weiß nicht, wie du das siehst, aber ich persönlich hätte gern die biblische Definition von Gnade. Die menschlichen Definitionen von Gnade werden niemals an Gottes Definition heranreichen. Es ist das Beste, die Schrift mit der Schrift auszulegen.

Wie also definiert die Bibel Gnade? Paulus, der größte Apostel der Gnade, beschreibt sie sehr deutlich in Römer 11,6 (SLT): »Wenn aber aus Gnade, so ist es nicht mehr um der Werke willen; sonst ist die Gnade nicht mehr Gnade; wenn aber um der Werke willen, so ist es nicht mehr Gnade, sonst ist das Werk nicht mehr Werk.«

Erkennst du es? In der Gnade ist kein Platz für menschliche Werke – so einfach ist das. Leute, die lehren, dass Gnade »göttliche Befähigung« ist, neigen dazu, sie so zu verdrehen, dass es letztlich wieder um menschliche Werke und Leistungen geht. Doch das ist nicht die wahre Gnade. Erinnere dich daran, dass wahre göttliche Befähigung nicht von dir, sondern von Jesus kommt.

Die *Neues Leben Bibel* gibt Römer 11,6 folgendermaßen wieder: »Wenn der Grund dafür aber die Gnade Gottes war, dann geschah es nicht aufgrund ihrer guten Taten, denn sonst wäre die Gnade Gottes nicht mehr das, was sie wirklich ist – bedingungslos und unverdient.« Ich liebe es – seine Gnade ist *bedingungslos* und *unverdient*! Wenn du dieses bedingungslose und unverdiente Geschenk Gottes – seine Gunst und Liebe – erlebst, musst du dir keine Gedanken mehr um deine Leistung machen. Seine Liebe und unverdiente Gunst in dir werden dich von all dem falschen Denken und all den falschen Glaubensüberzeugungen befreien – und du wirst gute Werke hervorbringen. Du wirst Ergebnisse sehen. Du wirst wahre Früchte der Gerechtigkeit hervorbringen, die dauerhaft, beständig und bleibend sind!

Gottes unverdiente Gunst bringt mühelose Veränderung hervor

Jetzt stell dir einen starken, gesunden Baum vor. Ein starker, gesunder Baum macht sich keine Gedanken darüber, wie er Früchte produziert oder die toten Blätter loswird. Solange der Baum das richtige Maß an Sonnenschein, Wasser und Nährstoffen erhält, fließt in ihm der gesunde Pflanzensaft, der alle wichtigen Nährstoffe enthält und so auf natürlichem Wege dafür sorgt, dass die toten Blätter abgestoßen werden. Und solange sein inneres Leben – der gesunde Pflanzensaft – weiterfließt, werden an diesem Baum neue Blätter und an allen Zweigen ganz natürlich gute Früchte wachsen.

Mein Freund, wenn du beginnst, den Sonnenschein der Gunst Gottes zu empfangen und das Wasser seines Wortes in dich aufzunehmen, wenn du anfängst, von Jesu Vergebung in deinem Leben und deiner gerechten Stellung vor Gott zu zehren, werden durch das neue Leben von Jesus in dir, die toten Blätter – Schuldgefühle, Angst, Süchte und jede Art Verwirrung – abfallen. Die Veränderung, die du dann erfährst, geschieht wirklich mühelos, weil sie nicht mehr auf deiner eigenen Selbstdisziplin und -kontrolle beruht. Die Frage lautet nicht länger: »Wie werde ich diese Wutanfälle los?«, oder »Wie werde ich von meiner Sucht nach Zigaretten frei?«, oder »Wie überwinde ich die schlechte Angewohnheit, zu viel zu essen, wenn ich gestresst bin und mich unsicher fühle?« Stattdessen wirst du dich fragen: »Wie wird *Jesus* in mir diese Wutanfälle, diese Nikotinabhängigkeit, diese Sucht nach übermäßigem Essen überwinden?«

Die Früchte deiner Erfolge werden mühelos wachsen. Die Süchte, Probleme und negativen Gefühle werden nacheinander wie tote Blätter von deinem Lebensbaum abfallen. Stattdessen werden neue Blätter (neue positive Gedanken und Haltungen), neue Blüten (neue Wünsche und Träume) und neue Früchte (neue Verhaltensweisen und Gewohnheiten) in deinem Leben aufblühen.

Jesus sagte: »Bleibt in mir, und ich werde in euch bleiben. Denn eine Rebe kann keine Frucht tragen, wenn sie vom Weinstock abgetrennt wird, und auch ihr könnt nicht, wenn ihr von mir getrennt seid, Frucht hervorbringen. Ich bin der Weinstock; ihr seid die Reben. Wer in mir bleibt und ich in ihm, wird viel Frucht bringen. Denn getrennt von mir könnt ihr nichts tun« (Joh 15,4–5). Ich möchte dir Mut machen, in seiner Gnade zu bleiben – seiner unverdienten, nicht von dir selbst erworbenen, leistungsunabhängigen Gunst für dein Leben.

Wenn du den Sonnenschein von Gottes Gunst empfängst und das Wasser seines Wortes in dich aufnimmst, wenn du von Jesu Vergebung in deinem Leben und deiner gerechten Stellung vor Gott zehrst, werden die toten Blätter – Schuldgefühle, Angst, Süchte und jede Art Verwirrung – abfallen, durch das neue Leben von Jesus in dir.

Dein Konto ist ausgeglichen

Es ist so wichtig, dass du die Wahrheit über Gottes unverdiente Gunst und seine Vergebung verstehst, an sie glaubst und in ihr bleibst – selbst dann, wenn dein Verhalten nicht perfekt ist. Warum? Weil es dir die Freiheit gibt, deine Beziehung mit Gott zu genießen, gern Zeit mit ihm zu verbringen und Gutes von ihm zu erwarten. Es ermöglicht dir, jeden Tag Frieden und Gelassenheit zu erleben, gute Beziehungen und ein erfülltes Leben zu führen. Es schenkt dir die Freiheit, deiner Zukunft voller Zuversicht entgegenzusehen.

Stell dir vor, du wärst ein Unternehmer. Aufgrund einiger schlechter Entscheidungen und einiger unvorhergesehener Umstände macht dein Unternehmen Verluste. Deshalb hast du es dir zur Angewohnheit gemacht, die Geschäftsbücher deines Unternehmens zu meiden. Du weißt nämlich: Wenn du sie öffnest, wirst du nur rote Zahlen sehen, und diese roten Zahlen werden dir förmlich entgegenschreien, wem du Geld schuldest und in welcher Schieflage sich dein Unternehmen befindet. Du denkst ständig an diese Geschäftsbücher, aber je mehr du an sie denkst, umso mehr scheust du dich vor ihnen.

Genauso ist es, wenn du weiterhin daran glaubst, dass zwischen dir und Gott immer noch unbeglichene Schulden stehen. Du kannst nicht durchatmen. Die ganze Zeit denkst du darüber nach, wie du deine Schulden begleichen kannst. Allein der Gedanke an die roten Zahlen in deinem »Geschäftsbuch« hindert dich daran, zu ihm zu gehen oder seine Hilfe in irgendeiner Sache zu erwarten.

Aber nehmen wir einmal an, dass ein guter Freund von den Schulden deines Unternehmens erfährt und freiwillig aus eigener Tasche alle Schulden begleicht. Er tut das, weil er als dein guter Freund nicht möchte, dass du diese Schuldenlast mit dir herumschleppst. Außerdem weiß er, dass du diese Schulden nie allein zurückzahlen könntest. Deshalb möchte er auch nicht, dass du überhaupt versuchst, ihm das Geld zurückzugeben.

Jetzt (nachdem du diese unglaubliche Neuigkeit verdaut hast) hast du überhaupt keine Angst mehr vor deinen Geschäftsbüchern. Du kannst wieder durchatmen. Du kannst deine Verzweiflung abwerfen, lachen und dich am Leben freuen. Der Gedanke an deine

Geschäftsbücher löst keine Beklemmung mehr in dir aus. Vielmehr schaust du jetzt richtig gern hinein, denn sie zeigen dir, dass du nun schuldenfrei bist und wie gut dein Wohltäter ist.

Ebenso wirst du, wenn du einmal verstanden hast, dass dir vollkommen vergeben wurde, keine Angst mehr davor haben oder in die Defensive gehen, wenn deine Fehler, Macken oder dein Versagen aufgedeckt werden. Vielmehr findest du Sicherheit, Frieden und Annahme in der Liebe des Herrn für dich. Dir ist vollkommen vergeben und du bist gerecht durch das vollendete Werk Jesu.

Im selben Maße, wie du in der Wahrheit bleibst, dass deine Sünden am Kreuz vollständig vergeben wurden, wirst du auch ein Leben in Erwartung von Gutem führen.

Mein Freund, all das und noch vieles mehr hat Jesus für dich getan. Als Sohn Gottes ist er definitiv eine Überzahlung deiner Sünden. Und er hat dich nicht nur für dein ganzes Leben von Sünde gereinigt, sondern er gab dir auch seine eigene Gerechtigkeit und Gunst. Warum? Damit du frei bist, das Zusammensein mit Gott zu genießen und all seinen Segen zu empfangen, ohne dass dir dabei dein Schuldbewusstsein im Wege steht. In dem Maße, wie du in der Wahrheit bleibst, dass deine Sünden am Kreuz vollständig vergeben wurden und in deinem »Geschäftsbuch« keine roten Zahlen mehr stehen, wirst du auch ein Leben in Erwartung von Gutem führen.

Aufgrund der Macht der Gewohnheit kann es sein, dass du manchmal mit der Angst aufwachst, wieder Schulden zu haben.

Doch dann musst du nur dein »Geschäftsbuch« aufschlagen und hineinsehen. Darin steht, dass du wirklich schuldenfrei bist, egal, was du fühlst. Solltest du daher Tage erleben, an denen du an Gottes Vergebung zweifelst, schlag das Wort Gottes auf und entdecke darin, dass der Preis vollständig bezahlt, das Gerichtsurteil gefällt und jede Art von Verdammnis bereits auf Jesus gelegt wurde!

Frische Gnade für jeden Fehler

Kann ich dir heute eine Aufgabe stellen? Ich fordere dich dazu heraus, jedes Mal, wenn du einen Fehler machst, sei es, dass du die Beherrschung deinem Ehepartner gegenüber verlierst oder einen Rückfall in deine Sucht erlebst, vergebungs-bewusst und nicht sünden-bewusst zu sein. Komm jedes Mal, wenn du versagst, in Gottes Gegenwart und sage:

> *Lieber Gott, ich danke dir, dass selbst jetzt deine Vergebung und vollkommene Liebe wie Regen über mich fließen, dank des vollendeten Werkes deines Sohnes. Nimm von mir jedes schwelende Gefühl der Schuld, Verdammnis und Selbstanklage. Ich glaube von ganzem Herzen daran, dass du gerade jetzt, wenn du mich anschaust, mich in Jesus Christus siehst. Ich bin in seinen Mantel von Gerechtigkeit, Gunst und Segen eingehüllt. Danke für deine überfließende Gnade und dein Geschenk der Gerechtigkeit in meinem Leben. Durch Jesus werde ich in diesem Leben über jede Sünde, Sucht und jedes Versagen herrschen.*

Mein Freund, jedes Mal, wenn du einen Fehler machst, steht die frische Gnade Jesu zu deiner Rettung bereit. Bekenne jedes Mal, wenn du eine Niederlage erlebst, deine Gerechtigkeit in Jesus durch Glauben. Ich weiß, dass du dich wahrscheinlich nicht besonders gerecht *fühlen* wirst, weshalb du es im Glauben aussprechen musst.

Jedes Mal, wenn du einen Fehler machst, steht die frische Gnade Jesu zu deiner Rettung bereit.

Ich habe so viele Zeugnisse von Menschen auf der ganzen Welt erhalten, die einen Durchbruch erlebten. Selbst als sie ihren Süchten nachgaben, bekannten sie: »Sogar jetzt bin ich die Gerechtigkeit Gottes in Christus«, und wurden schließlich frei von ihren Bindungen – seien es Abhängigkeiten von Zigaretten, Alkohol oder Pornografie. Michael, ein Bruder aus Australien, erzählte begeistert: »Ich habe gerade das Rauchen aufgegeben, indem ich mich jedes Mal, wenn ich versucht war, wieder zu rauchen, an das gehalten habe, was Sie in Ihren Büchern und auf Ihren DVDs lehren (darüber, mir meine Gerechtigkeit in Christus bewusst zu machen und sie zu bekennen). Ich wurde auch aus einer zwanzig Jahre andauernden Drogen- und Alkoholabhängigkeit befreit und bin nun auch frei von paranoiden Gedanken. Allein habe ich sie nicht loswerden können, aber durch Christus konnte ich es.«

Je mehr diese Menschen bekannten und sahen, dass sie in Jesus gerecht sind – sogar inmitten ihres Scheiterns –, umso mehr erkannten sie ihre wahre Identität in Christus. Die toten Blätter begannen von ihnen abzufallen und sie erlebten, dass sie gar nicht mehr das Verlangen verspürten, eine Zigarette zu rauchen, Alkohol zu trinken oder pornografische Seiten im Internet aufzurufen. Ohne dass es ihnen bewusst war und völlig mühelos bildeten sich in ihrem Leben neue Blätter, neue Blüten und neue Früchte. Die Gnade setzte der Unfruchtbarkeit und der Qual des Winters in ihrem Leben ein Ende und leitete einen immerwährenden Frühling ein.

Lieber Freund, wenn du dich gerade mit etwas herumschlägst, hör auf zu kämpfen und beginne zu empfangen. Empfange aus der Fülle von Gottes unverdienter Gunst. Empfange das Geschenk seiner Gerechtigkeit. Empfange die reinigende Kraft seiner Vergebung. Du brauchst nichts zu tun, als nur alles in dich aufzunehmen und seiner Auferstehungskraft Raum zu geben, damit sie jedes Anzeichen von Tod und Verfall in deinen Umständen und in deinem Leben vertreibt. Jesus sagt heute zu dir: »Schon keimt es auf. Seht ihr es nicht? Ich bahne einen Weg durch die Wüste und lasse Flüsse in der Einöde entstehen« (Jes 43,19).

Wenn du dich gerade mit etwas herumschlägst, hör auf zu kämpfen und beginne zu empfangen.

Lass nicht länger zu, dass der Feind dir Verdammnis auflädt in all den Bereichen, in denen du versagt hast. Du bist in Christus – vollkommen angenommen, über alles geliebt und unwiderruflich von Schuld freigesprochen. Glaube daran und empfange seine Vergebung und Liebe, um jede Sünde zu überwinden. Für dich ist die Zeit des Jubelns angebrochen, denn dein Retter ist gekommen, um dich zu erlösen!

KAPITEL 9

ERLEBE FREIHEIT VON VERDAMMNIS

Als die Männer vom Tempel plötzlich auftauchten, um sie aus dem Bett zu zerren und auf die Straße zu schleppen, wehrte sie sich verzweifelt. Aber sie kam nicht gegen dieses Gesindel an, das sie gepackt hatte, und ihre nackten Füße suchten nun verzweifelt nach Halt, während man sie von allen Seiten grob herumschubste. Laut hämmerte die kalte Angst in ihrem Herzen und blendete fast vollständig die höhnischen Bemerkungen der Leute aus, die der Tumult auf die Straße gelockt hatte.

Sie hatte gesündigt und sie wusste, was nun kommen würde. Wenige Monate zuvor hatte sie mitangesehen, wie eine Frau versuchte fortzukriechen, während der hasserfüllte Mob, der dazu aufgerufen war, in Gottes Namen Gerechtigkeit zu üben, einen schweren Stein nach dem anderen auf sie schleuderte.

Sie erinnerte sich noch daran, wie sie das Würgen hatte unterdrücken müssen, als sie den verstümmelten, blutüberströmten Körper der Frau sah, nachdem deren Hinrichtungskommando sich endlich zerstreut hatte. Sie dachte nie, dass sie eines Tages dasselbe Schicksal ereilen würde. Sie hatte nie geplant, die Ehe zu brechen. Sie wusste, dass es ein Fehler gewesen war, ihn allein zu treffen. Es war ein schrecklicher Fehler und nun war es zu spät.

Gemäß dem Gesetz Mose war die Todesstrafe der Preis für Ehebruch. Es gab kein Entrinnen.

Während sie wie eine Stoffpuppe in den Tempelvorhof gezerrt wurde, nahm sie schwach den Geruch der Opfer wahr, die auf dem Bronzealtar verbrannt wurden. Auch wenn sie damals die Bedeutung nicht verstand, hatte der Geruch ihr als Kind, das in Jerusalem aufwuchs, immer Trost gegeben. Erinnerungsfetzen an ihren Vater kamen ihr in den Sinn, wie er ihr sagte, Gott würde seinen Segen über ihrer Familie ausgießen, während der Geruch des Opfers zum Himmel aufstieg. Im nächsten Moment hielt der Mob von religiösen Pharisäern abrupt an und warf sie vor die Füße eines Mannes, den sie »Lehrer« nannten.

Sie wusste, dass nun ihr Prozess begonnen hatte und dieser Mann wohl der Vorsitzende sein musste, also der religiöse Richter, der sie offiziell zum Tode verurteilen sollte, bevor sie schließlich aus der Stadt geschleift und gesteinigt würde. Unkontrollierbar zitternd neigte sie ihren Kopf und versuchte, so gut sie konnte, ihre Augen mit ihren Haaren zu bedecken, damit sie die tobende Menge nicht sehen musste, die in Erwartung ihres Urteils zusammengeströmt war.

Dann feuerten ihre Ankläger die erste Salve ab: »Meister, diese Frau ist während der Tat beim Ehebruch ergriffen worden. Im Gesetz aber hat uns Mose geboten, dass solche gesteinigt werden sollen. Was sagst nun du?« (Joh 8,4–5 SLT). In der Erwartung, noch mehr gedemütigt zu werden, versuchte sie, sich gegen das verdammende Urteil zu wappnen, das, darüber war sie sich sicher, von dem Lehrer kommen würde.

Aber sie hörte nichts als ohrenbetäubende Stille. Es war, als hätte der Lehrer die gegen sie verlesene Anklage gar nicht gehört. Dann sah sie aus den Augenwinkeln, wie der Lehrer sich hinunterbeugte und mit seinem Finger auf den Boden schrieb. Die Pharisäer, bereits bewaffnet mit Steinen und erzürnt über diese Verzögerung, forderten ihn heraus: »Was sagst du, Lehrer? Steinigen wir sie jetzt?«

Der Lehrer richtete sich vor ihnen auf und sie hörte eine Stimme, die so majestätisch klang, dass es ihr schier den Atem raubte. Jedes Wort betonend, in einer vollkommenen Mischung aus Autorität und Barmherzigkeit, erklärte er: »Wer von euch ohne Sünde ist, der soll den ersten Stein auf sie werfen!« (Joh 8,7). Dann bückte er sich wieder und fuhr fort, mit dem Finger auf den Boden zu schreiben, als wären die Leiter der Synagoge gar nicht anwesend.

Seine Worte verwirrten sie. Wer *war* dieser Lehrer? Warum verteidigte er sie, eine sündige Frau, eine Ehebrecherin? War *dies* der Mann aus dem kleinen Dorf Nazareth, über den alle sprachen? Der Mann, der die Blinden heilte und die Lahmen wieder zum Gehen brachte? Der Mann, von dem sie sagten, dass er Gesetzlichkeit hasste und die Sünder liebte? War er dieser Mann? *Wer* ist dieser Mann? Während diese Fragen durch ihren Kopf schwirrten, hörte sie den Klang ihrer Erlösung.

Plumps.

Plumps.

Plumps.

Die Steine, die sie getötet hätten, fielen machtlos zur Erde. Eine nach der anderen drehten sich die Sandalen der Leute um, die sie zum Tempel geschleift hatten und entfernten sich. Die Menge, die zusammengeströmt war, begann sich aufzulösen, da klar wurde, dass es kein Spektakel geben würde.

Nach einer Weile konnte sie nur noch die Sandalen des Lehrers sehen. Er hob ihren Kopf an und sie sah zum ersten Mal sein Gesicht. Es war voller Liebe und Mitgefühl. Ein Gesicht, das Barmherzigkeit und Liebe ausstrahlte. Sie ließ ihre mühsam zurückgehaltenen Tränen fließen, als er sie fragte: »Wo sind jetzt deine

Ankläger? Hat dich denn keiner verurteilt?« (Joh 8,10 HFA). Während ihres Prozesses hatte niemand mit ihr gesprochen. *Sie* hatte keine Rolle gespielt. Das Einzige, was zählte, war, dass sie die Tat begangen hatte, die ihren Tod besiegelte. Aber nun waren ihre Ankläger gegangen, und der Mann, der sie gerettet hatte, sprach zu ihr und sah sie an, *als würde sie eine Rolle spielen*.

Dankbar hauchte sie: »Niemand, Herr!« Sie wusste ohne Zweifel, dass dieser Lehrer kein gewöhnlicher Lehrer war. Deshalb sprach sie ihn mit »Herr« an und nicht mit »Lehrer«, wie es die Pharisäer getan hatten. Er *war* der Jesus, über den alle sprachen. Dann hörte sie die Worte aus seinem Mund, die sie für den Rest ihres Lebens nicht vergessen würde: »Ich verurteile dich auch nicht; du darfst gehen. Sündige von jetzt an nicht mehr!« (Joh 8,11 NGÜ). Auf ihrem Heimweg sagte sie sich selbst diese Worte immer wieder vor: »Ich verurteile dich auch nicht; du darfst gehen. Sündige von jetzt an nicht mehr!« Er hatte ihr Leben gerettet, und sie wusste, dass sich von nun an alles verändern würde.

Die Kraft, die darin steckt, nicht verdammt zu werden

In dem Bericht über die Frau, die beim Ehebruch ertappt wurde, veranschaulichte Jesus etwas äußerst Wichtiges. Was versetzt einen Menschen in die Lage, Sünde zu überwinden? Offensichtlich hatte der drohende Zeigefinger des Gesetzes die Frau nicht davon abgehalten, Ehebruch zu begehen. Doch von Jesus angenommen zu werden – in dem Wissen, dass sie zwar verdiente, zu Tode gesteinigt zu werden, er sie aber trotzdem nicht verdammte –, *das* gab ihr die Kraft, »hinzugehen und nicht mehr zu sündigen«.

Schauen wir uns einmal genauer an, was Jesus hier tat. Er rettete sie auf gerechte Weise. Er sagte nicht: »Steinigt sie nicht. Seid gnädig mit ihr.« Er sagte stattdessen: »Wer von euch ohne Sünde ist, werfe den ersten Stein.« Und aus freien Stücken gingen die Pharisäer und der religiöse Mob einer nach dem anderen weg.

Beachte, dass Jesus anschließend die Frau auch nicht fragte: »Warum hast du gesündigt?« Nein, er fragte: »Wo sind die, die dich anklagen? Hat dich niemand verdammt?« Es scheint, als beschäftigte Jesus die *Verdammnis* der Sünde mehr als die Sünde selbst. Er stellte sicher, dass sie nicht mit dem Gefühl von Verdammnis und Scham wegging. Lass uns nicht Gottes Ordnung auf den Kopf stellen. Wenn er sagt, dass etwas zuerst kommt, dann muss es auch zuerst kommen. Was Gott an die erste Stelle setzt, kann der Mensch nicht an die letzte Stelle setzen. Gott sagt, dass »keine Verdammnis« zuerst kommt, und anschließend kannst du »gehen und nicht mehr sündigen«.

Wenn es keine Verdammnis gibt, werden Menschen befähigt, ein siegreiches Leben zu führen.

Die christliche Religion hat das umgekehrt. Wir sagen: »Zuerst geh und sündige nicht mehr, dann werden wir dich nicht verdammen.« Wir müssen Folgendes verstehen: Wenn es keine Verdammnis gibt, werden Menschen befähigt, ein siegreiches Leben zu führen, das Jesus ehrt. Das ist die Quelle unserer göttlichen Befähigung. Die Gnade erzeugt mühelos göttliche Befähigung durch die Offenbarung, dass es keine Verdammnis gibt. Dieses Geschenk, nicht verdammt zu werden, ist vollkommen unverdient. Doch wir können es empfangen, weil Jesus dafür am Kreuz bezahlt hat.

Um ehrlich zu sein, niemand von uns hätte den ersten Stein auf diese Frau werfen können. Wir alle haben gesündigt und Fehler gemacht. Unsere Zuversicht liegt heute nicht darin, dass wir Gottes Gesetze perfekt einhalten könnten, sondern in dem Einzigen, der selbst die Erfüllung des Gesetzes ist – Jesus Christus. In Christus stehen wir alle auf der gleichen Ebene. Wenn ein Bruder oder eine Schwester sich in Sünde verstrickt, ist es nicht an uns, ihn oder sie zu richten. Sondern wir richten sie wieder auf, indem wir sie darauf hinweisen, dass sie in Jesus Vergebung finden und das Geschenk, nicht verdammt zu werden.

Die einzige Person, die ohne Sünde ist und eine gerichtliche Strafe über die Frau hätte verhängen können, war Jesus. Nur er war berechtigt, den ersten Stein zu werfen, aber er tat es nicht. Jesus nahm Menschengestalt an, um zu demonstrieren, was Gott am Herzen liegt. Es war nicht Verurteilung. Sein Herz wird in seiner Gnade und Vergebung offenbar. Ich drücke es gerne so aus, wenn ich beschreibe, was geschah, als die Pharisäer darauf warteten, die Frau zu steinigen: Die Pharisäer *hätten* es getan, wenn sie es *gekonnt* hätten, aber sie konnten es nicht. Jesus hätte es *gekonnt*, wenn er *gewollt* hätte, aber er wollte es nicht. Das ist unser Jesus!

Das Gesetz kann dich heute nicht mehr verdammen

Es ist interessant, dass die Bibel sich darüber ausschweigt, was Jesus mit seinem Finger auf den Boden schrieb. Ich persönlich glaube, dass er, als er sich dort bückte, das Gesetz Mose niederschrieb. Ich war schon oft in Jerusalem. Vor vielen Jahren öffnete mir der Herr während einer meiner Besuche des Tempelvorhofs die Augen. Ich sah, dass der Boden des Tempelvorhofs aus hartem Stein war. Das bedeutet, Jesus schrieb nicht in den Staub. Er schrieb mit seinem Finger auf Stein.

Jesus schrieb mit seinem Finger nicht in den Staub, sondern auf Steinboden.

Dann erkannte ich blitzartig, dass Jesus *das Gesetz* auf den Stein schrieb. Eigentlich sagte er zu den Pharisäern: »Ihr glaubt, dass ihr mich über das Gesetz Moses belehren könnt? Ich bin der Eine, der das Gesetz geschrieben hat.« Jesus schrieb zweimal mit seinem Finger auf den Boden und vollendete so die Typologie: Denn wir wissen ja, dass Gott die Zehn Gebote zweimal mit seinem Finger in Steintafeln schrieb.

Uns ist vergeben, weil er gerichtet wurde. Wir sind angenommen, weil er verdammt wurde!

Der erste Satz der Zehn Gebote wurde durch Mose zerstört, als er sah, dass die Israeliten am Fuße des Berges Sinai das goldene Kalb anbeteten. Gott beschrieb dann einen weiteren Satz Steintafeln und gab sie Mose mit der Anweisung, sie unter dem Gnadenthron in der Bundeslade zu verstauen. Ich hatte noch nie zuvor jemanden darüber predigen hören – es war eine frische Offenbarung direkt vom Himmel. Ich finde es großartig, wenn der Herr mir die Augen öffnet, damit ich seine Gnade sehe!

Weißt du, warum es so spannend ist zu wissen, was Jesus an jenem Tag auf den Boden schrieb? Es ist deshalb so bedeutsam, weil es uns zeigt, dass der eigentliche Autor von Gottes perfektem Gesetz das Gesetz *nicht* dazu gebraucht, uns heute zu richten und zu verdammen. Und das nicht einfach aus dem Grund, weil Gott sich entschloss, uns gnädig zu sein. Nein! Der Grund ist, dass Jesus selbst alle gerechten Forderungen des Gesetzes an unserer Stelle erfüllte und am Kreuz jeden Fluch und jede Strafe für unsere Sünde auf seinen eigenen Körper nahm. Uns ist vergeben, weil er gerichtet wurde. Wir sind angenommen, weil er verdammt wurde!

Vergebung und Heilung gehen Hand in Hand

Es gibt noch einen weiteren Grund, warum wir uns über das Wissen freuen dürfen, dass Jesus die uns zugedachte Strafe auf sich nahm: Vergebung und Heilung gehen Hand in Hand. In der Bibel heißt es, dass er, der nie auch nur ein einziges Gesetz Gottes brach »… um unserer Übertretungen willen durchbohrt, wegen unserer Missetaten zerschlagen [wurde]; die Strafe lag auf ihm, damit wir Frieden hätten, und durch seine Wunden sind wir geheilt worden« (Jes 53,5 SLT). Siehst du, wie eng Heilung und der Preis für unsere Vergebung in Gottes Wort miteinander verknüpft sind?

Viele Menschen kämpfen damit, sich von ihren Krankheiten, Gebrechen, mentalen Problemen und Süchten selbst zu kurieren. Ich möchte dir heute kundtun, dass unser Teil darin besteht, an jedem neuen Tag die Vergebung Jesu zu *empfangen* und zu glauben, dass uns vergeben wurde. Je vergebungs-bewusster wir sind, umso leichter werden wir auch Heilung und Befreiung – von jeder körperlichen Schwäche, seelischen Not und zerstörerischen Angewohnheit – erfahren.

Einer meiner liebsten Psalmen ist folgender: »Mit meiner Seele will ich den Herrn loben und von ganzem Herzen will ich seinen heiligen Namen preisen. Mit meiner Seele will ich den Herrn loben und das Gute nicht vergessen, das er für mich tut. Er vergibt mir alle meine Sünden und heilt alle meine Krankheiten« (Ps 103,1–3). Was kommt also zuerst? Das Bewusstsein, dass dir alle deine Sünden vergeben wurden, steht vor der Heilung aller deiner Krankheiten!

Und die Betonung liegt dabei auf *alle*. Manche von uns geben sich damit zufrieden, eine teilweise Vergebung in bestimmten Bereichen unseres Lebens zu erhalten. Doch wir verweigern der Vergebung Jesu die Erlaubnis, mit einigen dunklen Bereichen in Berührung zu kommen – in denen es Dinge gibt, von denen wir nicht lassen können und für die wir uns selbst nicht vergeben können. Doch wie auch immer diese Fehler aussehen mögen, ich möchte dich ermutigen, Jesus zu erlauben, dir *alle* deine Sünden zu vergeben, und Heilung für *alle* deine Krankheiten zu empfangen. Mein Freund, lass die Vergangenheit los. Lass die Fehler los. Gib dir selbst die Erlaubnis, frei zu sein. Und lerne, dir selbst zu vergeben, indem du dein Herz dafür öffnest, die allumfassende, vollkommene Liebe Jesu zu empfangen.

Jesus bekräftigte bei seiner Begegnung mit dem Gelähmten ebenfalls den Zusammenhang zwischen Vergebung und Heilung. Es war offensichtlich, dass das größte Bedürfnis dieses Mannes körperliche Heilung war. Seine vier Freunde, die sich so sehr wünschten, dass er geheilt würde, hatten sogar das Dach abgedeckt und ihn auf einer Trage zu Jesus hinabgelassen. Doch was sagte Jesus als Erstes zu ihm? Er sagte: »Nur Mut, mein Sohn!

Deine Sünden sind dir vergeben«, bevor er ihn mit den Worten heilte: »Steh auf und nimm deine Trage und geh nach Hause« (Mt 9,2.6). Jesus wusste, dass der Mann Vergebung für alle seine Sünden empfangen musste, bevor sein Körper völlig geheilt werden konnte.

Was lähmt dich heute? Angst? Die Sucht nach Antidepressiva? Panikattacken? Vielleicht auch eine körperliche Krankheit? Worin auch immer in deinem Leben die Herausforderung besteht, die Antwort findest du in einer frischen Offenbarung darüber, wie viel dir in Christus vergeben wurde und in dem Glauben, dass du nicht länger unter Verdammnis stehst (siehe Röm 8,1)!

Die Antwort findest du in einer frischen Offenbarung darüber, wie viel dir in Christus vergeben wurde und in dem Glauben, dass du nicht länger unter Verdammnis stehst.

Die umwandelnde Kraft des Glaubens an das Evangelium

Ich möchte dir von Pats wunderbarem Zeugnis erzählen. Er lebt in Ohio und schrieb mir folgende E-Mail:

In meinem Leben haben erstaunliche Veränderungen begonnen, seit ich mich von den Wahrheiten nähre, die Sie predigen. Heute habe ich eine Lebensfreude und Achtung vor dem Leben, die ich seit meiner Teenagerzeit nicht mehr gehabt habe (und ich bin inzwischen in den Fünfzigern). Friede durchdringt mich, was in jedem Bereich meines Lebens sicht-

bar wird – von meiner Rolle als Vater über meine Finanzen bis hin zu meiner Gesundheit.

Als ich anfangs Ihre Predigten hörte, glaubte ich nicht an das, was Sie darin über Heiligkeit, die Fülle des Segens und Gerechtigkeit durch das vollendete Werk Jesu erzählten. Als ich krank und bettlägerig wurde, sah ich mir Ihre Predigten wieder an, da ich kaum etwas anderes tun konnte. Sie belegten Ihre Lehre mit Bibelstellen und führten Beweise aus dem Alten Testament an. Ich erkannte, dass das, was Sie lehrten, wahr ist. Ich las die Evangelien und die Briefe in einem neuen Licht und konnte klar erkennen, dass Sie hier über das Evangelium predigten.

Als ich diese Wahrheiten annahm, veränderte sich mein körperlicher Zustand. Ich hatte eine Rückenmarks- und eine Bandscheibenverletzung erlitten, für die es keine Heilung gab. Die Spezialisten weigerten sich, mich zu operieren, solange ich noch nicht das Stadium erreicht hatte, in dem mein Körper teilweise gelähmt sein würde, was der übliche Verlauf der Krankheit war. Seit über zwei Jahren hatte ich Schmerzen und war körperlich außer Gefecht gesetzt.

Seit ich Ihre Predigten höre, kann ich meinen Körper wieder benutzen und der größte Teil der zuvor unerträglichen Schmerzen ist abgeklungen. Jetzt kann ich mich entspannen und zuversichtlich darauf vertrauen, dass die Kraft und Gnade Gottes für meine Heilung bereitstehen und wirksam sind. Dies ist das Ergebnis eines gestärkten Glaubens ohne Verdammnis, einem Verständnis des Abendmahls und einem gesteigerten Bewusstsein für Gottes Liebe zu mir.

Ich bin auch von einer zehn Jahre anhaltenden Nikotinsucht geheilt worden. Ich rauchte immer nur am Abend, kurz bevor ich schlafen ging, um meine Nerven zu beruhigen. Jah-

relang versuchte ich, diese Gewohnheit abzulegen, aber es gelang mir nicht. Ich fühlte mich immer so schuldig aufgrund dieser Schwäche. Doch als ich erkannte, dass Gott mir meine Schwäche nicht vorhielt und mich bedingungslos annahm und trotzdem segnete, gab ich all die Sorge und den Kampf wegen dieser Angewohnheit auf. Ich begann Frieden und Ruhe zu erleben.

Wenige Monate später war ich in der Lage, mit dem Rauchen aufzuhören. Es ist, als wäre diese Angewohnheit ohne Mühe aus meinem Leben verschwunden, so als sei sie einfach von mir abgefallen. Ich weiß, dass dies der Geist Gottes war, der in mir wirkte, um mich zu vervollkommnen. Er gab mir die Kraft, kein Verlangen mehr nach Zigaretten zu haben.

Mein Leben hat sich wirklich verändert. Das Evangelium ist das, wonach die Welt hungert und sie hat es so nötig. Ich bin seit über fünfundzwanzig Jahren gläubig und habe noch nie jemanden so darüber lehren hören wie Sie. Danke für alles. Machen Sie die Welt weiterhin auf die Liebe und Gnade Gottes, auf die Hoffnung der Erlösung, den Segen und die Herrlichkeit in Jesus Christus aufmerksam!

Empfange einfach

Lieber Leser, auch du kannst diesen Sieg erleben. Es ist an der Zeit, dass du aufhörst, dir selbst Schmerzen zuzufügen. Jesus wurde für alle deine Sünden verwundet. Es ist an der Zeit, dass du aufhörst, dich selbst zu bestrafen. Jesus hat alle Schläge, die du verdient hättest, am Kreuz auf sich genommen. Es ist an der Zeit, dass du aufhörst, dich selbst zu ritzen und zu bestrafen, denn Jesus wurde an deiner Stelle bereits am Kreuz durchbohrt und bestraft. Es ist an der Zeit, dass du aufhörst, dich selbst zu fragen, ob du genug getan hast, um dir Gottes Vergebung und Annahme zu verdienen. Seine Vergebung und Gnade sind unverdient – sie können nicht erarbeitet, sondern nur empfangen werden. Hast du jemandem, den du liebst, schon einmal ein Geschenk zum Geburtstag oder zu Weihnachten gemacht? In so einem Fall willst du doch auch, dass die Person es einfach annimmt und sich daran freut. Genauso wünscht sich Gott, dass du heute seine Liebe und das Geschenk, dass es in Christus keine Verdammnis mehr für uns gibt, empfängst.

Schau heute auf das Kreuz und sprich:

Danke Jesus, dass du mich liebst. Heute empfange ich deine vollkommene Vergebung in meinem Leben und vergebe mir auch selbst all meine Sünden, Fehler und mein Versagen. Ich gebe sie alle in deine liebenden Hände. Ich erkläre, dass mir durch dich völlig vergeben wurde, und ich frei, angenommen, geliebt, gerecht, gesegnet und von jeder Krankheit und jedem Gebrechen geheilt bin. Amen!

Hör auf, dich selbst zu fragen, ob du genug getan hast, um dir Gottes Vergebung und Annahme zu verdienen. Seine Vergebung und Gnade können nicht verdient, sondern nur empfangen werden.

Je mehr du zulässt, dass Gottes Vergebung und unverdiente Gunst jeden Tag wie ein Wasserfall über dich strömen, umso mehr wird auch dein Körper heil und dein Verstand klar werden. Was auch immer in der Vergangenheit geschehen ist und was auch immer dir aktuell bevorsteht, ich möchte dir Mut machen, dich daran zu erinnern und zu glauben, dass Gott dich liebt und dir vergeben hat. Genieße jetzt seine Liebe und lass seine Gnade in dir und für dich wirken. Damit wirst du gesünder, emotional stärker und ruhiger und kannst das Leben genießen.

TEIL 4

GEWINNE DIE SCHLACHT UM DEINE GEDANKEN

KAPITEL 10

GEWINNE DIE SCHLACHT UM DEINE GEDANKEN

Ich vertraue darauf, dass du diese Entdeckungsreise über die Kraft des richtigen Glaubens bisher genossen hast. Wir haben uns angesehen, wie elementar es ist, an Gottes Liebe zu dir zu glauben, und haben darüber gesprochen, wie wichtig es ist, das zu sehen, was er sieht. Wir haben auch untersucht, wie es sich auswirkt, wenn man vergebungs-bewusst anstatt ständig schuld-bewusst lebt.

Da du nun ungefähr die Hälfte dieses Buchs erreicht hast, möchte ich, dass du dir Folgendes vor Augen führst: Wenn du beginnst, einige der Schlüssel, über die wir gesprochen haben, in die Tat umzusetzen, wirst du einige Schlachten in deinen Gedanken erleben, die deinen Glauben herausfordern werden. Aber nur Mut – du musst vor diesen Schlachten keine Angst haben. Ich werde dir in den folgenden Kapiteln zeigen, wie du durch den richtigen Glauben die Schlacht um deine Gedanken gewinnen kannst. Mein Freund, der Kampf findet nicht außerhalb (in deinen äußeren Umständen) statt, sondern in deinem Inneren. Er wird auf dem Schlachtfeld deiner Glaubensinhalte und Gedanken ausgetragen und gewonnen.

Falsche Glaubensinhalte und Gedanken werden bewirken, dass du in Niederlagen stecken bleibst.

Richtige Glaubensinhalte hingegen werden dich zu deinem Durchbruch führen.

Daher sagte Jesus: »Ihr werdet die Wahrheit erkennen, und die Wahrheit wird euch frei machen« (Joh 8,32). Wahrheit, die nur auf deinem Küchentisch herumliegt, macht dich nicht frei. Wahrheit, die es sich in deinem Bücherregal bequem gemacht hat, wird dich nicht freimachen. Vielleicht hast du eine Ausgabe der Heiligen Schrift, die imposant in deinem maßgefertigten Mahagoni-Bücherschrank steht, die dich aber so nicht freimachen wird.

Es ist die Wahrheit, die du *erkennst* und *glaubst*, die die Kraft hat, dich freizusetzen. Darum geht es in diesem Buch. Es geht darum, dir Wahrheiten aus Gottes Wort weiterzugeben, um deinen Glauben zu formen. Je mehr dein Glaube in Einklang mit der Wahrheit seines Wortes kommt, umso mehr wirst du seine Freiheit, Gnade, Gunst, Vergebung und seinen Segen erfahren.

Falsche Glaubensinhalte und Gedanken werden bewirken, dass du in der Niederlage stecken bleibst. Richtige Glaubensinhalte werden dich zu deinem Durchbruch führen.

Es gibt heutzutage viele Menschen, die eigentlich ein Leben in Niederlage und Gebundenheit führen, auch wenn ihnen nicht bewusst ist, dass sie an irgendetwas gebunden sind. In mancherlei Hinsicht haben sie sich an ihre Gebundenheit gewöhnt. Ich will das näher erläutern. Gibt es Bereiche in deinem Leben, die dich mit Angst und Sorge erfüllen? Genau diese Bereiche zeigen an, dass es falsche Glaubensinhalte in deinem Leben gibt, von denen Gott dich befreien möchte. Ersetze diese falschen Glaubensinhalte mit richtigen Glaubensinhalten, die sich auf Gottes Wort gründen. Dann wirst du diese Ängste und Sorgen gänzlich ausrotten. Der richtige Glaube ist der Schlüssel zu den Schätzen Gottes für dein Leben. Weißt du, Gnade, Gunst, Segen und Vergebung sind schon immer da gewesen, aber wenn du anfängst, den richtigen Glauben zu haben, beginnst du, auf die Fülle seiner Liebe und seines vollendeten Werkes auf Golgatha *zuzugreifen*. Jeder Vorteil dieses vollendeten Werkes ist jetzt schon dein. Er gehört dir bereits. Jesus hat längst den Preis dafür bezahlt. Daher sind deine Glaubensinhalte das Hindernis zwischen dir und deinem Sieg. Die Schlacht dreht sich um deinen Glauben. Deswegen wirst du einen Durchbruch erleben, wenn du anfängst, den richtigen Glauben zu haben.

Es ist die Wahrheit, die du erkennst und glaubst,
die die Kraft hat, dich freizusetzen.

Die Strategie des Feindes

Der Feind weiß: Wenn er dein Denken kontrollieren kann, kann er auch deine Emotionen und Gefühle manipulieren. Wenn er es zum Beispiel schafft, dass du dich mit Gedanken an Schuld, Versagen und Niederlage befasst, wirst du anfangen, schlecht über dich selbst zu denken, dich körperlich schwach fühlen und sogar deprimiert sein.

Unsere Emotionen sind Kennzeichen, die uns signalisieren, wie unsere Gedanken aussehen. Preis sei Gott für Emotionen! Sie sagen uns, ob in unseren Gedanken etwas fürchterlich falsch läuft. Viele von uns sind sich dessen nicht bewusst, wenn unser Denken in Angst, Zweifel, Pessimismus und Sorge abgleitet. Doch Gott hat uns so geschaffen, dass wir unser Denken recht schnell durch unsere Emotionen erkennen können. Probiere einmal Folgendes aus: Halte jedes Mal, wenn du anfängst, negative Emotionen wie Angst, Sorge, Schuld und Wut zu spüren, kurz inne und frage dich selbst: »Was denke ich?«

Deine Emotionen folgen deinen Gedanken dicht auf den Fersen. Wenn deine Gedanken negativ sind, wirst du automatisch negative Emotionen erzeugen. Wenn in umgekehrter Weise deine Gedanken positiv in Christus verankert sind, wird das auch positive Emotionen in dir hervorrufen.

Deshalb gibt es die Schlacht um deine Gedanken. Der Teufel will, dass deine Gedanken negativ bleiben, damit er dich in der Niederlage halten kann. Er ist der Meister der Gedankenmanipulation und er spielt nicht fair. Bereits als er Adam und Eva im Garten Eden versuchte, ließ er sie an Gottes Motiven zweifeln, indem er ihnen etwas vorlog und andeutete, Gott würde ihnen absichtlich etwas Gutes vorenthalten. Er ließ Gott als geizig erscheinen, obwohl Gott sie in Wahrheit doch beschützte. Die Strategie des Teufels hat sich nicht verändert – er benutzt heute immer noch Lügen, Anklagen, Schuldgefühle und Verdammnis, um Christen zu umgarnen und sie an Gottes vollkommener Liebe, Vergebung und überfließender Gnade zweifeln zu lassen.

Vor vielen Jahren, als ich noch am Anfang meines vollzeitlichen Dienstes stand, betete ich gemeinsam mit einem anderen Pastor für eine Frau, die vom Teufel unterdrückt wurde. Sie war keine Christin. Während wir für sie beteten, knurrte die Frau auf einmal bedrohlich mit einer tiefen Männerstimme: »*Ich will ihr Denken!*« Wow! Es war das erste Mal, dass ich für einen von Dämonen besessenen Menschen betete, und der Dämon erhob Einspruch! Ich erinnere mich bis heute daran, als wäre es gestern gewesen. Nun, wir beteten für sie und trieben den Dämon aus.

Sei unbesorgt, als Christ, der in Jesus ist, kannst du *niemals* vom Teufel besessen sein. Er kann dich psychisch bedrängen. Aber er kann niemals Besitz von dir ergreifen. Ich habe dir von meiner Erfahrung mit dieser Frau erzählt, um dir die Strategie des Feindes zu enthüllen. Er will dein Denken! Er will, dass dein Denken negativ, niedergedrückt, deprimiert und pessimistisch bleibt. Er will dich weiterhin in einem falschen Glauben belassen. Denn er weiß, solange du falsch glaubst, wirst du auch falsch leben. Es tobt eine Schlacht um deine Gedanken, die wir durch die Kraft des richtigen Glaubens gewinnen.

Es tobt eine Schlacht um deine Gedanken, die wir durch die Kraft des richtigen Glaubens gewinnen.

Jesus ist größer

Es ist wichtig, dass diese Wahrheit dein festes Fundament ist. Du musst keine Angst vor dem Teufel haben, denn: »der, der in euch lebt, ist größer ›und stärker‹ als der, von dem die Welt beherrscht wird« (1Joh 4,4 NGÜ). Jesus, der in dir lebt, ist größer als der Teufel in dieser Welt. Ganz gleich, wie die teuflischen Strategien des Feindes aussehen, er wird diesen Kampf gegen dich nicht gewinnen. Der Teufel ist ein besiegter Gegner. Der, der in dir lebt, ist größer als alle negativen Gedanken, die der Feind dir um die Ohren hauen kann. Der, der in dir lebt, ist größer als alle Schuld- und

Minderwertigkeitsgefühle. Der, der in dir lebt, ist größer als jede Anklage, die dir entgegengeschleudert wird.

Stell dich fest auf folgende Aussage: »Doch keine Waffe, die gegen dich geschmiedet wird, wird erfolgreich sein. Und wer dich vor Gericht verklagt, den wirst du widerlegen« (Jes 54,17). Wow! Keine Waffe, die gegen dich geschmiedet wird, wird erfolgreich sein. Die Bibel sagt nicht, dass du niemals vor Herausforderungen stehen oder nie mit Angriffen zu rechnen haben wirst. Aber sie verspricht: Wenn Prüfungen kommen, kannst du dir gewiss sein, dass sie gegen dich keine Chance haben werden.

Weißt du, warum du dich heute fest auf dieses Versprechen stellen kannst? Gott sagt in demselben Vers: »Das ist das Erbteil der Knechte des Herrn und ihre Gerechtigkeit, die ihnen von mir zuteil wird« (Jes 54,17 SLT). Dieser Schutz ist dein Erbe. Gott beschützt dich nicht aufgrund deiner gerechten Taten, er beschützt dich, weil deine Gerechtigkeit vom Herrn selbst kommt!

Beachte an dieser Stelle, dass die Waffe gegen dich *bereits geschmiedet sein könnte.* Das bedeutet, dass diese Waffe eventuell bereits erdacht, vorbereitet und auf dich gerichtet ist. Hab keine Angst. Wie auch immer diese Herausforderung oder Waffe aussehen mag, du darfst ohne Zweifel wissen, dass sie dich nicht besiegen wird. Gottes Verheißung lautet heute für dich: *Keine Waffe, die gegen dich geschmiedet wird, wird erfolgreich sein.* Nicht, weil dein Verhalten perfekt ist, sondern weil deine Stellung in Christus vollkommen ist. Dein Sieg – dein Erbe in Christus – ist durch das vollendete Werk Jesu gesichert.

Wie man Festungen zerstört

Schon allein wenn du intensiv über die Verheißungen der Bibel nachdenkst, die Gottes Wahrheit über deinem Leben verkünden, beginnst du die Schlacht um deine Gedanken zu gewinnen. Es ist kein Zufall, dass Jesus auf Golgatha gekreuzigt wurde, was übersetzt »Schädelstätte« bedeutet (siehe Mt 27,33). Dein Durchbruch beginnt zuerst in deinen Gedanken. Im Wort Gottes heißt es:

> *Denn obwohl wir im Fleisch wandeln, kämpfen wir nicht nach dem Fleisch; denn die Waffen unseres Kampfes sind nicht fleischlich, sondern mächtig für Gott zur Zerstörung von Festungen. – 2. Korinther 10,3–4 ELB*

Diese Schlacht um deine Gedanken wird nicht im Sichtbaren ausgetragen. Unsere Waffen sind nicht materiell oder greifbar. Unsere Waffen in diesem Kampf sind keine nuklearen Sprengköpfe, Maschinengewehre oder Granaten. Unsere Waffen sind die Waffen des richtigen Glaubens – und in Gott sind sie mächtig, Festungen, die uns gefangen hielten, zu zerstören. Festungen können nicht mit physischen Waffen zerstört werden; sie können nur durch den richtigen Glauben an die Wahrheit des Wortes Gottes niedergerissen werden.

Festungen können nicht mit physischen Waffen zerstört werden; sie können nur durch den richtigen Glauben an die Wahrheit des Wortes Gottes niedergerissen werden.

Der Teufel kann lediglich falsche Gedanken säen, aber nicht kontrollieren, was du glaubst! Wenn du beginnst, den richtigen Glauben zu haben, werden jede Lüge und jeder falsche Gedanke dahinschmelzen wie Butter an einem heißen, sonnigen Tag. Lügen können dich nur bis zu dem Grad gefangen nehmen und niederdrücken, wie du es nicht erlaubst, dass Gottes Wahrheit in deine Situation kommen kann, um dich zu befreien. Hör genau hin, was Jesus sagte: »Wenn ihr euch nach meinen Worten richtet, seid ihr wirklich meine Jünger. Ihr werdet die Wahrheit erkennen, und die Wahrheit wird euch frei machen« (Joh 8,31–32). Das bedeutet, egal, in welcher Festung du gerade gefangen gehalten wirst, die Wahrheit Jesu wird dich freimachen!

Es tobt eine Schlacht um dein Denken, und der Ort, an dem der Feind seine Angriffe gegen dich startet, ist in deinen Gedanken und in deiner Vorstellungskraft.

Festungen sind falsche Gedanken und Lügen, die sich seit Wochen, Monaten oder sogar Jahren in deinen Verstand eingebrannt haben. Diese tief verwurzelten, falschen Glaubensinhalte lassen dich gefangen in Süchten und in einem Zustand ständiger Angst, Schuldgefühle, Sorgen oder chronischer Depression leben.

Gottes Wort sagt uns eindeutig, dass die Schlacht in unseren Gedanken stattfindet, und gewonnen wird durch »Zerstörung von Festungen; so zerstören wir überspitzte Gedankengebäude und jede Höhe, die sich gegen die Erkenntnis Gottes erhebt, und nehmen jeden Gedanken gefangen unter den Gehorsam Christi« (2Kor 10,4–5 ELB). Es tobt eine Schlacht um dein Denken, und der Ort, an dem der Feind seine Angriffe gegen dich startet, ist in deinen Gedanken und in deiner Vorstellungskraft. Ich bin überzeugt, wenn dir erst bewusst ist, dass falsche und richtige Glaubensinhalte eine Schlacht um deine Gedanken führen, hast du den Kampf schon halb gewonnen!

Gründe deine Identität in Christus

Die Bibel macht deutlich, dass es so etwas wie geistliche Kampfführung in unseren Gedanken gibt, und das zu verstehen ist für dich als Christ von entscheidender Bedeutung. Andernfalls wirst du denken, dass jeder Gedanke, der dir durch den Kopf geht, von dir stammt. Dann wirst du diese Lügen glauben und nicht wissen, dass der Feind sie dort eingepflanzt hat, um dich zu verwirren.

Vor einigen Jahren hielt ich eine Predigt darüber, wie der Teufel manchmal in der Ich-Form spricht, um irreführende Gedanken in uns hinein zu pflanzen. Er sagt zum Beispiel nicht: »Du hast eine Essstörung«, oder »Du bist von diesem oder jenem abhängig«. Der Teufel benutzt die Ich-Form, um Gedanken folgender Art in deinen Kopf zu pflanzen: »*Ich* habe eine Essstörung«, oder »*Ich* bin pornografiesüchtig« oder »*Ich* bin pervers«. Erkennst du, wie heimtückisch und listig diese Schlange ist? Der Teufel lässt dich denken, dass du es bist, der diese Gedanken der Niederlage denkt. Er möchte, dass du glaubst, das sei deine Identität.

Nachdem ein Mann, der jahrelang in einer zerstörerischen Sucht gefangen gewesen war, diese Predigt gehört hatte, schrieb er mir einen Brief. Walter erzählte, dass meine Botschaft über die Strategie des Teufels, die Ich-Form zu benutzen, noch lange in seinem Inneren nachhallte. Er ging nach dem Gottesdienst nach Hause, zog sich in sein Zimmer zurück und sagte zum ersten Mal laut: »Ich bin kein Süchtiger!« Er entschied sich einfach dafür, diese negative Art zu denken im Namen Jesu zurückzuweisen. Dann berichtete er: »Genau in diesem Moment spürte ich, dass etwas Mächtiges in mir geschah. Ich weiß nicht, wie ich es beschreiben soll. Es war, als hätte sich mein Leben durch Gottes Liebe auf einmal in etwas Großartiges verwandelt. Es war ein überwältigendes Gefühl.«

Nachdem er dieses Bekenntnis laut ausgesprochen hatte, erzählte Walter: »Meine Sucht hörte auf. Ich verlor einfach das Interesse an der Sache und fühle mich nicht im Geringsten versucht. All diese falschen Wünsche sind fort und das Beste ist: Ich weiß, ich liebe Jesus mehr als je zuvor und kann ohne ihn nicht leben. Ich bin erneuert. Ich bin wiedergeboren. Ich weiß, dass er alles in seiner Hand hält. Ich bin gesegnet und mir ist vergeben.«

Wow! Was für ein großartiges Zeugnis von Gottes Kraft und Güte im Leben dieses Bruders. Mit nur einem Bekenntnis durchbrach er die Gedankenfestung, in der ihn der Teufel jahrelang gefangen gehalten hatte. Das ist in der Tat die Kraft des richtigen Glaubens. Wenn du änderst, was du glaubst, kannst du dein Leben verändern, wie es dieser Bruder tat.

Gibt es heute Lügen über dich selbst, an die du glaubst?

Brich die Macht dieser Lügen, indem du deine Identität in Christus bekennst. Sprich laut aus: »Ich bin ein Kind Gottes. Ich bin geheilt, mir ist vergeben und ich bin gerecht und in Jesus Christus bin ich heilig.« Anstatt die Lügen des Teufels zu glauben, wenn er die Ich-Form-Strategie gegen dich einsetzt, halte ihm deine wahre Identität in Jesus entgegen.

Wie man jeden Gedanken gefangen nimmt

Leider hat der Feind, ohne dass es vielen Gläubigen heute bewusst wäre, böswillige Desinformationskampagnen gestartet, durch die sie jahrelang auf wirkungsvolle Weise zu Sklaven von Minderwertigkeitsgefühlen, Selbsthass, Schuldgefühlen, Essstörungen, Perversionen, übertriebener Angst und allen möglichen anderen Arten von Süchten gemacht wurden. Und aus diesem Grund schreibe ich dieses Buch – um die Lügen des Feindes aufzudecken und dir dabei zu helfen, mit absoluter Klarheit wahrzunehmen, welche betrügerischen und manipulativen Strategien er einsetzt. Diese Lügen werden wie ein Kartenhaus in sich zusammenfallen, sobald du deine wahre Identität in Christus erkennst.

Die Waffen in diesem Kampf sind weder natürlicher noch materieller Art. Deine Waffen bestehen aus der Wahrheit des Wortes Gottes. Sie sind kraftvoll und haben die Macht, jede Festung, die durch Fehlinformationen und falschen Glauben aufgebaut wurde, zu überwinden und zu zerstören. Und wir zerstören diese Festungen in unserem Denken, indem wir »jeden Gedanken gefangen[nehmen] unter den Gehorsam Christi« (2Kor 10,5 ELB).

Als ich noch jung im Glauben war, wurde mir beigebracht, es sei *meine* Aufgabe, jeden Gedanken zum Gehorsam *gegenüber Christus* zu bringen. Das versuchte ich jahrelang. Es war ein einziger Krampf und irgendwann litt ich an mehr seelischer Not, Stress und Schuldgefühlen als zuvor. Niemand kann jeden Gedanken, der ihm durch den Kopf geht, dazu bringen, Christus vollkommen zu gehorchen.

Eines Tages jedoch öffnete Gott mir die Augen, damit ich erkannte, was er in diesem Vers wirklich sagte. Er sagte zu mir: »Mein Sohn, richte deine Gedanken immer auf den Gehorsam *von* Christus. Das wird eine mächtige Waffe sein, um die Festungen des Teufels in deinem Denken einzureißen.« Als er das zu mir sagte, fühlte es sich an, als ginge mir plötzlich ein Licht auf.

Wenn das Zerstören von Gedankenfestungen davon abhängt, dass du vollkommen in der Lage bist, jeden Gedanken, der dir durch den Kopf geht, zum vollkommenen Gehorsam gegenüber Christus zu bringen, dann ist dein Scheitern bereits vorprogrammiert. Gesetzliche Lehre bürdet die Anforderungen immer den Menschen auf. Lehre über die Gnade weist immer darauf hin, dass Gott derjenige ist, der etwas bereitstellt. Das Gesetz legt den Fokus darauf, was der Mensch tun muss. Die Gnade legt den Fokus darauf, was Jesus getan hat und immer noch in unserem Leben tut. Dieses Prinzip kannst du als Test für jede Lehre anwenden, die dir zu Ohren kommt oder bereits zu Ohren gekommen ist.

Je mehr du daran glaubst, dass deine Gerechtigkeit dem Gehorsam Jesu, und nicht deinen eigenen Bemühungen, entspringt, umso mehr wirst du – unbewusst – ein Leben des Gehorsams führen.

Was heißt es also, jeden Gedanken unter den Gehorsam *von* Christus gefangen zu nehmen? Schauen wir uns an, was das Wort Gottes über den Gehorsam Christi sagt und erlauben wir der Schrift, die Schrift auszulegen. In der Bibel heißt es: »Denn wie durch den Ungehorsam des einen Menschen die Vielen zu Sündern geworden sind, so werden auch durch den Gehorsam des Einen die Vielen zu Gerechten« (Röm 5,19 LUT). Damit ist gemeint, dass wir alle durch den Ungehorsam eines einzigen Menschen (Adam) zu Sündern wurden. Doch durch den Gehorsam Jesu Christi (eines einzigen Menschen) am Kreuz wurden wir alle für immer gerecht gemacht, als wir anfingen, an ihn zu glauben. Gott möchte, dass du dich auf den Gehorsam Jesu konzentrierst und nicht auf den Ungehorsam Adams. Adams Ungehorsam richtet deinen Fokus auf die Sünde und das Gericht, während Jesu Gehorsam am Kreuz deine Aufmerksamkeit auf die Vergebung und die Gerechtigkeit lenkt!

Heißt das, dass wir nicht gehorsam sein müssen? Das heißt es absolut nicht! Je mehr du daran glaubst, dass deine Gerechtigkeit dem Gehorsam Jesu, und nicht deinen eigenen Bemühungen, entspringt, umso mehr wirst du – unbewusst – ein Leben des Gehorsams führen. Manche Leute sagen, dass diejenigen, die über Gnade predigen, nicht über Gehorsam sprechen. Doch was sie nicht erkennen, ist, dass unter dem alten Bund des Gesetzes die Grundlage für jeden Segen Gottes im Gehorsam bestand. Doch im neuen Bund der Gnade segnet Gott uns zuerst und die Frucht daraus ist unser Gehorsam.

Unser heutiger Gehorsam unter dem neuen Bund beginnt damit, dass wir uns entscheiden zu glauben, dass wir durch *Christi Gehorsam* am Kreuz gerecht gemacht sind. Es geht hier nicht um gesetzlichen Gehorsam, den viele Leute zurück in die Gemeinde bringen wollen. Der Apostel Paulus beschreibt unseren Gehorsam als »Gehorsam dem Glauben gegenüber« (Röm 16,26 NKJV) – also das Richtige darüber zu glauben, was Jesus getan hat, um uns gerecht zu machen. Und wenn wir auf diese Weise das Richtige glauben, werden wir sehen, dass seine Gnade uns motiviert und befähigt, richtig zu denken und zu leben.

Wir alle haben schon viele Predigten über richtiges Leben gehört. Aber weißt du was? Ich höre oft die Klagen von Pastoren, dass unter den Menschen, die auf den Kirchenbänken und in den Stuhlreihen sitzen, immer noch wenige dabei sind, die in der richtigen Art leben. Ich persönlich glaube nicht, dass Christen bewusst schlecht sein wollen. Sie leben nicht so, wie sie sollten, weil sich ihre Glaubensmuster nicht wirklich verändert haben. In Gottes Wort wird uns gesagt: »Der Gerechte wird aus Glauben leben« (Röm 1,17 SLT). Man kann es auch so ausdrücken: Der Gerechte wird aus dem richtigen Glauben leben. Wenn du den richtigen Glauben hast, setzt das die Kraft Gottes frei, um richtig zu leben. Wenn du dem – *wahren* – Evangelium Glauben schenkst, das besagt, dass du durch Jesu Gehorsam gerecht bist (siehe Röm 5,19), wirst du richtig leben. Das wird automatisch zu den richtigen Ergebnissen führen.

Mein Freund, was Gehorsam betrifft, so hat sich durch das Kreuz Jesu einiges verändert. Unter dem alten Bund des Gesetzes musstest du gehorsam sein, bevor Gott dich segnete. Doch unter der Gnade segnet Gott dich zuerst und Gehorsam ist die Frucht davon. Je mehr du den richtigen Glauben daran hast, dass du durch Christi Gehorsam gerecht gemacht und gesegnet worden bist, umso mehr wirst du auch die Frucht des Gehorsams in deinem Leben erfahren. Wow! Preise Jesus für seine wunderbare Gnade!

Der Feind spielt nicht fair

Der Feind kann nur in dein Leben einfallen, wenn er erreicht, dass du deine Stellung vor Gott von deinem vorhandenen bzw. fehlenden Gehorsam abhängig machst. Er wird Fehlinformationen benutzen, damit du dir scheußlich, unanständig und schmutzig vorkommst, obwohl du in Christus bereits vollkommen gerecht bist. Vergiss nicht: Der Teufel spielt nicht fair.

Im Laufe der Jahre habe ich erkannt, dass eine weitere Strategie des Feindes so aussieht: Er gibt dir einen schlechten Gedanken ein, um dann sogleich alles zu verdrehen und dich für genau diesen Gedanken anzuklagen, den er selbst dir eingegeben hat. Er sagt dann: »Was für eine unanständige, scheußliche Person bist du bloß? Wie kannst du diesen Gedanken haben? Du bist widerlich!« Er wird dich anklagen, verdammen und beleidigen, und dir all die Bereiche aufzeigen, in denen du versagt hast.

Selbst wenn du das Richtige tust, ist es niemals genug. Wenn du ein Kapitel in der Bibel gelesen hast, wird er dir jemanden zeigen, der zwei Kapitel gelesen hat. Er nörgelt ständig herum. Wenn du einen Fehler begehst, wird er auf deinem Ungehorsam herumreiten. Wenn es dem Teufel gelingt, dass du dich auf deinen vorhandenen oder fehlenden Gehorsam anstatt auf den Gehorsam Jesu konzentrierst, gewinnt er all seine Psychospiele, die er mit dir treibt. Deshalb wirst du auch, wenn du dich auf *deinen* Ungehorsam in deinem Denken konzentrierst, entmutigt, am Boden zerstört und niedergeschlagen sein.

Wie also solltest du reagieren, wenn dir ein negativer oder schlechter Gedanke durch den Kopf geht? Erstens solltest du wissen, dass diese Gedanken nicht zu dir gehören; dein wahres Ich ist in Jesus Christus wiedergeboren und eine neue Schöpfung! Wenn schlechte Gedanken kommen, richte deine Aufmerksamkeit auf deine wahre Identität und wer du wirklich in Christus bist, indem du über das Kreuz Jesu nachdenkst. Konzentriere dich auf seinen vollkommenen Gehorsam und die Tatsache, dass sein Gehorsam auf Golgatha dich gerecht, heil, begünstigt und vollständig macht. Das bedeutet es, jeden Gedanken unter den Gehorsam von Christus gefangen zu nehmen.

Konzentriere dich auf den Gehorsam Jesu

Scott, ein Bruder aus Florida, schrieb mir und meinem Team folgendes sehr ermutigende Zeugnis:

Ich wurde in eine christliche Familie hineingeboren und wuchs mit der Gemeinde auf. Mein ganzes Leben lang war ich Christ. Doch mir war beigebracht worden, dass ich das Gesetz einhalten müsse, was mir nicht gelang, und ich hatte immer Angst, Gott zu enttäuschen.

Je mehr ich versuchte, ein »guter Christ« zu sein, umso schuldiger fühlte ich mich! Ich hatte Probleme mit Pornografie und ging zwei Mal pro Tag auf die entsprechenden Webseiten für Erwachsene. Abgesehen davon, meinen Computer zu zerstören, hatte ich fast alles ausprobiert, um davon frei zu werden, doch ich kämpfte immer auf verlorenem Posten. Die Folge war, dass ich mich von der Gemeinde zurückzog, weil ich mich schuldig und wertlos fühlte und voller Scham war.

Eines Tages gab mir meine Tante einige Predigten von Pastor Prince. Der Kern seiner Botschaft war nicht das Gesetz, sondern das, was immer gefehlt hatte – Jesus Christus! Alles, was Pastor Prince in seinen Predigten sagte, klang in mir nach wie eine Musiknote in vollkommener Übereinstimmung mit einer Melodie. Durch die Gnade Gottes hat sich meine Beziehung zu Jesus vollkommen verwandelt und ich trage nun nicht mehr diese unvorstellbar schwere Last an Schuld und Scham mit mir herum. Stattdessen strahle ich die ganze Zeit vor Freude! Ich kann auch nicht aufhören, meinen Freunden davon zu erzählen, wie dies meine ganze Sicht über das Christentum verändert hat.

Es ist ein Wunder, aber seit ich meinen Fokus auf Jesus statt auf meine Probleme gerichtet habe, habe ich mir keine Pornografie mehr angesehen! Wenn ich heute noch mit Lust zu kämpfen habe, richte ich meine Augen auf die bedingungslose Vergebung Jesu und empfinde statt Schuldgefühlen einfach nur Freude. Jesus hat mich von meiner Sucht reingewaschen und ich bin wirklich überwältigt!

Danke, Pastor Prince, dass Sie meinem Leben als Christ neues Leben und Freude eingehaucht haben. Ich bin verwandelt, voller Freude, gesegnet und noch so viel mehr! Preis sei Gott!

Als ich diesen Brief las, hat mich besonders angesprochen, dass das, was Scott immer fehlte, Jesus Christus war! Sobald er das Richtige über Jesus glaubte und sich anstelle seines eigenen Ungehorsams auf Jesu Gehorsam konzentrierte, erlebte er einen enormen Durchbruch!

Mein Freund, es tobt ein echter Kampf um dein Denken. Viele Menschen kapitulieren fast umgehend vor einem sündigen Gedanken und fühlen sich aufgrund dieses sündigen Gedankens dann schuldig und verdammt. Gedanken sind Auslöser für deine Emotionen. Der Feind weiß: Wenn er dich dazu bringen kann, diesen falschen Gedanken der Niederlage, Sorge, Gier, des Neides und der Lust Glauben zu schenken, dann kann er auch deine Emotionen in Schuldgefühle, Angst und Verdammnis verwandeln. Wenn du diesen schlechten, giftigen Emotionen erliegst, kann er dich noch weiter in seinen Bann ziehen und dich in Versuchung führen, diese sündigen Gedanken auch in die Tat umzusetzen.

Mein Gebet ist, dass du heute erkennst: Durch die Kraft des richtigen Glaubens kannst du siegreich aus diesem Kreislauf der

Niederlage ausbrechen. Wenn du das nächste Mal negative Gedanken hast, halte inne und schau auf den Gehorsam Christi. Schau auf das Kreuz. Schau auf Jesus. Erlebe, wie er deine Gedanken mit seinem kostbaren Blut reinwäscht.

Lieber Freund, deine neue gerechte Identität liegt in Jesus Christus. Und so wie er ist, so bist du in dieser Welt!

Gedanken sind Auslöser für deine Emotionen.

KAPITEL 11

DER SIEG ÜBER DIE GEDANKENMANIPULATIONEN DES FEINDES

Etliche Jahre, bevor meine Fernsehsendungen in den USA ausgestrahlt wurden, erhielt ich einen Brief von Max. Er war Angehöriger der US-Marine und in Singapur auf der Durchreise gewesen. Dort hatte er eine lebensverändernde Begegnung mit dem Evangelium der Gnade. In seinem Brief las ich seine wundervolle Geschichte, die am besten in seinen eigenen Worten wiederzugeben ist:

Lieber Pastor Prince, ich will Ihnen bereits seit einiger Zeit schreiben, um Sie teilhaben zu lassen an dem, was Gott durch meine Erfahrungen in Singapur in meinem Leben bewirkt hat. Ich kann Ihnen nicht sagen, wie dankbar ich Gott bin, dass ich auf wundersame Weise in Ihrer Gemeinde landete.

Ich besuche die US Naval Academy[9] *und werde in vier Monaten zum Offizier des US-Marinekorps ernannt werden. Seit etwa drei Jahren bin ich Christ, lebte aber über ein Jahr davon in Gebundenheit. Wie Sie war ich davon überzeugt gewesen, die Sünde gegen den Heiligen Geist begangen zu haben. Für mich war die Gnade etwas Schlechtes. Ich wusste, dass ich gemäß des Alten Testaments verdiente, in die Hölle zu gehen, und da Jesus auf die Erde gekommen war und ich trotzdem noch sündigte, hatte ich das Gefühl, dass ich die Hölle umso mehr verdiente. Deshalb wünschte ich mir in meinem Herzen, dass Jesus nie gekommen wäre. Um es kurz zu machen, ich war sehr verzweifelt. Ich war bereit, alles zu tun, um Frieden mit Gott zu finden.*

Leider erkannte ich nicht, dass meine Konzentration darauf, mehr für Gott zu tun, mich unweigerlich weiter von dem Frieden wegführte, nach dem ich mich so verzweifelt sehnte. Es dauerte nicht lange und ich wurde zu einem Menschen, der andere sehr schnell verurteilte. Ich zog mich von meinen christlichen Freunden zurück und überzeugte sogar einige von ihnen, dass sie mit mir auf dem Weg in die Hölle wären. Ich kann Ihnen die Hoffnungslosigkeit und das Elend nicht beschreiben, die ich in jenem Jahr empfand. Am 18. April 2001 schrieb ich in mein Tagebuch: »Was würde ich darum geben, wenn mir jemand den Weg zum Herrn zeigen würde – nicht zu einer Religion, sondern zu dem lebendigen Gott.« Ich ahnte zu jenem Zeitpunkt nicht, dass Gott mein Herz bereits vorbereitete. Denn im selben Tagebuch würde ich nur fünfzehn Seiten später Worte der Hoffnung und Freude festhalten.

Es kam das Ende meines ersten Ausbildungsjahres und ich erhielt den Befehl, mich einem U-Boot-Kommando nach Thailand anzuschließen. Am Tag vor unserer Abreise erfuhr ich, dass wir nicht nach Thailand, sondern nach Singapur fahren würden. Die ersten vier Tage nach unserer Ankunft in Singapur verbrachte ich mit typischen Touristenunternehmungen. Eines Abends ging ich mit den Offizieren in eine Bar. Es ging dort besonders widerlich zu, weshalb ein Freund und ich die Bar früh verließen.

Auf unserem Weg zurück zum Hotel betete ich verzweifelt, der Herr möge mir doch Gemeinschaft mit Christen schenken. Ich verabschiedete mich von meinem Freund und lief weiter die belebte Straße entlang. Dann hörte ich zu meinem Erstaunen einen Mann fragen: »Suchen Sie eine Gemeinde?« Natürlich bejahte ich diese Frage sofort. Es stellte sich heraus, dass dieser Mann ein Mitglied Ihrer Gemeinde war. Er gab mir seine Privatnummer und erklärte mir, wie ich die Gemeinde finden konnte. Außerdem erzählte er mir, dass dort am nächsten Tag eine Bibelstunde stattfinden würde. Wir sprachen nur ungefähr eine Minute miteinander, bevor wir beide wieder unseres Weges gingen.

Ich bin sehr froh, dass ich es schaffte, zu der Bibelstunde am Freitagabend zu kommen. Ich war immer noch sehr schnell dabei, andere zu verurteilen, und stellte daher alles infrage. Doch die Botschaft, die ich dort hörte, war mit nichts zu vergleichen, was ich je zuvor gehört hatte. Am Sonntag ging ich dann in den Gottesdienst Ihrer Gemeinde und bestellte dort sogar dreizehn Ihrer Predigtaufnahmen. Wie ich bereits sagte, war ich bereit, alles zu versuchen, um Gott zu finden, obwohl ich nicht wirklich glaubte, dass diese Predigten sich irgendwie auf mich auswirken könnten. An diesem Tag verließ ich mit dem U-Boot wieder das Land und hörte mir Ihre Predigt »Winning the Battle of Your Mind (Gewinne die Schlacht um deine Gedanken)« etwa acht Mal hintereinander an.

Seitdem ist mein Leben nicht mehr dasselbe. Ich hörte mir auch die anderen Predigten an und erhaschte einen ersten Blick auf Gottes Gnade. Als ich nach nur etwa drei Wochen im U-Boot wieder in den USA ankam, konnte meine Mutter bereits eine große Veränderung in meiner Haltung bemerken. Wo einst Depression geherrscht hatte, war nun Freude. Wo vorher eine verurteilende Einstellung gewesen war, herrschte nun Liebe. Als ich im August an die Akademie zurückkehrte, gab ich die Predigten an meine Freunde weiter, die ich davon überzeugt hatte, dass sie mit mir in die Hölle gehen würden. Als ich sie dann das nächste Mal sah, waren sie voller Freude!

Ich hoffe und wünsche mir, dass diese E-Mail Sie ermutigt. Mein Gebet ist, dass Gott mich eines Tages gebrauchen kann, um seine Botschaft in die Gemeinden Amerikas und zu den Truppen des Marinekorps zu bringen. Ich würde mich freuen, wenn Sie für mich beten könnten. Mein Gebet ist, eines Tages wieder nach Singapur und in Ihre Gemeinde kommen zu können. Ich weiß, dass man als Angehöriger der Marine hart im Nehmen sein sollte, aber die Sehnsucht, mit Ihnen und Ihrer Gemeinde Gemeinschaft zu haben, ist so stark, dass ich manchmal fast weinen muss. Ich freue mich schon darauf, mir eines Tages neue Predigten von Ihnen anhören zu können. Möge Gottes Gnade und Frieden mit Ihnen und Ihrer Familie sein.

Die Geschichte von Max ist hier noch nicht zu Ende. Interessanterweise schrieb uns zwei Jahre, nachdem ich Max' E-Mail erhalten hatte, Robby, einer der Marineoffiziere, denen Max meine Predigten weitergegeben hatte. Er erzählte uns, wie auch sein Leben durch diese Botschaften auf wunderbare Weise verändert worden war. Als Robby seine Geschichte erzählte, erwähnte er auch Max – und dass dieser es zwei Jahre nach seiner Singapur-Reise zu einem hochgeschätzten Offizier gebracht hatte, der Flugschüler ausbildete, und zu einem Mann geworden war, der sich von seinen Altersgenossen abhob. Die Liebe und Gnade Gottes, die ihn befreit hatten, hatten ihn auch zu einem Menschen gemacht, der (mit Robbys Worten) »so viel von Gottes Liebe und Freude in sich trug, dass man einfach mit ihm zusammen sein wollte«.

Was für ein großartiges Zeugnis der Gnade Gottes! Ich weiß noch, wie ermutigt ich durch das war, was der Herr für Max getan hatte, als ich vor etwa zwölf Jahren seine E-Mail erhielt. Damals, im Jahr 2002, zeigte mir der Herr, dass das Evangelium der Gnade über die vier Wände unserer Gemeinde in Singapur hinausgehen sollte. Und etwa fünf Jahre später öffnete Gott uns die Türen. Im April 2007 wurde unsere erste Fernsehsendung in den USA ausgestrahlt. Heute wird die Sendung von mehr als sechzig Fernsehanstalten in über zweihundert Ländern ausgestrahlt, wodurch wir Millionen Menschen mit dem Evangelium der Gnade erreichen. Es fegt eine Revolution der Gnade über den Globus!

Jeden Tag erreichen uns Briefe und E-Mails von solch wertvollen Menschen wie Max, die uns schreiben, wie sehr sich ihr Leben verändert hat, als sie anfingen, das Richtige über die Person Jesu zu glauben. Jedes Mal, wenn Wendy und ich die E-Mails und Briefe lesen, die uns von unserem Team weitergeleitet werden, erfüllen uns tiefer Dank und Demut darüber, was Jesus in diesen Menschen getan hat und auch weiterhin tut.

Ich glaube von ganzem Herzen, dass du der Nächste bist. Was auch immer du brauchst – einen Durchbruch, ein Wunder, Heilung, Wiederherstellung oder Befreiung –, steht schon vor der Tür.

Dir ist es vielleicht nicht bewusst, aber Gott hat bereits ein gutes Werk in dir begonnen und er wird es auch sicher vollenden.

Was auch immer du brauchst – einen Durchbruch, ein Wunder, Heilung, Wiederherstellung oder Befreiung –, steht schon vor der Tür.

In der Predigt »*Winning the Battle of Your Mind* (Gewinne die Schlacht um deine Gedanken)«, die Max im U-Boot acht Mal hintereinander gehört hatte, sind so viele kraftvolle Wahrheiten enthalten. Ich möchte, dass auch du von dieser Botschaft profitierst. Auch Bücher haben Kraft, aber es hat etwas Besonderes, das gepredigte Wort Gottes zu hören. Wenn du möchtest, kannst du dich über www.josephprince.com/meditate anmelden und dir diese Predigt (in englischer Sprache) kostenlos herunterladen. Ich glaube, dass sie dich neu inspirieren wird, die Schlacht um deine Gedanken zu gewinnen.

Die Psychospiele des Feindes

Der Teufel liebt es, Psychospiele zu spielen. Als ich ein junger und leicht zu beeindruckender Christ war, wurde ich fälschlicherweise gelehrt, ein Christ könne das begehen, was gemeinhin als »die Sünde, die nicht vergeben werden kann« bekannt wurde, wenn er gegen den Heiligen Geist lästert. Allein der Gedanke daran, dass ich diese Sünde begehen könnte, setzte mich unter enormen Druck. Dieser eine Gedanke öffnete die Tür für alle möglichen schrecklichen Erfahrungen in meinem Leben.

Ich machte mir wirklich Sorgen, dass ich die Sünde, die nicht vergeben werden kann, bereits begangen haben könnte und ich mich schon auf direktem Weg in die Hölle befand. Je mehr ich dagegen ankämpfte, umso mehr lästerliche Gedanken hatte ich über den Heiligen Geist, während ich betete – sogar dann, wenn ich Gott ernsthaft anbetete. Es war eine grauenhafte Erfahrung – der Teufel attackierte meinen Verstand erbarmungslos mit allen möglichen bösen Gedanken.

Was also ist die »Sünde, die nicht vergeben werden kann«?

Die Sünde, die nicht vergeben werden kann, ist schlicht die Sünde eines Ungläubigen, der fortwährend Jesus als Erretter ablehnt. Indem er Gottes Geschenk der Erlösung nicht annimmt, sagt er: »Ich brauche Jesus nicht. Ich kann mich genauso gut selbst retten.« Genau das taten zur Zeit Jesu die selbstgerechten Pharisäer in seiner unmittelbaren Gegenwart. Trotz aller erstaunlichen Wunder der Gnade, die er in der Kraft des Heiligen Geistes vollbrachte, weigerten sie sich stur daran zu glauben, dass er der Messias war. Sie hatten sogar die Dreistigkeit zu behaupten, seine Vollmacht und Autorität kämen von einem bösen Geist (siehe Mt 12,24)!

Mein Freund, es ist daher für dich als Christ unmöglich, diese Sünde zu begehen, weil du Jesus *schon* als persönlichen Retter *angenommen hast.* Darüber hinaus gibt es absolut keine Sünde, von der sein Blut dich nicht bereits reingewaschen hat. Jede deiner Sünden ist durch sein vollendetes Werk am Kreuz vergeben und verziehen worden. Es ist ein makelloses Werk. Jesus hat nicht eine einzige Sünde übersehen.

Aus diesem Grund hat der Apostel Paulus, von dem zwei Drittel des Neuen Testaments stammen, die »Sünde, die nicht vergeben werden kann« niemals in einem seiner Briefe an die Gemeinden erwähnt. Denkst du nicht auch, dass Paulus, wenn Christen diese

Sünde begehen und ihre Errettung verlieren könnten, sie wenigstens einmal erwähnt hätte?

Leider hat mir damals niemand etwas über die Gnade Gottes erzählt, und so lebte ich über ein Jahr lang unter der dunklen Wolke dieser mentalen Bedrückung. Kannst du dir das vorstellen? Es war nur ein einziger Gedanke, der mich eine so lange Zeit gefangen hielt! Durch diese traumatisierende Erfahrung lernte ich die Psychospiele des Feindes kennen.

Wie ich im letzten Kapitel bereits ausgeführt habe, weiß der Teufel, wie er ein Personalpronomen einsetzen muss, um dich hinters Licht zu führen. Anstatt mir unverblümt zu sagen: »Du hast die Sünde begangen, die nicht vergeben werden kann«, hörte ich in meinem Kopf ständig: »*Ich* habe die Sünde begangen, die nicht vergeben werden kann.« Und da ich fälschlicherweise annahm, dass ein Christ diese Sünde begehen konnte, bekräftigte dies die Lügen des Teufels in meinem Kopf. Ständig hörte ich Gedanken wie: »*Ich* habe gegen den Heiligen Geist gelästert«, und »*Ich* habe die Sünde begangen, die nicht vergeben werden kann«, und »*Ich* habe versagt und Gott enttäuscht.« Der Feind ließ immer das Pronomen »ich« fallen, obwohl es die ganze Zeit er war, der diese falschen Vorstellungen in mir entstehen ließ und mir diese lästerlichen Gedanken eingab.

Wenn ich zum Herrn betete und mir diese falschen, manchmal auch abstoßenden Gedanken in den Kopf kamen, fiel meine Reaktion üblicherweise so aus: »Oh du meine Güte! Was stimmt mit mir bloß nicht? Ich bin doch ein Christ – ich sollte diese Art von Gedanken nicht haben!« Bei anderen Gelegenheiten setzte mir der Feind Anschuldigungen in den Kopf wie: »Wie kannst du nur diese Gedanken haben?«, oder »Was für ein kranker Mensch bist du eigentlich?«, oder »Wie kannst du derart hässliche Gedanken über diese Person haben und dich immer noch Christ nennen?«

Hast du das schon einmal erlebt? Der Feind ist ein Experte darin, dir Gedanken in den Verstand zu streuen, sich dann zurückzuziehen und anschließend als Vertreter des Gesetzes zurückzukehren, um dir ebendie Gedanken vorzuhalten, die er dir vorher in den Kopf gesetzt hat.

Wie man die Schlacht gewinnt

Der Schlüssel, um die Schlacht um deine Gedanken zu gewinnen, besteht darin, zu lernen, wie du dich von den bösen Gedanken, die dir der Feind eingibt, distanzieren kannst. Diese Gedanken sind nicht deine Gedanken! Du bist genauso wenig für diese Gedanken verantwortlich wie du für irgendeinen vulgären Ausdruck verantwortlich bist, den jemand in deiner Gegenwart fallen lässt.

Der Schlüssel, um die Schlacht um deine Gedanken zu gewinnen, besteht darin, zu lernen, wie du dich von den bösen Gedanken, die dir der Feind eingibt, distanzieren kannst.

Jedes Mal, wenn der Feind falsche Gedanken in dich hinein sät, ist es also deine Aufgabe zu wissen, dass diese bösen oder unreinen Gedanken nicht von dir stammen. Ignoriere sie in dem festen Glauben deines Herzens, dass diese Gedanken nicht von dir kommen. Glaube ohne den geringsten Zweifel daran, dass du die Gerechtigkeit Gottes bist, und ignoriere diese Gedanken einfach, so wie du eine Person ignorieren würdest, die in deiner Gegenwart mit vulgären Ausdrücken um sich wirft. Miss diesen Gedanken keine Bedeutung bei.

Meine mentale Bedrückung hielt über ein Jahr an, weil ich immer das Gefühl hatte, etwas dagegen unternehmen zu müssen. Kennst du dieses Gefühl, einfach irgendetwas *tun zu müssen*? Nun ja, ich fühlte mich für diese Gedanken in meinem Kopf verantwortlich und sobald ich glaubte, dass diese schrecklichen Gedanken von mir stammten, hatte der Teufel mich genau da, wo er mich haben wollte – besiegt, schuldig und mit dem Gefühl, verdammt zu sein. *Jede größere Bindung beginnt im Verstand.*

Gottes Wort sagt uns: »Widersteht dem Teufel, so flieht er von euch« (Jak 4,7). Weißt du, was die höchste Ebene des Widerstands ist? Sie besteht darin, die Gedanken des Teufels einfach zu *ignorieren*! Frauen sind darin sehr gut. Sie wissen, dass man einen Typen am besten abblitzen lassen kann, indem man ihn einfach ignoriert. Stell dir mal eine Frau vor, die an einer Baustelle vorbeigeht, auf der ihr alle Männer nachpfeifen. Eine coole Frau wird einfach vorbeigehen und ihr Pfeifen ignorieren. Sie weiß, dass diese Reaktion besser ist, als diese Typen durch Anschreien zum Aufhören bringen zu wollen.

Als ich in meiner mentalen Bedrückung gefangen war, wies ich den Teufel jedes Mal zurecht, wenn ein böser Gedanke durch meinen Kopf schwirrte. Wie du dir sicher vorstellen kannst, wies ich den Teufel schließlich *die ganze Zeit über* zurecht. Letzten Endes konzentrierte ich mich mehr auf den Teufel und nahm ihn stärker wahr als Gott! Gott will nicht, dass du Teufel-bewusst bist, sondern, dass du Jesus-bewusst bist. Du gewinnst die Schlacht um deine Gedanken, indem du den Feind einfach ignorierst. Denke nicht, dass du wegen dieser Gedanken etwas unternehmen musst. Wenn der Teufel dir Gedankenvorschläge macht, ignoriere ihn einfach. Geistliche Kampfführung muss nicht aggressiv sein. Sie kann sehr ruhig, friedlich, einfach und leicht sein. Es geht stets darum, das vollendete Werk Jesu zu sehen.

Du gewinnst die Schlacht um deine Gedanken, indem du den Feind einfach ignorierst.

Die Antwort ist einfach

Viele Jahre nach meiner Erfahrung mit dieser mentalen Bedrückung – genau genommen während ich schon über das Evangelium der Gnade predigte – stolperte ich über die Autobiografie von John Bunyan. Als ich sie las, entdeckte ich, dass er – dieser hoch geschätzte englische Prediger des 17. Jahrhunderts, der den Bestseller *Die Pilgerreise* geschrieben hatte – eine sehr ähnliche Erfahrung mit mentalen Qualen gemacht hatte, in denen er seinen Verstand ständig von lästerlichen Gedanken über Gott geplagt sah.

In dieser Autobiografie mit dem Titel *Überreiche Gnade* erzählt Bunyan von dieser schrecklichen Zeit: »Mir [ward] all mein Trost genommen, dann kam ich in die Gewalt der Finsternis. Danach ergossen sich zu meiner großen Verwirrung und Verwunderung über meinen Geist ganze Fluten von Lästerungen wider Gott, Christus und die Schrift. … In diesen Zeiten der Versuchung fühlte ich, wie mein Geist oft ganz plötzlich zum Fluchen oder Schwören oder Vorbringen kränkender Dinge gegen Gott oder seinen Sohn Christus und die Heilige Schrift missbraucht wurde.«[10]

Als ich das las, war ich sehr erstaunt, aber auch sehr ermutigt, dass jemand wie John Bunyan dasselbe durchgemacht hatte wie ich.

Doch noch bedeutsamer war für mich, wie er schließlich Freiheit und Sieg erlebte. Eines Tages, als Bunyan durch die Gegend lief und immer noch mit Gedanken und Ängsten darüber zu kämpfen hatte, dass er mit Gott nicht im Reinen sei, geschah etwas. Er schreibt: »Da kam plötzlich folgender Spruch zu meiner Seele: ›Deine Gerechtigkeit ist im Himmel‹ und zugleich schien es mir, dass ich mit den Augen meiner Seele Jesus Christus zur Rechten Gottes schaute. Dort, sage ich, war meine Gerechtigkeit. Wo immer ich auch sein mochte, und was immer ich auch tat, Gott konnte von mir nicht sagen, *ihm mangelt meine Gerechtigkeit*, denn diese hatte er gerade vor seinen Augen. Obendrein erkannte ich, dass nicht die gute Verfassung meines Herzens meine Gerechtigkeit besser mache, noch meine schlechte Verfassung meine Gerechtigkeit verderbe; denn meine Gerechtigkeit war Jesus Christus selbst, *›Jesus Christus gestern und heute und derselbe auch in Ewigkeit.‹*«[11]

Wie gewinnst du die Schlacht um deine Gedanken? Mein Freund, die Antwort liegt in der Person Jesu. Er ist deine Gerechtigkeit. Deine Gerechtigkeit ist eine Person. Er ist im Himmel und er kann von dort nicht entfernt werden, egal, was du getan oder nicht getan hast. Deine Gerechtigkeit ist Jesus Christus selbst, und er ist derselbe, gestern, heute und in alle Ewigkeit (siehe Hebr 13,8)!

Lass dich also nicht länger täuschen. Der Apostel Paulus sagt: »Ich fürchte aber, es könnte womöglich, so wie die Schlange Eva verführte mit ihrer List, auch eure Gesinnung verdorben [und abgewandt] werden von der Einfalt gegenüber Christus« (2Kor 11,3 SLT). Das Evangelium ist einfach. Alles dreht sich um Jesus. Es dreht sich nicht um dich. Christus ist unsere Gerechtigkeit. Christus ist unser Gehorsam. Christus ist unsere Heiligung. Christus ist unsere Rechtfertigung. Rühme dich allein in Christus. Der Feind wird versuchen, es so aussehen zu lassen, als drehe sich alles nur um dich. Mach es nicht kompliziert. Lass dich nicht wie Eva von seiner List verführen. Ignoriere ihn und konzentriere dich schlicht auf die Einfachheit in Christus.

Verändere dein Denken

Im Neuen Testament lautet das griechische Wort für »Buße« *metanoia*, was schlicht »Sinnesänderung« oder »Sinneswandel« bedeutet[12]. *Meta* bedeutet »Veränderung« und *noia* bezieht sich auf deinen Verstand. Es gibt religiöse Menschen, die denken, Buße bedeutete, man müsse im Staub kriechen und sich selbst verdammen, bis man das Gefühl hat, sich Gottes Vergebung durch seine eigene Reue verdient zu haben.

Für mich stellt sich die Frage: Wie verurteilt und traurig müssen diese Menschen sich fühlen, bevor sie wirklich »Buße getan« haben? Und wenn sie, nachdem sie »Buße getan« haben, noch einmal einen ähnlichen Fehler begehen, heißt das dann, dass sie beim ersten Mal nicht richtig »Buße getan« haben? Ich will die Aufrichtigkeit der Leute, die so über »Buße« denken, überhaupt nicht infrage stellen. Doch du kannst die besten und aufrichtigsten Absichten haben, aber immer noch völlig falsch liegen, wenn Buße nicht aus einem richtigen Glauben kommt, der zu einer inneren Herzensveränderung führt.

Ich will damit sagen, dass du dir tief betrübt an die Brust schlagen, dich in Sack und Asche kleiden und dir am Altar die Augen ausweinen, und doch unverändert nach Hause gehen kannst. Kummer bringt nicht auch unbedingt Verwandlung. Es ist der richtige Glaube, der wahre Buße (Sinneswandel), und dadurch auch echte Verwandlung, hervorbringt. Es ist unmöglich, auf biblische Weise Buße zu tun – Jesus und seine Liebe, Gnade und Kraft zu erleben und ihm zu erlauben, dein Denken und deine

Glaubensinhalte zu verändern – und immer noch dieselbe Person zu bleiben.

Es ist der richtige Glaube, der wahre Buße (Sinneswandel), und dadurch auch echte Verwandlung, hervorbringt.

Erkennst du, dass menschenzentrierte Lehre über Reue und Buße sich wirklich gut anhören kann, sie aber Menschen eigentlich in einem fortwährenden Kreislauf der Niederlage und Heuchelei gefangen hält? Lass dir Folgendes sagen: Wenn du ein wiedergeborener Christ bist und einen Fehler gemacht oder versagt hast, muss dir niemand sagen, dass du darüber traurig sein sollst, weil du als eine neue Schöpfung in Christus bereits jede Sünde und jedes Fehlverhalten verabscheust. Es quält deine Seele und du sehnst dich nach Freiheit. Die Wahrheit ist, dass du einen Weg aus deiner Bindung suchst. Die Buße, die du brauchst – der Sinneswandel, den du brauchst –, liegt darin, zu wissen, dass Gott dir bereits vergeben hat. Hör auf, dich selbst zu verdammen und erlebe in seiner gerechten Identität neue Ausmaße des Sieges über die Sünde.

Da du nun verstehst, was biblische Buße ist, wollen wir sie in der Schlacht um deine Gedanken einsetzen, um diese zu gewinnen. Wenn dir falsche Gedanken durch den Kopf gehen, liegt die Buße oder der Sinneswandel, den du brauchst, in dem Wissen, dass diese Gedanken nicht zu dir gehören. In dieser Situation bedeutet Buße nicht, dass du dich aufgrund dieser Gedanken selbst fertigmachst. Doch genau das habe ich früher getan und ich fühlte mich dadurch nur noch niedergeschlagener und unterlegener.

Nein, gib ihnen keinen Raum, sondern ignoriere sie in dem Wissen, dass deine Identität in Christus gesichert ist. Fülle dein Denken mit seinen Gedanken, seinem lebendigen Wort, seinem Frieden, seiner Freude und seiner Liebe.

Genau das ist der Grund, warum jedes Mal Buße geschieht, wenn du Predigten hörst oder Bücher liest, die Jesus ins Zentrum setzen und nicht den Menschen. Gesalbte Botschaften über Jesus befreien dich von falschem Denken und justieren deinen Glauben und dein Denken, sodass deine Glaubensinhalte und deine Gedanken im Einklang mit Gottes Wort sind. Und inzwischen solltest du wissen, dass der richtige Glaube und das richtige Denken immer zu den richtigen Resultaten in deinem Leben führen.

Der richtige Glaube und das richtige Denken führen immer zu den richtigen Resultaten in deinem Leben.

Wie Gott deine Gedanken bewertet

Wir haben bereits über den Brustschild des Hohenpriesters gesprochen und darüber, dass der Herr uns als kostbare Edelsteine ansieht, die nahe an seinem Herzen sind (siehe Kapitel 6). An dieser Stelle nun möchte ich dir die Bedeutung eines anderen Gegenstands enthüllen, den der Hohepriester trägt – das Stirnblatt aus Gold, das sich an seiner Stirn befindet.

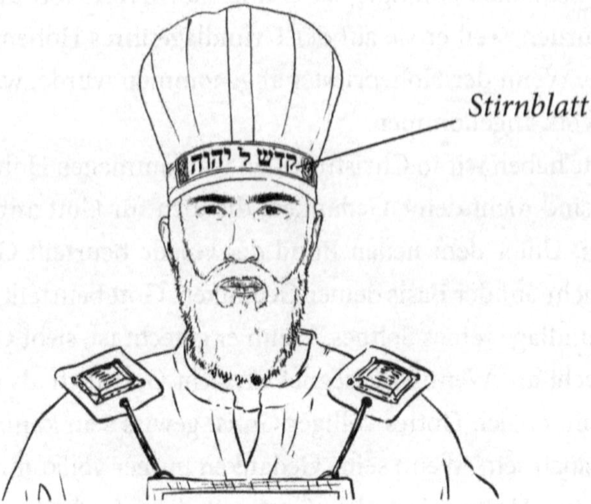

Der Hohepriester trägt eine goldene Platte auf seiner Stirn, ein sogenanntes Stirnblatt, auf der die Worte »Heilig dem Herrn« stehen.

Du kannst über das Stirnblatt in 2. Mose 28,36 und 38 (SLT) lesen: »Du sollst auch ein Stirnblatt aus reinem Gold anfertigen und in Siegelgravur eingravieren: ›Heilig dem Herrn‹ … und es soll auf Aarons Stirn sein, damit Aaron die Verschuldung in Bezug auf die heiligen Gaben trage. … Und es soll allezeit auf seiner Stirn sein, um sie wohlgefällig zu machen vor dem Herrn.«

Im Alten Testament war Aaron der erste Hohepriester Israels. Der Hohepriester Israels ist ein Bild für unseren Herrn Jesus Christus, der heute unser ewiger Hohepriester ist. Gott wies an, dass diese goldene Platte der Mitra (Kopfbedeckung), auf der die hebräischen Worte *kodäsch la Jahwe* eingraviert waren, immer an der Stirn des Hohenpriesters sein sollte. Diese Gravur bedeutet »Heilig dem Herrn«, und der Hohepriester musste sie immer an seiner Stirn tragen, damit ganz Israel vom Herrn angenommen werden würde. Das bedeutete, dass selbst wenn das Volk Israel in seinen *Gedanken* sündigte, sie immer noch von Gott angenommen wurden, weil er sie auf der Grundlage ihres Hohenpriesters richtete. Wenn der Hohepriester angenommen wurde, wurde das ganze Volk angenommen.

Heute haben wir in Christus einen vollkommenen Hohenpriester. Es sind nicht deine Gedanken, die dich für Gott annehmbar machen. Unter dem neuen Bund der Gnade beurteilt Gott dich nicht mehr auf der Basis deiner Gedanken. Gott beurteilt dich auf der Grundlage seines Sohnes. Wenn er gerecht ist, sieht Gott dich als gerecht an. Wenn er gesegnet ist, sieht Gott dich als gesegnet an. Wenn er sich Gottes völliger Gunst gewiss sein kann, kannst du das auch sein. Wenn seine Gedanken immer vollkommen und »heilig dem Herrn« sind, sieht Gott auch deine Gedanken als vollkommen in Christus an!

Wie du siehst, gibt es in der Bibel keine unbedeutenden Details. Aber du solltest nun nicht denken, dass Jesus im Himmel heute so gekleidet ist wie ein Hohepriester im Alten Testament. Die Kleider, der Brustschild und die Mitra sind nur visuelle Hilfen, die Gott in der Bibel beschreibt, um uns dadurch wesentliche Wahrheiten über unseren Herrn Jesus und unsere Vollkommenheit in ihm zu zeigen.

Wenn der Teufel heute kommt, um dein Denken zu drangsalieren, verweise ihn an Jesus. Die Gedanken Jesu sind immer heilig. Vergiss nicht, die goldene Stirnplatte ist immer an der Stirn deines Hohenpriesters und seine Gedanken sind immer mit der Heiligkeit Gottes erfüllt. Sieh dir noch einmal 2. Mose 28,38 (SLT) an: »Und es soll allezeit auf seiner Stirn sein, um sie wohlgefällig zu machen vor dem Herrn.« Daher darfst du wissen: Auch wenn dein Denken nicht immer vollkommen ist, die Gedanken Jesu sind immer vollkommen. Und aufgrund seiner Vollkommenheit bist du in ihm *immer* von Gott angenommen. Gott wird dich niemals zurückweisen, weil deine Gedanken unvollkommen sind. Er sieht Jesus an, und solange dessen Gedanken heilig sind, bist du angenommen!

Wenn der Teufel kommt, um dein Denken zu schikanieren, verweise ihn an Jesus.

Lieber Freund, was für eine geniale Sicherheit und Gewissheit haben wir in Christus! Unsere Gedanken mögen schwankend sein, aber seine Gedanken sind immer vollkommen. Glaube daran, dass Gott dich aufgrund von Jesus immer annimmt und für gut befindet. Das bedeutet es, jeden Gedanken unter dem Gehorsam Christi gefangen zu nehmen (siehe 2Kor 10,5), und in Christus wirst du die Schlacht um deine Gedanken immer gewinnen!

KAPITEL 12

VORSICHT VOR DEM BRÜLLENDEN LÖWEN

Einer der größten Kämpfe, den Menschen bei der Schlacht um ihre Gedanken auszufechten haben, ist die falsche Vorstellung, Gott sei zornig auf sie. Der Teufel weiß, wenn er dir weismachen kann, dass Gott zornig auf dich ist, kann er dich dadurch in Angst, Niederlage und Bindungen gefangen halten.

Ich möchte diese Lüge des Teufels aufdecken und dir anhand von Gottes Wort zeigen, dass Gott nicht zornig *auf dich* ist. Im Gegenteil, er ist verrückt *nach dir*![13] Gott liebt dich leidenschaftlich und will, dass du dir seiner Liebe zu dir völlig gewiss bist.

Um in der Schlacht um deine Gedanken den Sieg davonzutragen, ist es wichtig, von ganzem Herzen zu glauben, dass Gott für dich und nicht gegen dich ist. Wenn du die Waffen des richtigen Glaubens einsetzt, um die Oberhand über die listigen Kunstgriffe des Feindes zu gewinnen, nennt die Bibel das »stark im Herrn sein«:

> *Im übrigen, meine Brüder, seid stark in dem Herrn und in der Macht seiner Stärke. Zieht die ganze Waffenrüstung Gottes an, damit ihr standhalten könnt gegenüber den listigen Kunstgriffen des Teufels; denn unser Kampf richtet sich nicht*

gegen Fleisch und Blut, sondern gegen die Herrschaften, gegen die Gewalten, gegen die Weltbeherrscher der Finsternis dieser Weltzeit, gegen die geistlichen [Mächte] der Bosheit in den himmlischen [Regionen]. – Epheser 6,10–12 SLT

Gott will, dass du in seiner Liebe und Gnade für dich gefestigt, gegründet und stark bist. Glaube an seine Liebe und ziehe die ganze Waffenrüstung Gottes an, damit du in der Lage bist, gegen die Täuschungen des Feindes zu bestehen.

Bei der Waffenrüstung Gottes geht es um den richtigen Glauben

Als ich noch jung im Glauben war und davon hörte, »die volle Waffenrüstung Gottes anzulegen«, stellte ich mir jedes Mal vor, wie Bruce Wayne (alias Batman) seinen Batsuit anzog. Klick. Er sichert seinen Batgürtel. Klick. Er legt seinen Umhang um. Klick. Er setzt seine Maske auf. Wegen der vielen Bücher, die ich gelesen hatte, ging ich jeden Morgen, bevor ich aus dem Haus ging, im Kopf sogar alle Bewegungen durch, wie ich die »Rüstung Gottes« anlegen würde – erst den Helm, dann den Brustpanzer, und danach all die anderen Teile der Rüstung. Wenn ich das nicht tat, fühlte ich mich geistlich nackt – und glaube mir, das fühlt sich nicht gut an.

Aber so ist die Waffenrüstung Gottes nicht.

Bei der Waffenrüstung Gottes geht es im Kern um den richtigen Glauben! Die Schlacht tobt um deine Gedanken, und es ist der richtige Glaube, der dich vor den Angriffen des Feindes gegen dein Denken schützt – gegen seine Lügen, negativen Gedanken und boshaften Fantasien.

Wie man Gottes Waffenrüstung anlegt

Lass uns jetzt die Waffenrüstung Gottes Stück für Stück anschauen (siehe Eph 6,10–20) und dabei genau betrachten, wie der richtige Glaube an alles, was Jesus getan hat, uns immer zum Sieg führen wird.

Beginnen wir mit dem Gürtel der Wahrheit. Wenn der Teufel dich mit seinen Lügen angreift, lege den Gürtel der Wahrheit um. Der Teufel kann dich nicht täuschen, wenn du in dem gegründet bist, was Gottes Wort über dich sagt. Er kann sich nur an deinem Denken vergreifen, wenn du nicht weißt oder dir unsicher darüber bist, was Gottes Wort sagt. Deshalb mache ich Menschen Mut, Gottes Wort selbst zu studieren und sich Predigten anzuhören, die von Gottes Gnade und Wahrheit handeln. Fülle dein Denken und dein Herz mit Wahrheit und du wirst den Feind ganz sicher besiegen.

Der Teufel kann dich nicht täuschen, wenn du in dem gegründet bist, was Gottes Wort über dich sagt.

Zweitens wissen wir bereits, dass der Teufel versuchen wird, dich mit allen möglichen Arten von Anklagen und verdammenden Gedanken anzugreifen, damit du dich schuldig und schlecht fühlst. Wenn du jedoch im Geschenk der Gerechtigkeit gegründet bist, werden seine Angriffe gegen dich keinen Erfolg haben. All die feurigen Pfeile der Anklage, die der Feind gegen dich abschießt, können nichts gegen den Brustpanzer der Gerechtigkeit ausrichten, der dein Herz vor aller Angst, Schuld und Verdammnis schützt.

Und wenn er dich mit Gedanken der Angst, des Zweifels und der Verwirrung angreift, bleibe standhaft und verteidige dich mit dem Schild des Glaubens. Zur Zeit des Apostel Paulus war damit die Art von Riesenschild gemeint, den die Römer damals benutzten. Stell dir also keinen winzigen Schild vor! Dieser Schild hat die Größe einer Tür! Sieh deinen Glauben als einen mächtigen Schild an und stell dir Folgendes vor: Solange du deinen Schild des Glaubens hochhältst, bist du unantastbar. Egal, wie viele feurige Pfeile der Teufel auch auf dich abschießt, ALLE von ihnen werden abgefangen. Viel zu viele Christen halten stattdessen den Schild des Zweifels hoch und schmälern damit den Segen Gottes. Lass es nicht zu, dass du so bist – *sieh deiner Zukunft kühn entgegen, gerüstet mit dem mächtigen Schild des Glaubens.*

Der Feind wird auch versuchen, dir die Freude zu stehlen, die du aufgrund des Evangeliums des Friedens hast, für welches bildlich die Schuhe als Teil der Rüstung stehen. Doch wenn er kommt, wird der Gott des Friedens Satan gewiss unter deinen Füßen zermalmen.

Ein weiterer Bereich deines Denkens, den der Feind mit Vorliebe angreift, ist deine Errettung. Wenn du angegriffen wirst, solltest du sicher sein, dass du den Helm der Rettung trägst. Das Wort, das hier für »Rettung« verwendet wird, kommt von dem schönen griechischen Wort *soteria*. Nun solltest du nicht den Fehler begehen, diese Rettung nur als das Geschenk des ewigen Lebens zu sehen. Das ewige Leben ist darin definitiv eingeschlossen, aber das Wort *soteria* bedeutet noch so viel mehr. Es ist ein allumfassendes Wort, das sowohl Befreiung (von Feinden, Krankheiten, Depression, Ängsten und allem Bösen) als auch Bewahrung, Sicherheit und Erlösung beinhaltet.[14] Setze also den Helm der Rettung auf, indem du über Jesus nachdenkst, und lasse dich dadurch mit Gottes Heil-Sein, Schutz, Heilung und Wohlbefinden erfüllen. Lass zu, dass seine *soteria* dein Denken vor den Lügen des Feindes beschützt.

Zu guter Letzt bist du auch mit dem Schwert des Geistes, dem Wort Gottes, ausgerüstet worden. Schwinge dieses Schwert des Geistes, indem du im Geist betest und Gottes Wort in deine jeweilige Situation hineinsprichst. Proklamiere seine Verheißungen und die Wahrheit seiner Gnade über dich und deine Umstände, um dein Herz vor Gedanken der Hoffnungslosigkeit und Angst zu bewahren.

Mein Freund, ebenso wie die Schlacht um deine Gedanken nicht auf der körperlichen Ebene stattfindet, ist auch die ganze Waffenrüstung Gottes keine physische Rüstung. Vielmehr geht es bei ihr darum, was du in Christus glaubst. Wenn du den richtigen Glauben hast, kann der Teufel dir nichts anhaben. Jede üble Strategie, die er verfolgt, wird mit Sicherheit scheitern. Sei also fest in der Liebe des Herrn zu dir gegründet. Glaube, dass Gott für dich und nicht gegen dich ist. Seine Wahrheit, seine Gerechtigkeit, sein Glaube, sein Evangelium, seine Errettung, sein Wort und sein Geist sind allesamt Waffen des richtigen Glaubens, die dich gegen die Angriffe des Teufels schützen.

Sei fest in der Liebe des Herrn zu dir gegründet.
Glaube, dass Gott für dich und nicht gegen dich ist.

Wie du für den brüllenden Löwen »unverschlingbar« wirst

Der Teufel will nicht, dass du in der Liebe des Herrn zu dir gegründet bist. Stattdessen will er, dass du Gottes Liebe zu dir infrage stellst. Eine seiner Hauptstrategien, um das zu erreichen, besteht darin, dich glauben zu lassen, Gott sei zornig auf dich.

In Gottes Wort lesen wir, dass der Teufel umherstreift wie ein brüllender Löwe, der nach einem Opfer sucht, das er verschlingen *kann.* Ich bin sehr froh, dass Gott hier sagt, er »sucht nach einem Opfer, das er verschlingen kann« (1Petr 5,8). Das bedeutet nämlich, dass er nicht einfach jeden beliebigen Menschen verschlingen kann. Er muss nach jemandem Ausschau halten, den er verschlingen *kann.* Manche von uns sind jedoch *»unverschlingbar«.* Okay, so ein Wort gibt es vielleicht nicht, aber es beschreibt auf jeden Fall einen optimalen Zustand, wenn der Feind mal wieder auf der Jagd nach seinem nächsten Opfer ist.

Ich möchte dir vermitteln, wie du für den Teufel »unverschlingbar« werden kannst. Das Geheimnis findet sich in dem vorangehenden Vers (1Petr 5,7): »Überlasst all eure Sorgen Gott, denn er sorgt sich um alles, was euch betrifft!« Erkennst du, was ich meine? Das Geheimnis, um »unverschlingbar« zu sein, liegt darin, sorglos zu sein und nicht von Befürchtungen und Sorgen niedergedrückt zu werden! Es bedeutet, viel zu lachen, dein Leben zu genießen und dich nicht um den morgigen Tag zu sorgen.

Für Menschen, die gesetzlich denken, klingt das schrecklich verantwortungslos. Gottes Meinung nach ist es jedoch deine höchste Aufgabe, dich allezeit im Herrn zu freuen und dir keine Gedanken über deine früheren Fehler, deine momentanen Umstände und deine künftigen Herausforderungen zu machen! Warum? Aufgrund dessen, was Gottes Gnade bereits für dich getan hat – und weil der Eine, der die Macht über den Tod hat, für dich sorgt und genau in dieser Minute über dich wacht.

Wenn du den Sieg über die Angriffe des Feindes erleben willst, dann lerne, dich zu entspannen, loszulassen und jeden bedrückenden Gedanken, jede Sorge und alles, was dich beschäftigt,

Jesu liebenden Händen zu überlassen. Glaube von ganzem Herzen daran, dass er für dich sorgt und du auf deiner Reise nicht allein bist. Jesus ist bei diesem großartigen Abenteuer, bezeichnet als Leben, ein treuer Begleiter, der nicht von deiner Seite weicht.

Deine höchste Aufgabe ist es, dich allezeit im Herrn zu freuen und dir keine Gedanken über deine früheren Fehler, deine momentanen Umstände und deine künftigen Herausforderungen zu machen!

Ich finde es interessant, dass es in der Bibel heißt, der Teufel streife umher *wie* ein brüllender Löwe (siehe 1Petr 5,8). Anders ausgedrückt, er ist kein echter Löwe, er gibt nur vor, einer zu sein. Warum ahmt er einen »brüllenden Löwen« nach? Diese Frage hat mich lange Zeit beschäftigt. Vor etlichen Jahren – kurz bevor ich Ende 2002 mit einer Gruppe von Leitern nach Israel reiste – öffnete der Herr mir durch eine andere Bibelstelle die Augen. Er zeigte mir, warum der Teufel vorgibt, ein brüllender Löwe zu sein, und half mir, die Art der Angst zu erkennen, die der Feind in unser Leben zu bringen versucht. Da ich noch nie jemanden darüber hatte predigen hören, war es für mich eine neue Offenbarung, die ich vom Herrn empfing.

Der Teufel imitiert den Zorn des Königs

Die Bibelstelle, mit der Gott meine Frage beantwortete, war Sprüche 19,12: »Der Zorn des Königs ist wie das Brüllen eines Löwen, aber seine Gnade ist wie der Tau auf dem Gras.« Das ist, was ich die Bibel anhand der Bibel auslegen nenne. In 1. Petrus 5,8 heißt es, dass der Teufel wie ein *brüllender Löwe* umherstreift und Sprüche 19,12 ist eine Parallelstelle, die enthüllt, warum der Teufel das macht.

Wenn es darum geht, die Bibel auszulegen, ist es nicht so wichtig zu wissen, was dieser Bibellehrer oder jener Professor oder auch der Autor dieses Buches dazu zu sagen haben. Der beste Bibelkommentar ist die Bibel selbst, weshalb du zulassen solltest, dass die Bibel sich selbst erklären und dir Gottes Herz offenbaren kann.

Wer ist also »der König« in Sprüche 19,12? Dieser König ist unser Herr Jesus. Er ist der wahre König der Könige (siehe Offb 17,14; 19,16). Bevor ich das näher erläutere, möchte ich zunächst klarstellen: Du bist *nicht* der Gegenstand seines Zorns. Wenn der König zornig ist, ist er zornig auf Ungerechtigkeit, auf den Teufel und auf das, was dieser in deinem Leben tut.

Wenn Jesus einen Menschen sieht, der krank ist, ist er zornig auf die Krankheit, aber er liebt die Person. Gott liebt den Sünder, aber er hasst die Sünde. Wenn jemand, den du liebst, Krebs hat, hasst du den Krebs, aber du liebst den Menschen. Gott hasst Scheidung, aber er liebt die Geschiedenen. Gott hasst Trunkenheit, aber er liebt betrunkene Menschen. Gott hasst Sünde, aber er liebt den Sünder.

Gott hasst Sünde aufgrund dessen, was sie denjenigen antut, die er liebt. Sünde zerstört Leben. Sie ruiniert Ehen, reißt Menschen auseinander und hindert Gottes Kinder daran, ihr Leben in Fülle zu leben. Jesus liebt Menschen – deshalb bezahlte er den höchsten Preis am Kreuz und erlöste uns ein für alle Mal von der Macht der Sünde. In Christus musst du nicht mehr unter der Gefangenschaft der Sünde leben!

Also, um das hundertprozentig klarzustellen – Gottes Zorn richtet sich gegen alles Böse, das uns zerstören will. Sein Zorn und seine Wut richten sich nicht gegen uns, seine Kinder. Sein Zorn auf all unsere Sünde hat sich am Kreuz vollständig erschöpft.

Doch der Teufel kommt als Löwe verkleidet zu dir und gibt vor, der König zu sein. Er will dir den Eindruck vermitteln, dass Gott zornig auf dich ist, obwohl das gar nicht stimmt.

Ich möchte noch eine Sache klarstellen: Es gibt nur einen wahren Löwen, und das ist der Löwe von Juda, Jesus Christus (siehe Offb 5,5), der König der Könige. Der Teufel streift umher *wie* ein brüllender Löwe, gibt sich als Jesus aus und versucht, dich durch die Vorstellung einzuschüchtern, Gott sei zornig auf dich. Der Teufel ist ein Blender! Er möchte, dass du dich von Jesus fern und getrennt fühlst. Er möchte dich denken lassen, dass Jesus sagt: »Ich bin nicht zufrieden mit dir. Ich bin sogar total enttäuscht von dir. Wie konntest du nur so einen Fehler machen?« Mein Freund, wenn du merkst, dass du solche Gedanken hast, solltest du wissen, dass das nicht Jesus ist. Jesus sagt so etwas nicht.

Angst und Liebe können nicht nebeneinander bestehen

Leider tappen viele wohlmeinende und aufrichtige Christen in die Falle des Teufels und glauben fälschlicherweise irgendwann, Gott sei enttäuscht von ihnen und zornig auf sie. Deshalb fühlen sie sich wie Heuchler. Sie hören auf, in die Gemeinde zu gehen, in der Bibel zu lesen, sich Predigten anzuhören und im Gebet mit Gott zu sprechen – nicht, weil sie schlechte Menschen sind, sondern gerade weil sie sehr aufrichtige, verantwortungsbewusste Menschen sind, die glauben, dass Gott wirklich zornig auf sie ist.

Sie lieben den Herrn, aber sie glauben fälschlicherweise, Gott sei zornig auf sie, und fangen deshalb ganz bewusst an, ihm aus dem Weg zu gehen. Wenn das geschieht, weißt du, wer erfolgreich war? Der Teufel, der umherstreift wie ein brüllender Löwe.

Es gibt auch manche Christen, denen noch nicht einmal bewusst ist, dass sie vom Teufel angebrüllt werden. Sie glauben tatsächlich, dass sie Gottes Erwartungen nicht erfüllt und so seinen Zorn erregt haben. Sie führen ihr Leben in dem ständigen Versuch, diesen zornigen Gott zu besänftigen und zufriedenzustellen. Anstatt eine liebliche, vertraute Beziehung zu Jesus zu genießen, haben sie auf ihrem Weg mit Gott immer das Gefühl, auf rohen Eiern zu laufen.

Wenn du schon einmal solche Gedanken in Bezug auf Gott hattest, möchte ich dich an dem folgenden wichtigen Prinzip teilhaben lassen. Unterstreiche es hier im Buch oder schreibe es dir heraus:

Angst und Liebe können in einer gesunden Beziehung nicht nebeneinander bestehen.
Unsicherheit und Liebe können in einer echten Liebesbeziehung nicht nebeneinander bestehen.

Nehmen wir zum Beispiel die Beziehung, die wir zu unseren Kindern haben. Sicherlich wirst du deine Kinder von Zeit zu Zeit auch korrigieren und anleiten müssen. Was du aber nicht willst, ist, dass deine Kinder Angst vor dir haben oder sich deiner Liebe und Annahme nicht sicher sind. Angst und Unsicherheit führen nur zu Hass. Wenn deine Kinder Angst vor dir haben, werden sie dich als Heranwachsende hassen. Also, das ist mit Sicherheit nicht die Art von Beziehung, die Gott sich zu dir und mir – seinen Kindern – wünscht.

Was wünscht sich unser himmlischer Vater, was soll uns in unserer Beziehung zu ihm bewusst sein? Schauen wir uns den Rest von Sprüche 19,12 an: »aber seine [des Königs] Gnade ist wie der Tau auf dem Gras.« Gott möchte, dass du als sein geliebtes Kind in dem starken Bewusstsein seiner Gunst, seiner Annahme und seiner Liebe lebst, die dich bedecken wie der Tau das Gras. Da Jesus das Urteil für alle deine Sünden empfangen hat, kannst du dein Leben jeden Tag in dem Bewusstsein führen, nicht unter Gottes Gericht, sondern in seiner Gunst zu stehen.

Gott möchte, dass du als sein geliebtes Kind in dem starken Bewusstsein seiner Gunst, seiner Annahme und seiner Liebe lebst.

Die richtige Furcht des Herrn

Ich kann hören, wie du dich fragst: »Aber was ist denn mit der Furcht des Herrn? Was war denn in der Bibel mit Hananias und Saphira?«

Das sind gute Fragen, mein Freund.

Die erste Frage habe ich bereits in meinem Buch *Unverdiente Gunst*[15] beantwortet. Ich werde auch noch mal in Kapitel 15 näher darauf eingehen. An dieser Stelle möge der Hinweis genügen, dass es bei der »Furcht des Herrn« im neuen Bund der Gnade darum geht, Gott als Gott in unserem Leben zu ehren, anzubeten und zu würdigen. »Furcht« bedeutet hier nicht, von Angst erfüllt zu sein oder sich vor Gott zu ängstigen und sich von ihm bedroht zu fühlen. Stell dir einfach die Frage: Welches Verständnis von Gott hallt in deinem Geist nach? Ein liebender Jesus, der alles für dich aufgab, oder ein zorniger Gott, der ständig nach Gelegenheiten sucht, um dich zu richten, zu verdammen und zu bestrafen? Der Heilige Geist, der in dir lebt, wird dir einen Gott der Liebe zeigen, während der Teufel dir den Zorn des Königs vormachen und jede Gelegenheit dazu nutzen wird, dich anzubrüllen.

Was Hananias und Saphira angeht, kannst du sicher sein, dass sie *keine* Christen waren. Sie waren Hochstapler, die in die Urgemeinde kamen, um Gottes Volk in finanzieller Hinsicht zu verführen. Doch wie ein guter Hirte schützt der Herr seine Schafe vor den Wölfen, die seine Schafe belästigen und ausnehmen wollen. Die Geschichte von Hananias und Saphira sollte bei dir keine Furcht vor Gott auslösen, sondern dir vielmehr die Gewissheit geben, dass er auf dich aufpasst und dich vor denen schützt, die Böses über dich bringen wollen. Diese Geschichte zeigt uns nicht Gottes Zorn auf sein Volk[16], sondern Gottes Schutz. Wenn du glaubst, dass Gott dich bestrafen oder wie Hananias und Saphira töten wird, dann wurdest du vom Teufel angebrüllt.

Jahrzehntelang wurde Gott durch den Teufel als zorniger Gott dargestellt. Dabei haben ihm leider viele Bibellehrer unwissentlich geholfen, weil sie das Bild eines Gottes propagierten, der voller Zorn ist. Diese Beschreibung von Gott ist ein Irrtum. Wir stehen jetzt unter dem neuen Bund der Gnade, und du wirst nicht eine einzige Stelle im Neuen Testament finden können, in der es heißt, dass Gott aufgrund ihrer Sünden zornig auf Christen ist. Du müsstest schon im Alten Testament nach Versen suchen, in denen von Gottes Zorn auf die Sünden seines Volkes die Rede ist.

Wenn Gott nicht zornig auf uns ist, bedeutet das auch, dass es keine Korrektur Gottes in unserem Leben gibt? Gibt es unter dem neuen Bund der Gnade überhaupt noch Korrektur und Unterweisung durch das Wort Gottes? Unbedingt. Was aber seinen Zorn auf dich und deine Sünde betrifft – all das wurde ein für alle Mal am Kreuz bereinigt. Ich garantiere dir, wenn du mit all deinen Problemen, deinem Versagen und deinen Kämpfen in die liebliche Gegenwart Jesu kommst, wird er dich nicht anbrüllen. Er wird dich lieben, sodass du heil und frei von all deinen Ängsten, Schuldgefühlen und Süchten wirst. Jesus ist das Ende all deiner Kämpfe!

Jesus ist das Ende all deiner Kämpfe!

Warum Gott nicht zornig auf dich ist

Da Gottes vollkommene Liebe die Antwort auf die Probleme deines Lebens ist, tut der Teufel, was er kann, um dich an Gottes Liebe zweifeln zu lassen und dich von ihr fernzuhalten. Er weiß, dass du Gott meiden wirst, wenn du denkst, dass er zornig auf dich ist – genauso wie du jemandem aus dem Weg gehen würdest, dem du Geld schuldest. Solange dir deine Schulden auf dem Gewissen liegen, wirst du dich in der Anwesenheit deines Schuldners nie entspannt und gelöst fühlen können.

Das Großartige an Jesus ist, dass er für die Sündenschuld deines ganzen Lebens nicht nur bezahlt hat, sondern sie sogar *überzahlt* hat. Im Gegensatz zu den Hohenpriestern des Alten Testaments hat er nicht das Blut von Stieren und Ziegen geopfert, um für deine Schulden zu bezahlen. Dieser Hohepriester bezahlte deine Sünden mit seinem eigenen, vollkommenen und sündlosen Blut. Gott wurde gegenüber der Sünde unter der Gnade nicht nachsichtig! Auf keinen Fall. Er opferte seinen einzigen Sohn, Jesus, der eine vollkommene Überzahlung deiner Sünden ist.

Es ist so, als hätte Jesus deine Schulden in Höhe von einer Million Dollar mit einer Milliarde Dollar beglichen. Die Wahrheit lautet: Wenn du wüsstest, wer Jesus ist und du den Wert des Sohnes Gottes kennen würdest, dann wüsstest du auch, dass seine Zahlung am Kreuz mehr als eine Milliarde Dollar wert war. Es ist eine Zahlung, die die Sünden deines ganzen Lebens ausgelöscht hat – die der Vergangenheit, die der Gegenwart und die der Zukunft, und das ein für alle Mal! Es gibt keine Sündenkluft mehr, die dich und Gott voneinander trennt. Denn das blutbefleckte Kreuz hat sie überbrückt.

Es gibt keine Sündenkluft mehr, die dich und Gott voneinander trennt. Denn das blutbefleckte Kreuz hat sie überbrückt.

Glaube, dass Gott nicht zornig auf dich ist

Das ganze 53. Kapitel des Buches Jesaja im Alten Testament beschreibt, was Jesus auf Golgatha vollbracht hat – sein Werk am Kreuz war so wirkungsvoll, dass Gott im nächsten Kapitel sagt:

> *»Wie ich zur Zeit Noahs geschworen habe, dass ich die Erde nie mehr überfluten will, so schwöre ich jetzt, dass ich dir nie mehr zürnen und nie mehr drohen werde. Auch wenn Berge weichen und Hügel beben, soll meine Gnade nicht von dir gehen; und der Bund meines Friedens soll niemals wanken«, spricht der Herr, der Erbarmen mit dir hat. – Jesaja 54,9–10*

Lieber Freund, es ist an der Zeit, dass du aufhörst, auf das Brüllen des vermeintlichen Löwen zu hören. Fange stattdessen an, Gott als deinen himmlischen Vater zu sehen, der dich mit einer bedingungslosen Liebe liebt und dich niemals verlassen oder aufgeben wird, egal, was auch geschehen mag.

Den folgenden Brief erhielt ich von Lorraine aus Louisiana. Ich werde ihn für sich selbst sprechen lassen, während du tief in dein Herz sinken lässt, wie ein Mensch vollkommen verändert werden kann, wenn er nur die richtigen Dinge über unseren himmlischen Vater glaubt. Mir bleibt nur zu sagen: »*Halleluja!*«

> *Ich habe Jesus mein Leben gegeben, als ich aufs College ging, und bin so seit 22 Jahren eine wiedergeborene Christin. Heute, im Alter von 44 Jahren, habe ich einen wunderbaren Ehemann und eine hübsche eineinhalbjährige Tochter. Ich liebe mein Leben!*
>
> *Solange ich denken kann, habe ich Jesus geliebt. Da ich aber glaubte, Gott sei ständig zornig auf mich, hatte ich mein ganzes Leben lang Schuldgefühle. Ich hatte immer das Gefühl, dass ich es nicht schaffte, genügend »richtige« oder »gute« Dinge zu tun. Nachdem ich Jesus mein Leben gegeben hatte, wurde dieses Gefühl, nicht gut genug zu sein, sogar noch schlimmer. Ich empfand eine noch größere Verantwortung, einem höheren Maßstab zu entsprechen, um vor Gott gerecht zu sein. Ständig tat ich Buße, hatte immer das Gefühl, etwas falsch gemacht zu haben, und mein Bestes schien nie gut genug zu sein.*
>
> *Ich bin gerade dabei, »Zur Herrschaft bestimmt« zu lesen, und bin bisher nur bis Kapitel 9 gekommen. Ich muss dieses Buch einfach sehr, sehr langsam lesen, um seinen Inhalt wirklich in mich aufzunehmen. Ich kann Ihnen gar nicht sa-*

gen, wie sehr sich mein Leben verändert hat, seitdem ich anfing, Ihr Buch zu lesen.

Erst als ich mit dem Lesen begann, fühlte ich mich von der Last befreit, nicht gut genug zu sein. Es hat die Fundamente meiner Welt erschüttert und die Unsicherheit aufgelöst, die ich wegen Jesus und seiner Liebe zu mir hatte.

44 Jahre voller Leid und qualvollen Gedanken sind wie AUSGELÖSCHT. Ich bin für immer VERÄNDERT. Mir wurde vergeben. Ich kann einfach nicht weiterlesen, ohne dem Herrn immer wieder für Sie zu danken und dafür, dass er Ihnen die Botschaft der Gnade gegeben hat, um sie auf der ganzen Welt zu verbreiten.

Ist es nicht einfach herrlich zu sehen, wie durch den richtigen Glauben Jahre voller Leid und qualvoller Gedanken getilgt, und durch andauernde, freimachende Veränderung ersetzt werden?

Gott ist nicht zornig auf dich, er ist verrückt nach dir.

Genau darum geht es, mein Freund. Die Schlacht um deine Gedanken gewinnst du allein durch deine Freiheit in Jesus Christus, deinem Herrn und Retter. Sei gegründet in seiner Liebe zu dir. Lege die ganze Waffenrüstung Gottes an und lass nicht zu, dass irgendein falscher Glaubensinhalt dich eines Lebens voller Freude und Frieden beraubt. Erinnere dich daran: Gott ist nicht zornig auf dich, er ist verrückt nach dir.

TEIL 5

WERDE FREI VON SELBSTBEZOGENHEIT

KAPITEL 13

WERDE FREI VON SELBSTBEZOGENHEIT

Während wir tiefer in die Kraft des richtigen Glaubens eindringen, möchte ich dir einige praktische Wege aufzeigen, wie du durch die Erneuerung deines Denkens verändert werden kannst. Beim richtigen Glauben dreht sich alles um die Erneuerung deines Denkens und das Ausmerzen der falschen Glaubensinhalte, die dein Denken und Handeln prägen. Deshalb heißt es im Wort Gottes: »Und passt euch nicht diesem Weltlauf an, sondern lasst euch [in eurem Wesen] verwandeln durch die Erneuerung eures Sinnes, damit ihr prüfen könnt, was der gute und wohlgefällige und vollkommene Wille Gottes ist« (Röm 12,2). Ich mag auch die Übersetzung der *Neues Leben Bibel*: »Deshalb orientiert euch nicht am Verhalten und an den Gewohnheiten dieser Welt, sondern lasst euch von Gott durch Veränderung eurer Denkweise in neue Menschen verwandeln.«

»Lasst euch von Gott durch Veränderung eurer Denkweise in neue Menschen verwandeln.«

Wir wollen Freiheit statt Gebundenheit haben, Freude statt Angst und Frieden statt Sorge. Deshalb müssen wir Gott erlauben, uns zu verwandeln. Indem er die Art unseres Denkens verändert, wird unser Verstand durch die Kraft des richtigen Glaubens erneuert.

Es geht hier nicht um eine bloße Verhaltensanpassung, die nur rein äußerlich erfolgt. Wir sprechen hier davon, vom Herrn völlig von innen heraus verwandelt zu werden. Eine bloße Verhaltensänderung, die durch deine Selbstdisziplin, deine eigenen Bemühungen und deine Willenskraft aufrechterhalten wird, funktioniert nur solange, wie du dich darum bemühst. Wir sprechen jedoch von einer Veränderung aufgrund einer inneren Verwandlung des Herzens, die durch die Kraft und Liebe unseres Herrn und Retters Jesus Christus aufrechterhalten wird. Seine Kraft und Gnade wirken am besten, wenn wir aufhören, uns abzumühen, und uns von ganzem Herzen von ihm abhängig machen.

Erneuere dein Denken – sei Christus-bezogen

Gott möchte unsere Art zu denken verändern, indem er unsere Gedanken von Selbst-Bezogenheit auf Christus-Bezogenheit lenkt. Wir neigen als Menschen dazu, uns auf uns selbst zu konzentrieren. Anders ausgedrückt haben wir den Hang zu übermäßiger Nabelschau und sind anfällig dafür, uns mit uns selbst, anstatt mit Jesus zu beschäftigen.

Oft ist uns noch nicht einmal bewusst, dass wir selbstbezogen sind. Dies könnte gerade jetzt bei dir der Fall sein. Du glaubst nicht, dass du dazu neigst, selbstbezogen zu sein? Okay, nehmen wir an, du siehst dir ein Foto an, auf dem einige Menschen zu sehen sind, darunter auch du selbst. Nach wem suchst du als erstes?

Nach deiner Schwiegermutter? Natürlich nicht. Du suchst nach dir selbst.

Ob es dir gefällt oder nicht, bis zu einem gewissen Grad sind wir alle selbstbezogen. Natürlich stellt es kein großes Problem dar, wenn man auf einem Gruppenfoto zuerst sich selbst sucht – das tun die meisten von uns. Problematisch wird es aber, wenn unsere Gedanken sich nur um »ich«, »ich«, »ich« und noch mehr »ich« drehen, während Jesus in unseren Gedanken nahezu gar nicht auftaucht.

Habe ich genug getan?

Was stimmt nicht mit mir?

Ich habe so viele Schwächen und Fehler!

Ich glaube, dass viele unserer größten Leiden, Probleme und Nöte daher rühren, dass wir »ich«-zentriert sind. Selbstzentriertheit ist oft der Grund für unser Scheitern und unsere Niederlagen. Wenn Menschen sich zu sehr mit sich selbst beschäftigen, werden sie von Gedanken gequält, niedergedrückt und unausweichlich auch depressiv. Der einzige Weg, von Selbst-Bezogenheit frei werden zu können, ist Christus-bezogen zu sein. Wir müssen uns auf den Einen konzentrieren, der größer ist als wir und der all unseren Lobpreis, unsere Verehrung und Anbetung verdient.

Der einzige Weg, von Selbst-Bezogenheit frei werden zu können, ist Christus-bezogen zu sein.

Das ist der Grund, warum Gott uns die Bibel gegeben hat. Sie ist kein Regelbuch, das uns sagt, was wir tun bzw. nicht tun sollen. Sie wurde uns gegeben, um uns die Schönheit des verherrlichten Menschen, Jesus Christus, zu offenbaren – damit wir, wenn unsere

Herzen völlig von ihm eingenommen und in ihn versunken sind, Frieden, Freiheit und Ruhe für unsere geplagten Seelen finden.

Jesus sagt: »Kommt alle her zu mir, die ihr müde seid und schwere Lasten tragt, ich will euch Ruhe schenken« (Mt 11,28). Beachte bitte, dass er nicht sagt: »Kommt zu mir, nachdem ihr euer Herz geprüft habt.« Er sagt nur: »Kommt zu mir …, ich will euch Ruhe schenken.« Du musst nicht perfekt sein, um zu Jesus zu kommen. Er möchte, dass du so kommst, wie du bist – mit all deinen Gebundenheiten, Süchten und Fehlern, und er wird dir Ruhe von allen deinen Schwierigkeiten schenken.

Jesus wird dir Ruhe von allen deinen Schwierigkeiten schenken.

Wenn du auf Christus bezogen bist, werden dich die Dinge, die die Welt gefangen nehmen, zunehmend unbeeindruckt lassen. Es kommt nicht mehr darauf an, was man über dich sagt oder denkt. Du bist nicht mehr abhängig von der guten Meinung und Akzeptanz anderer Menschen, wenn du in der guten Meinung und Akzeptanz des allmächtigen Gottes, dem Schöpfer des Universums, gegründet bist und feststehst.

Das Problem der Selbstbezogenheit

Drehen sich deine Gedanken ständig darum, inwiefern du versagt hast, Fehler gemacht hast und völlig unwürdig bist? Das ist typisch für jemanden, der eindeutig selbstbezogen ist. Solche Gedanken erzeugen Minderwertigkeitskomplexe in einem Menschen. Man beginnt zu denken, dass man nicht so gut wie dieser Bruder oder jene Schwester im Herrn ist. Und man schimpft ständig mit sich selbst, indem man denkt: »Warum bin ich nur so ein Versager? Ich kann noch nicht einmal meine Gedanken kontrollieren. Was stimmt bloß nicht mit mir? Warum bin ich ständig so niedergeschlagen und deprimiert?«

Menschen, die unter Selbstbezogenheit leiden, verdammen sich selbst schnell. Ihr Verstand ist durch negatives Denken und Pessimismus vernebelt. Wenn sie zum Beispiel sehen, wie ihre Freunde miteinander reden und lachen, denken sie bei sich: »Sie lästern und lachen sicher über den Fehler, den ich letzte Woche gemacht habe.« In Wahrheit haben ihre Freunde sich nur über einen lustigen Film unterhalten, den sie am Wochenende gesehen haben. Doch da diese Menschen Gedanken der Minderwertigkeit förmlich horten, projizieren sie diese Gedanken und ihre Unsicherheit in jede Situation hinein, in der sie sich befinden. Das wiederum wirkt sich auf ihre Freundschaften und auf ihr Umfeld aus.

Doch Selbstbezogenheit zeigt seine wahre Hässlichkeit nicht nur in Form von Minderwertigkeitskomplexen. Sie kann auch in die Richtung gehen, dass sie sich in einem Überlegenheitskomplex äußert. Es gibt Menschen, die denken, sie wären immer besser als alle anderen. Sie sind schrecklich arrogant und überzeugt davon, dass sie mit ihrer Perspektive und Meinung immer richtig liegen. Kennst du auch so jemanden? So kann Selbstbezogenheit ebenfalls aussehen. Ob du dich nun überlegen oder minderwertig fühlst, dein Fokus liegt auf dir selbst, was letztendlich zu großem Schmerz, Elend und Kummer führt.

Solange unsere Gedanken nicht auf Christus bezogen sind, können wir alle uns manchmal minderwertig und ein anderes Mal stolz, arrogant und überlegen fühlen. Nur in Christus wirst du wahre Verwandlung erleben und weder in Stolz noch in falscher Demut leben. Beide Extreme sind das Resultat unseres menschlichen Fleisches.[17] Wenn wir selbstbezogen sind, wird unser Fleisch gestärkt, und dieses ist wirklich gemein. Kein Wunder, dass der Apostel Paulus sagt: »Ich weiß, dass in mir, das heißt in meinem Fleisch, nichts Gutes wohnt« (Röm 7,18 SLT).

Doch die gute Nachricht lautet: Wenn du Christus-bezogen bist, wird das Fleisch in dir unbedeutend, und ohne dass es dir bewusst ist, lebst du all die lieblichen, heilsamen und wunderbaren Eigenschaften Jesu aus. Die Frucht des Geistes, wie Liebe, Freude, Frieden und Freundlichkeit, fließt mühelos durch dich, wenn dein Denken erneuert und auf die Person Jesu ausgerichtet ist.

Es gibt einige religiöse Menschen, denen sehr unbehaglich wird, wenn ich das Wort »mühelos« verwende, und sie fragen mich: »Was meinen Sie damit, dass man sich keine Mühe geben muss?« Meine Antwort darauf ist einfach – ein gesunder Baum produziert gute Früchte ohne Mühe, Anstrengung oder Stress. Wenn du in den fruchtbaren Boden von Gottes Wort und seiner Gnade eingepflanzt bist, werden aus der Beziehung mit ihm heraus die Früchte der Gerechtigkeit mühelos wachsen. Das ist unvermeidlich! Du kannst genauso wenig seine Gnade berühren und nicht heilig werden, wie du Wasser berühren und dabei nicht nass werden kannst.

Wenn du in den fruchtbaren Boden von Gottes Wort und seiner Gnade eingepflanzt bist, werden aus der Beziehung mit ihm heraus die Früchte der Gerechtigkeit mühelos wachsen.

Übernatürliche Verwandlung

Wenn unser Denken mit Jesus beschäftigt ist, müssen wir nicht versuchen, demütig zu sein. In der Gegenwart unseres dienenden Königs werden unsere Herzen übernatürlich in sein dienendes Herz verändert. Oder anders ausgedrückt: Wenn du Zeit mit Jesus verbringst, wird alles, was er ist, auf dich abfärben. Deine Gedanken und Worte werden angefüllt sein mit dem Wohlgeruch seiner Gegenwart und Gnade. All deine Minderwertigkeit und Unsicherheit werden in seiner herrlichen Liebe für dich zerschmelzen. Es braucht Menschen, die wirklich sicher in Christus gegründet sind, um sich hingeben und anderen in aufrichtiger Demut dienen zu können.

In Christus und seiner Liebe mutig und kühn zu sein äußert sich ebenfalls nicht in fleischlichem Stolz und in Arroganz, sondern in völliger Abhängigkeit von dem allmächtigen Gott. Erinnere dich an den jungen David, der das Tal von Elah hinabrannte und den Riesen Goliat herausforderte, während sich die gut ausgebildeten und erwachsenen Männer der Armee Israels aus Angst versteckten. War das nur ein Ausdruck jugendlichen Draufgängertums oder echte Abhängigkeit von Gott?

Für ungeübte Augen mag David ausgesehen haben wie ein dreister Bengel. Besonders, weil der Verlierer dieses Mann-gegen-Mann-Kampfes die ganze Nation zu Sklaven des Gegners machen würde. Das Schicksal des ganzen Volkes Israel stand auf dem Spiel. Doch wir wissen, wo diese entschlossene Unverfrorenheit herrührte, wenn wir uns die Worte dieses Teenagers ansehen, die durch das Tal schallten: »Du trittst mir mit Schwert, Speer und Wurfspieß entgegen, ich aber komme im Namen des Herrn, des Allmächtigen – des Gottes des israelitischen Heeres, das du verhöhnt hast« (1Sam 17,45). Seinen Worten können wir entnehmen, dass der junge David sich eindeutig mit dem Herrn der Heerscharen, nicht mit sich selbst oder seine eigenen Fähigkeiten beschäftigte.

Wenn deine Gedanken sich mit dem Herrn befassen, wirst du zum Bezwinger von Riesen! Gibt es heute Riesen in deinem Leben, die bezwungen werden müssen? Beschäftige dich wie der junge David in deinem Denken mit dem Herrn und Gott wird dir den Mut und die Kühnheit geben, alle Widrigkeiten zu überwinden. Lies, was David in Psalm 18,30 sagt: »Mit dir kann ich ganze Armeen zerschlagen, mit dir überwinde ich jede Mauer.« Lass diese glaubensvollen und kühnen Worte in deinem Herzen Fuß fassen. Mit Gott an deiner Seite ist dir nichts unmöglich!

Wenn deine Gedanken sich mit dem Herrn befassen, wirst du zum Bezwinger von Riesen!

Halte deine Augen auf Jesus gerichtet

Christus-bezogen zu sein macht dich kühn, aber nicht überlegen, es macht dich demütig, aber nicht minderwertig. Klingt das nicht ganz nach unserem Herrn Jesus Christus? Das ist der Schlüssel zu wahrer Christus-Bezogenheit:

> *Wir alle aber, indem wir mit unverhülltem Angesicht die Herrlichkeit des Herrn anschauen wie in einem Spiegel, werden verwandelt in dasselbe Bild von Herrlichkeit zu Herrlichkeit, nämlich vom Geist des Herrn. – 2. Korinther 3,18* SLT

Je mehr du deinen Verstand, dein Denken und dein Herz auf Jesus gerichtet hältst, umso mehr wirst du von Herrlichkeit zu Herrlichkeit in sein Bild verwandelt.

Christus-bezogen zu sein macht dich kühn, aber nicht überlegen, macht dich demütig, aber nicht minderwertig.

Hör auf, auf dich selbst zu schauen! Hör auf, in negativen Gedanken über dich selbst zu verharren und dich schlecht zu fühlen. Wende deine Augen von dir ab und schau auf Jesus. Durch ihn wirst du frei von jeder Angst, Panikattacke, Bindung und Sucht.

In den vorangegangenen Kapiteln haben wir uns angesehen, wie du die Schlacht um deine Gedanken gewinnen kannst. Auch wenn der geistliche Kampf real ist und der Teufel dich in deinem Denken anzuklagen und zu verdammen versucht, möchte ich dich darauf hinweisen, dass nicht jeder schlechte Gedanke, den du hast, vom Teufel kommt. Charismatische Christen sind dafür berüchtigt, für alles dem Teufel die Schuld zu geben. Sie stoßen sich morgens ihren großen Zeh am Bettpfosten und denken, das wäre geistliche Kampfführung. Also bitte!

Geistlicher Kampf *existiert*, aber du solltest deine gottgegebene Unterscheidungskraft nutzen und nicht denken, dass jeder schlechte Gedanke, den du hast, vom Teufel kommt. Er ist ein bezwungener Feind und hat nicht so viel Macht und Einfluss in unserem Leben. Ich will damit sagen: Auch wenn es wichtig ist zu erkennen, dass es eine Schlacht um unsere Gedanken gibt und wir uns der Gedankenmanipulationen des Feindes bewusst sein sollten, darf unser Hauptaugenmerk niemals dem Feind gelten.

Unser Hauptaugenmerk und zentraler Mittelpunkt ist Jesus, und zwar Jesus allein. Gott möchte nicht, dass wir in unseren Gedanken vom Teufel oder von uns und unserem Fleisch vereinnahmt sind. Er möchte, dass unsere Gedanken sich um Jesus drehen. Jesus ist die Antwort auf all unseren Schmerz, unsere Probleme und Nöte.

Verstehe das Fleisch

Das Fleisch in uns kann eine ganze Bandbreite von Emotionen und Gedanken in uns erzeugen – von Ablehnung, Neid, Gier und Lust bis hin zu Zorn, Minderwertigkeit, Verdammnis und Hochmut. Solange wir in diesem physischen Körper sind, ist das Fleisch aktiv in uns.

Doch wir dürfen uns freuen, weil das Wort Gottes uns sagt, dass Jesus »die Sünde im Fleisch verurteilte« (Röm 8,3 SLT), als er am Kreuz starb. Alle negativen Gedanken und schlechten Gefühle, die durch das Fleisch hervorgerufen werden, sind bereits am Kreuz verurteilt und bestraft worden. Heute können wir durch die Kraft des Kreuzes im Sieg über das Fleisch leben.

Du kannst alles über den Kampf des Apostel Paulus mit dem Fleisch in Römer 7,18–19 (SLT) nachlesen: »Denn *ich* weiß, dass in *mir*, das heißt in *meinem* Fleisch, nichts Gutes wohnt; das Wollen ist zwar bei *mir* vorhanden, aber das Vollbringen des Guten gelingt *mir* nicht. Denn *ich* tue nicht das Gute, das *ich* will, sondern das Böse, das *ich* nicht will, das verübe *ich*.«

Ist dir aufgefallen, wie oft die Worte »ich«, »mir« und »meinem« in diesen kurzen zwei Versen auftauchen? Ich bin mir sicher, dass sich viele mit Paulus in seinem hier beschriebenen Kampf gegen das Fleisch identifizieren können. Es ist der Kampf, dem wir alle uns gegenübersehen, wenn wir uns mit uns selbst befassen und das Fleisch in uns bekämpfen wollen. Das ist ein Leben voller Qual, Angst, Niederlage und Verzweiflung.

Mein Freund, Gott möchte nicht, dass du solch ein Leben führst. Ein Christ lebt nicht mehr im 7. Kapitel des Römerbriefes. Durch Jesus Christus sollten wir stattdessen im 8. Kapitel des Römerbriefes leben. Lass uns weiterlesen und entdecken, wie Paulus von dieser Ich-Gefangenschaft frei wurde.

Nur wenige Verse weiter ruft Paulus nämlich aus: »Ich elender Mensch! Wer wird mich erlösen von diesem Todesleib?« (Röm 7,24 SLT). Mein Freund, die Antwort liegt in einer *Person* und Paulus sagt uns, dass diese Person Jesus ist: »Ich danke Gott durch Jesus Christus, unseren Herrn!« (Röm 7,25 SLT).

Nur unser wunderbarer Retter, Jesus Christus, kann uns vom Fleisch befreien. Und in Christus können wir diesen ersten Vers von Römer 8 für uns in Anspruch nehmen, der erklärt: »So gibt es jetzt keine Verdammnis mehr für die, welche in Christus Jesus sind.« So sollten wir als Gläubige im neuen Bund leben – nicht im Wirkungsbereich von ständigem Kampf und Verzweiflung, sondern in dem Wirkungsbereich, in dem es keine Verdammnis mehr gibt, und im Sieg.

Jedes Mal, wenn dir ein schlechter Gedanke, ein übles Bild oder eine Versuchung durch den Kopf geht, sieh dich selbst in Christus, in dem es absolut keine Verdammnis gibt. Ich liebe das 8. Kapitel des Römerbriefes, weil es damit beginnt, dass es in Christus keine Verdammnis gibt, und damit endet, dass uns nichts von der Liebe in Christus trennen kann:

Kann uns noch irgendetwas von der Liebe Christi trennen? Wenn wir vielleicht in Not oder Angst geraten, verfolgt werden, hungern, frieren, in Gefahr sind oder sogar vom Tod be-

droht werden? … Aber trotz all dem tragen wir einen überwältigenden Sieg davon durch Christus, der uns geliebt hat. Ich bin überzeugt: Nichts kann uns von seiner Liebe trennen. Weder Tod noch Leben, weder Engel noch Mächte, weder unsere Ängste in der Gegenwart noch unsere Sorgen um die Zukunft, ja nicht einmal die Mächte der Hölle können uns von der Liebe Gottes trennen. Und wären wir hoch über dem Himmel oder befänden uns in den tiefsten Tiefen des Ozeans, nichts und niemand in der ganzen Schöpfung kann uns von der Liebe Gottes trennen, die in Christus Jesus, unserem Herrn, erschienen ist. – Römer 8,35.37–39

Nichts wird dich von der Liebe Christi trennen können. Deshalb will Gott auch nicht, dass du unter einer dunklen Wolke von Schuldgefühlen und Verdammnis lebst. Er hat dich in Christus schon zu mehr als einem Überwinder gemacht. Der Sieg wurde bereits am Kreuz errungen. Selbstbezogenheit, wie sie in Römer 7 veranschaulicht wird, hält dich davon ab, das Leben zu genießen, das Gott dir geschenkt hat. Sie wird dir vielmehr ständig ins Gedächtnis rufen, wo du versagt hast und hinter den Erwartungen zurückgeblieben bist.

Nichts wird dich von der Liebe Christi trennen können.

Freiheit von Verdammnis

Bist du schon einmal Menschen begegnet, die ständig niedergeschlagen und deprimiert sind? Sie können auf Hawaii sein, umgeben von sich sanft im Wind wiegenden Palmen, Meeresrauschen und mit Blick auf den schönsten Sonnenuntergang, und doch in ihren eigenen depressiven Gedanken festhängen.

Wenn dir das bekannt vorkommt, möchte ich dich wissen lassen: Gott will dich von diesem leidvollen Dasein befreien. Wenn dein Herz und dein Verstand von Jesus erfüllt sind, hat das Fleisch keine Macht über dich. Schlechte Gedanken, Begierden und Emotionen können zwar versuchen, dich zu belästigen. Doch wenn dein Herz und dein Verstand sich mit Jesus befassen, haben diese fleischlichen Gedanken und Emotionen dich nicht in der Hand und perlen an dir ab wie das Wasser vom Gefieder einer Ente.

Du wirst dich noch nicht einmal schuldig oder verdammt fühlen, wenn du solche Gedanken und Gefühle hast, weil du weißt, dass du dich in Christus nicht mit dem Fleisch identifizieren musst. Jesus ist deine neue Identität – nicht das Fleisch. Lass mich dir das in der Bibel zeigen. Das Wort Gottes erklärt: »Die aber Christus angehören, die haben das Fleisch gekreuzigt samt den Leidenschaften und Lüsten« (Gal 5,24 SLT).

Du bist nicht das Fleisch, weil es mit Jesus am Kreuz gekreuzigt wurde. Du bist eine neue Schöpfung in Christus – das Alte ist vergangen, Neues ist geworden (siehe 2Kor 5,17 ELB). Wenn die alten Lüste und Gedanken versuchen, in dein Bewusstsein zurückzukehren, beschäftige dich nicht mit ihnen. Schaue auf Jesus und halte dir vor Augen, dass all diese Dinge ans Kreuz geschlagen wurden. Empfange aufs Neue das Geschenk, nicht mehr verurteilt zu werden.

Schaue auf das Lamm Gottes

Ich will dir Mut machen, jeden Tag mit folgendem Gedanken zu beginnen: »Gott liebt mich und gab seinen einzigen Sohn für mich hin. Jesus steht heute ganz hinter mir. In Christus, dem Geliebten, bin ich gerettet, geheilt, begünstigt und angenommen.«

Beginne deinen Tag damit, dich in deinen Gedanken mit Jesus zu befassen. Ich selbst habe mir eine Zeit lang noch vor dem Aufstehen immer wieder vorgesagt: »Ich bin die Gerechtigkeit Gottes in Christus.« An manchen Tagen habe ich das morgens mehr als fünfzig Mal wiederholt. Ich wollte, dass es nicht nur Worte in meinem Kopf waren, sondern eine Offenbarung, die in meinem Herzen pulsiert. Ich wollte einen unerschütterlichen Glauben daran haben, dass Gott *für* mich und *mit* mir ist – und zwar noch bevor ich überhaupt aufstand. Aus eigener Erfahrung kann ich dir sagen, wenn du dich in Gedanken mit Jesus befasst, wird jeder Kampf, jede Angst und jede Bindung, in die du verstrickt bist, die Macht über dich verlieren!

Beginne deinen Tag damit, dich in deinen Gedanken mit Jesus zu befassen.

Im Alten Testament ist ein schönes Bild für Jesus verborgen. Gott wusste, dass es für die Kinder Israels unter dem alten Bund des Gesetzes unmöglich war, durch das Gesetz vollkommen zu werden. Also schuf er einen Ausweg. Er sagte ihnen, wenn sie gesündigt hatten, sollten sie ein Lamm ohne Makel, Fehler oder Flecken zum Priester bringen. Wenn also ein Mensch, der gesündigt hatte, ein Lamm zum Priester brachte, untersuchte der Priester nicht den Menschen, um zu sehen, ob er makellos (d. h. ohne Sünde) war – der Priester wusste bereits, dass dieser Mensch zu ihm kam, weil er gesündigt hatte. Daher untersuchte der Priester das Lamm.

Wenn das Lamm tatsächlich makellos war, legte die Person, die gesündigt hatte, ihre Hände auf das Lamm und übertrug ihre Sünden symbolisch auf das unschuldige Lamm. Parallel dazu übertrugen sich die Unschuld und Makellosigkeit des Lammes auf den Menschen. Das Schaf wurde anschließend getötet und der Mensch ging mit einem reinen Gewissen und vergebener Sündenschuld davon. Danach konnte er wieder unter dem geöffneten Himmel von Gottes Gunst und Segen leben.

Kannst du in diesem alttestamentlichen Ritual, das Gott im Gesetz festgeschrieben hatte, Jesus entdecken?

Das Lamm ohne Makel oder Fehler ist ein Bild für das vollkommene Lamm Gottes, Jesus Christus höchstpersönlich, das die Sünden der Welt wegnimmt. Der Priester ist ein Bild für Gott. Er sucht nicht dich nach deinen Sünden ab. Stattdessen untersucht er Jesus, und da Jesus auf herrliche Weise vollkommen ist, kannst du heute mit reinem Gewissen und in dem Bewusstsein leben, dass dir all deine Sünden vergeben wurden. Du kannst unter einem offenen Himmel deines Weges gehen und darfst Gottes Gunst und Segen in deinem Leben erwarten. Was für ein herrliches Bild für Gottes überfließende und verschwenderische Gnade!

Wenn Gott dich heute also nicht mehr begutachtet, warum nimmst du deine Gedanken, Gefühle, Fehler und dein Versagen dann ständig selbst unter die Lupe und drehst dich um dich selbst? Vertrau mir, je länger du dich selbst kritisch untersuchst, umso mehr Unvollkommenheit, Makel, Flecken und Falten wirst du finden. Wende deine Augen von dir ab und höre auf mit dieser Nabelschau! Schau auf Jesus, das Lamm Gottes, und erkenne, dass seine Vollkommenheit deine Vollkommenheit ist. Sieh seine Unschuld als deine Unschuld und seine Gerechtigkeit als deine Gerechtigkeit an. Befasse dich in deinen Gedanken mit ihm und lasse dich von innen heraus verändern.

KAPITEL 14

JESUS, SEI DAS ZENTRUM VON ALLEM

Als die beiden Jünger ihre elf Kilometer lange Reise von Jerusalem zu einem Dorf namens Emmaus antraten, sprachen sie mit schweren Herzen über die Ereignisse der vergangenen drei Tage. Voller Kummer und zutiefst erschüttert riefen sie sich ins Gedächtnis, wie Jesus, den sie so sehr bewundert hatten, von den geistlichen Führern ergriffen, zum Tode verurteilt und gekreuzigt worden war.

Während sie auf ihrem Weg nach Emmaus diese Ereignisse diskutierten, gesellte sich der auferstandene Jesus zu ihnen, ließ sie aber nicht erkennen, wer er war. Da er ihre traurigen und bestürzten Gesichter sah, fragte er sie: »Worüber diskutiert ihr so angespannt auf eurem Weg? Und warum seid ihr so traurig?«

Kleopas, einer der beiden Jünger, konnte kaum glauben, dass dieser Fremde eine dermaßen unwissende Frage stellte und fuhr ihn an: »Hast du etwa in einer Höhle gelebt? Du bist wohl der Einzige in ganz Jerusalem, der nichts von den schrecklichen Dingen mitbekommen hat, die gerade erst passiert sind.«

Dann berichtete Kleopas von den Ereignissen, die schließlich zu Jesu Kreuzigung geführt hatten. Mit enttäuschter Stimme erzählte er, wie sie gehofft hatten, Jesus wäre der, der Israel erlösen würde. Er ließ dabei auch die merkwürdige Geschichte nicht aus, die er von den Frauen gehört hatte, die früh am Morgen zum Grab gegangen waren und es leer vorgefunden hatten. Er wiederholte auch deren ungeheuerlichen Behauptungen, sie hätten eine Vision von Engeln gehabt, die ihnen verkündeten, dass Jesus lebte.

Jesus, der Kleopas' Unglauben hörte, wies ihn und den anderen Jünger sanft zurecht: »Was seid ihr doch für unverständige Leute! Es fällt euch so schwer zu glauben, was die Propheten in der Schrift gesagt haben« (Lk 24,25). Da er ihre Überraschung sah, sprach er weiter: »Haben sie nicht angekündigt, dass der Christus alle diese Dinge erleiden muss, bevor er verherrlicht wird?« (Lk 24,26). Jesus bezog sich auf die vielen biblischen Prophetien und Bilder, die das Kreuz voraussagten – dass der Messias leiden und einen teuren Preis für die Sünden und Verfehlungen der Menschheit bezahlen würde.

Da Jesus die irrigen Annahmen der beiden Jünger direkt miterlebte, begann er »bei Mose und den Propheten und erklärte ihnen alles, was in der Schrift über ihn geschrieben stand« (Lk 24,27), während sie gemeinsam die elf Kilometer nach Emmaus gingen.

Eine außergewöhnliche Begegnung

Ich liebe es, wie detailliert der Heilige Geist uns hier von diesem Treffen berichtet, das Jesus mit den beiden Jüngern auf dem Weg nach Emmaus hatte. Da dieses Treffen am ersten Tag seiner Auferstehung stattfand, muss es ihm sehr wichtig gewesen sein, ihnen zu begegnen. Es ist auch der erste Bericht davon, wie er aus der Heiligen Schrift lehrte, nachdem er das Grab überwunden hatte.

Daher war dies kein gewöhnliches Treffen, und Gott hat in dieser Geschichte so viele kostbare Schätze für uns verborgen. In der Bibel heißt es: »Es ist Gottes Ehre, eine Sache zu verbergen, aber die Ehre der Könige, eine Sache zu erforschen« (Spr 25,2 SLT). Schauen wir uns also diesen Bericht über die Reise nach Emmaus und die ersten Worte des auferstandenen Christus näher an.

Befasse dich in deinen Gedanken mit Jesus

Wir haben bereits festgestellt, wie quälend Selbstbezogenheit sein kann, und dass wir von unserem Ich nur dann befreit werden können, wenn wir Christus-zentriert werden. Anhand dieser biblischen Geschichte möchte ich dir zeigen, wie du Jesus in Gottes Wort entdecken und dich in deinen Gedanken ganz praktisch mit deinem liebenden Retter beschäftigen kannst.

Als erstes ist anzumerken, dass die beiden Jünger sich in ihrem eigenen Verständnis der Ereignisse und in ihren Überlegungen zur Erlösung Israels verfangen hatten. Folglich waren sie niedergeschlagen, enttäuscht und deprimiert. Das spiegelt wieder, was geschieht, wenn nicht die Wahrheit Jesu unser Denken prägt.

Die Jünger hatten gehofft, dass Jesus der Eine wäre, der Israel erlösen würde. Für sie war Jesus schlicht ein Mittel zum Zweck. Es ging ihnen mehr um Israels Erlösung als um den Erlöser selbst. Kein Wunder, dass sie niedergeschlagen waren! Jesus kann nie ein bloßes Mittel zum Zweck sein, egal, um welches edle Anliegen es sich auch handeln mag. Wir müssen auf ihn ausgerichtet sein und zulassen, dass er den Mittelpunkt unseres Lebens einnimmt, um den sich alles andere dreht.

Wenn du heute Angst oder Sorgen hast oder deprimiert bist, dann mach folgenden Schnelltest: Was geht dir durch den Kopf?

Womit beschäftigt sich dein Herz? Sind deine Gedanken erfüllt mit Glauben an Jesus, den Hirten deines Lebens? Oder sind sie voller Besorgnis um deine Zukunft, voller Ängste über deine gegenwärtige Situation und voll von übermäßiger Selbstbetrachtung?

Sind deine Gedanken erfüllt mit Glauben an Jesus, den Hirten deines Lebens? Oder sind sie voller Besorgnis um deine Zukunft, voller Ängste über deine gegenwärtige Situation und voll von übermäßiger Selbstbetrachtung?

Die Jünger waren niedergeschlagen, weil sie nicht an das glaubten, was Gottes Wort über das Leiden und die Auferstehung Jesu vorausgesagt hatte. Hätten sie geglaubt und verstanden, dass die Ereignisse der vergangenen drei Tage allesamt von Gott so abgestimmt worden waren und das Kreuz sein großer Erlösungsplan für alle Menschen war, wären sie außer sich vor Freude und mit Liebe und Hoffnung erfüllt gewesen. Sie hätten voller Freude erwartet, den auferstandenen Christus bald wiederzusehen, anstatt so selbstbezogen und entmutigt zu sein. Doch aufgrund ihrer irrigen Annahmen waren sie desillusioniert und psychisch am Ende.

Es ist daher kein Wunder, dass Jesus zu ihnen sagte: »O ihr Toren, zu trägen Herzens, all dem zu glauben, was die Propheten geredet haben!« (Lk 24,25 LUT). Mir ist es wichtig, an dieser Stelle zu betonen, dass das Wort »Toren« hier das griechische Wort *anoetos* ist, was »unverständig, unvernünftig«[18] bedeutet. Als Jesus hingegen die Pharisäer in Matthäus 23,17 als »Toren« bezeichnete, gebrauchte er das griechische Wort *moros*, was »töricht, dumm«[19] bedeutet. Für die religiösen Pharisäer verwendete er also einen viel härteren Begriff. Jesus benutzte keinen so harten Ausdruck, als er seine Jünger beschrieb oder Menschen, die völlig am Boden waren.

Er wies die Jünger also sanft zurecht: »Ihr *Unverständigen* und *Unvernünftigen*, die *träge im Herzen* sind, *zu glauben* ...« Ich glaube, es ist wichtig zu verstehen, dass Jesus diese Worte in einem liebevollen Tonfall sagte, weil er heute dieselben Worte zu uns sagt. Er erinnert uns sanft daran, dass auch wir (seine Jünger) eine Neigung zu diesen beiden Dingen haben: Sein Wort nicht zu verstehen und lange zu brauchen, bis wir diesem Glauben schenken.

Vorsicht vor Eifer ohne Erkenntnis

Es gibt heutzutage Christen, die entweder nicht wissen oder nicht verstehen, was Gottes Wort wirklich sagt. Und selbst wenn sie wissen, was sein Wort sagt, fällt es ihnen schwer, von Herzen zu glauben.

Der Grund, warum wir Gottes Wort studieren, ist nicht das bloße Anhäufen von Bibelwissen und historischen Fakten. Es geht darum, eine beständige Offenbarung über Jesus zu haben.

Mein Freund, Jesus möchte nicht, dass wir keine Ahnung von seinem Wort haben und aus Mangel an Erkenntnis Niederlagen erleben. Der Grund, warum wir Gottes Wort studieren, ist nicht das bloße Anhäufen von Bibelwissen und historischen Fakten. Es geht darum, eine beständige Offenbarung über Jesus zu haben. Und wie geht das? Wir können damit beginnen, den Heiligen Geist darum zu bitten. Wenn ich das Wort studiere, spreche ich oft das folgende einfache Gebet: »Heiliger Geist, bitte öffne meine Augen, damit ich heute Jesus in der Bibel erkenne.« Denn darum geht es – *Jesus zu sehen.*

Es gibt Menschen, die das Wort Gottes lesen und darin nicht Jesus, sondern nur Gesetze entdecken. Dadurch werden sie hart, gesetzlich und wie die Pharisäer. Paulus beschreibt dieses Phänomen im Römerbrief: »Denn ich gebe ihnen das Zeugnis, dass sie Eifer für Gott haben, aber nicht nach der rechten Erkenntnis« (Röm 10,2 SLT). Auf welche Erkenntnis bezieht der Apostel sich hier? Lies einfach die folgenden Verse: »Denn weil sie die Gerechtigkeit Gottes nicht erkennen und ihre eigene Gerechtigkeit aufzurichten trachten, haben sie sich der Gerechtigkeit Gottes nicht unterworfen. Denn Christus ist das Ende des Gesetzes zur Gerechtigkeit für jeden, der glaubt.« (Röm 10,3–4 SLT).

Anders ausgedrückt lesen sie das Wort Gottes, ohne darin Jesus zu erkennen, und entwickeln einen Eifer für das Gesetz. Ohne es zu bemerken, versuchen sie, sich durch das Gesetz selbst zu rechtfertigen. Gesetzlichkeit ist sehr subtil und heimtückisch. Viele gesetzliche Menschen sind sich gar nicht bewusst, dass sie sich in Gesetzlichkeit verfangen haben. Sie würden niemals zugeben, dass sie gesetzlich sind – und vielleicht predigen sie sogar entschieden gegen Gesetzlichkeit.

Es gibt auch Menschen, die das Evangelium der Gnade angreifen, weil sie durch ihren Eifer für das Gesetz und durch ihr Bestreben, sich durch gute Taten zu verbessern, verblendet sind. Ich glaube wirklich, dass viele von ihnen aufrichtige und ernsthafte Menschen sind, die trotzdem ernsthaft falschliegen.

Wachse in der Erkenntnis von Gottes Gnade

Du musst ohne jeden Zweifel wissen, dass das Gesetz dich niemals gerecht machen kann. Jesus ist das Ende des Gesetzes (siehe Röm 10,4 SLT). Du wirst gerecht gemacht, wenn du auf die richtige Weise an Jesus und seine Gerechtigkeit glaubst. Darum geht es bei der Kraft des richtigen Glaubens.

Der Apostel Paulus war wohl am besten geeignet, darüber zu schreiben, weil er der Pharisäer schlechthin, und daher der Gesetzlichste unter den Gesetzlichen gewesen war. Es gab eine bestimmte Zeit in seinem Leben, wo er überhaupt nicht wusste, dass er sich in Gesetzlichkeit verfangen hatte. Vergiss nicht, dass Paulus, als er noch unter dem Namen Saulus bekannt war, nicht Eifer für Sünde an den Tag legte, sondern für Gottes Gesetz. In der Tat war es seine Leidenschaft für Gottes Gesetz, die ihn dazu brachte, die Urgemeinde zu verfolgen, viele Christen ins Gefängnis zu werfen und ihrer Ermordung zuzustimmen. Er hörte erst mit all dem auf, als ihm auf dem Weg nach Damaskus der auferstandene Jesus höchstpersönlich die Augen für die Wahrheit öffnete (siehe Apg 9,1–8; 26,12–15 SLT). Nimm dir einen Moment Zeit, um die dramatische Begegnung zu betrachten, die Saulus mit Jesus hatte:

> *»Saulus, Saulus, warum verfolgst du mich?«*
> *»Wer bist du, Herr?«, fragte Saulus.*
> *»Ich bin Jesus, den du verfolgst. Es wird dir schwer werden, gegen den Stachel auszuschlagen.«*

Mein Freund, wenn andere sich an dem stoßen, was du über Gottes Gnade glaubst, dann denke nicht, du müsstest mit ihnen diskutieren und versuchen, sie zu überzeugen. Liebe sie und bete, dass Gott ihnen die Augen öffnet, sodass sie Jesus sehen. Das Gesetz ist ein Schleier, der sie blind macht. Doch sobald dieser Schleier gelüftet ist, so wie die Augen von Paulus für die Wahrheit über Jesus geöffnet wurden, gibt es kein Zurück mehr. Achte nun darauf, was mit Paulus geschah – er wurde zum Apostel der Gnade Gottes und sein Eifer war nicht mehr ohne Erkenntnis.

Nimm diese Angriffe daher nicht persönlich. Menschen der Gnade bringen einen Geist der Güte mit. Diejenigen, die dich wegen deines Glaubens an Gottes Gnade verfolgen, werden sich Jesus stellen müssen, wenn er sie fragt: »Warum verfolgst du mich?« Gnade ist schließlich keine Lehre, sie ist eine Person. Wenn sie sich entscheiden, die Gnade anzugreifen, greifen sie Jesus an. Daher empfehle ich dir sehr, sie zu lieben und für sie zu beten. Denk daran – man kann es nicht oft genug sagen –, dass Menschen der Gnade auch einen Geist der Güte mitbringen.

Glaube schnell

An vielen Orten gibt es Christen, die immer noch denken, Gott sei zornig auf sie, wenn sie einen Fehler machen. Sie haben einfach keine Offenbarung über das Evangelium der Gnade und darüber, was Gottes bedingungslose Liebe bedeutet. Wie die beiden Jünger auf dem Weg nach Emmaus sind diese Christen unverständig und unvernünftig.

Dann gibt es Christen, die das Evangelium der Gnade kennen und sogar wissen, dass Gott sie bedingungslos liebt. Doch dieses Wissen ist nur in ihrem Kopf. Wenn sie versagen, haben sie immer noch Angst, freimütig zu Gottes Gnadenthron zu kommen, um Barmherzigkeit, Gunst, Heilung und Wiederherstellung zu empfangen, obwohl sie von der Gnade wissen.

Wo liegt in diesem Fall das Problem? Genau! Es fällt ihnen schwer, von Herzen zu glauben, dass Gott ihnen tatsächlich seine überfließende Gnade und sein Geschenk der Gerechtigkeit geben will, damit sie in diesem Leben herrschen können. Die Wahrheiten Gottes und das Evangelium der Gnade auf einer intellektuellen Ebene zu kennen reicht nicht aus. Du musst schnell an alles glauben, was Jesus am Kreuz für dich erreicht hat – besonders dann, wenn du mit Misserfolgen, Schuldgefühlen und Angst zu kämpfen hast. Es ist nicht Gottes Wille, dass du Niederlagen erlebst, weil es dir an Erkenntnis über seine Gnade mangelt. Er möchte vielmehr, dass du seinen Verheißungen für dich schnell Glauben schenkst.

Es ist nicht Gottes Wille, dass du Niederlagen erlebst, weil es dir an Erkenntnis über seine Gnade mangelt. Er möchte vielmehr, dass du seinen Verheißungen für dich schnell Glauben schenkst.

Du hast in diesem Buch bereits viele Dinge über Gottes Liebe zu dir erfahren. Wenn du sehen willst, wie die Kraft des richtigen Glaubens in jeder Dimension deines Lebens wirksam wird, fordere ich dich dazu auf, an seine Gnade, seine Liebe, seine Gerechtigkeit, seine Vergebung und sein vollendetes Werk zu glauben. Ich verspreche dir, dass du Verwandlung erleben wirst, die weit über deine Vorstellungskraft hinausgeht, wenn du es wagst, dich ganz auf seine Liebe zu dir zu verlassen. Seine Liebe versagt niemals!

Setze dein Herz in Brand

Ich möchte dir noch einen weiteren interessanten Aspekt der Emmaus-Geschichte aufzeigen. Das Wort »Emmaus« bedeutet »heiße Quellen oder Bäder«[20]. Ich bin diesen Weg nach Emmaus bereits mit einigen meiner Pastoren gegangen. Natürlich gingen wir nicht die gesamten elf Kilometer. Wir stiegen erst etwa anderthalb Kilometer vor Emmaus aus dem Reisebus, weil ich meinen Pastoren gegenüber barmherzig bin. Schließlich sind sie nicht so »stark« und »jung« wie ich. Ich mache nur Spaß.

Doch ganz im Ernst: Wenn man darüber nachdenkt, sind elf Kilometer eine wirklich lange Strecke. Tatsächlich stellt man fest, wenn man die Geschichte genau liest, dass die beiden Jünger sogar mehr als elf Kilometer gelaufen sind. Noch am selben Tag machten sie sich wieder auf den Rückweg von Emmaus nach Jerusalem, was heißt, dass sie insgesamt eine Strecke von etwa 22 Kilometern zurücklegten. Wann bist du zum letzten Mal 22 Kilometer an einem Tag gelaufen?

Wie kam es also, dass die Jünger weder müde noch erschöpft waren, besonders wenn man bedenkt, wie ihre Gemütsverfassung zu Beginn ihrer Reise war? Während diese Jünger mit Jesus unterwegs waren, musste etwas mit ihren Körpern geschehen sein. Ihre Körper wurden erfrischt, gestärkt und belebt. Ihre Jugend wurde mit Sicherheit erneuert, wie Gottes Wort es verheißt: »Die, die auf den Herrn warten, gewinnen neue Kraft. Sie schwingen sich nach oben wie die Adler. Sie laufen schnell, ohne zu ermüden. Sie werden gehen und werden nicht matt« (Jes 40,31).

Was war unterwegs geschehen? Was bewirkte, dass die Jünger so voller Energie und Leben waren? Schau dir einmal an, wie die Jünger einander beschrieben, was sie auf dem Weg mit Jesus empfunden hatten: »Brannte nicht unser Herz in uns, als er mit uns redete auf dem Weg, und als er uns die Schriften öffnete?« (Lk 24,32 SLT).

Darin liegt der Schlüssel verborgen! Wenn uns das Verständnis für die Schrift geöffnet und dadurch Jesus enthüllt wird, beginnen unsere Herzen zu brennen wie es auch bei den beiden Jüngern der Fall war! Vergiss nicht, was Jesus tat, als er ihren falschen Glauben hörte und Zeuge ihres niedergeschlagenen Gesprächs wurde: »Und er begann bei Mose und den Propheten und erklärte ihnen *alles, was in der Schrift über ihn geschrieben stand*« (Lk 24,27).

Anders ausgedrückt, beginnend mit den ersten fünf Büchern Mose (Genesis, Exodus, Levitikus, Numeri und Deuteronomium, gemeinsam auch als Thora bezeichnet) erklärte Jesus alles, was darin ihn betraf. Dann fuhr er fort, ihnen zu offenbaren, wo er in den Büchern der Propheten wie Samuel, Könige, Jesaja und Jeremia zu finden war.

Wow! Welch eine Reise muss das gewesen sein! Kein Wunder, dass die Herzen der Jünger dadurch entzündet wurden und in ihnen brannten. Wie der Name des Dorfes, in das sie reisten, wurden auch ihre Herzen kontinuierlich in einem warmen Bad gebadet, als Jesus ihre Augen öffnete, damit sie ihn in der gesamten Heiligen Schrift erkennen konnten.

Worauf schaust du?

Am ersten Tag nach seiner Auferstehung gab Jesus uns ein Beispiel, wie wir heute die Bibel lesen und studieren sollten. Er möchte nicht, dass wir uns dem Wort nähern, um herauszufinden, was wir tun sollen, nur um uns dann mit einem Bündel von Gesetzen wieder zu entfernen. Auf keinen Fall! Jesus möchte uns die Schriften öffnen, damit wir IHN in allem sehen – von 1. Mose bis zur Offenbarung. Je mehr du ihn siehst, umso mehr wirst du von jeglicher Selbstbezogenheit befreit und verwandelt von Herrlichkeit zu Herrlichkeit.

Jesus möchte uns die Schriften öffnen, damit wir IHN sehen. Je mehr du ihn siehst, umso mehr wirst du von jeglicher Selbstbezogenheit befreit.

Wenn du auf dich selbst – deine Schwächen, deine Fehler, dein Versagen oder auch deine Stärken und gerechten Taten – schaust, findest du auf Dauer weder Hoffnung noch Freude oder Frieden. Der Apostel Paulus sah alles, was er selbst erreicht hatte, als »Dreck« an (Phil 3,8) und der Prophet Jesaja stellte fest: »All unsere Gerechtigkeit ist wie ein beflecktes Kleid« (Jes 64,5 SLT).

Jesus zeigt uns: Um völlig von ihm ergriffen und erfüllt zu werden, müssen wir uns von unseren dunklen Gedanken und deprimierenden Gesprächen abwenden. Stattdessen müssen wir die Schriften öffnen, um ihn zu sehen. Beschäftige dich mit Jesus, fülle deine Gedanken mit seiner Güte und durchtränke dein Herz mit seiner Liebe.

Schlag deine Bibel auf und erkenne Jesus in den Typologien und Hinweisen des Alten Testaments. Jedes Opfer, jedes Fest und sogar die Stiftshütte und die Priester deuten auf Jesus hin. Wenn du das Neue Testament liest, achte darauf, wie Jesus die Menschen liebt, die von der Welt verachtet werden, und ihnen vergibt wie der Frau, die beim Ehebruch ertappt worden war. Sieh dabei zu, wie er die Blinden, die Lahmen, sowie alle, die mit Schwächen und Krankheiten belastet waren, heilt. Erlebe, wie Jesus diejenigen, die Mangel haben, überreich versorgt. Ich verspreche dir, dass dein

Herz in dir brennen, dein Körper erfrischt und dein Verstand mit seinem Shalom-Frieden, seiner Freude und seiner Stabilität erfüllt werden wird. Ich verspreche dir, dass Sünde, Süchte, schlechte Angewohnheiten, Angst, Schuldgefühle, Sorgen, Depression und Verdammnis aus deinem Leben verschwinden, wenn du mit der Person Jesus beschäftigt bist und dich in sie vertiefst. Diese Dinge können in deinem Leben schlichtweg nicht existieren, wenn du dich mit Christus beschäftigst und nicht mit dir selbst.

Süchte, Angst und Schuldgefühle können in deinem Leben nicht existieren, wenn du dich mit Christus beschäftigst und nicht mit dir selbst.

Öffne die Schriften und erkenne Christus

Als ich vor vielen Jahren die Geschichte der Emmaus-Jünger studierte, fragte ich den Herrn, warum er es vorzog, die Augen der beiden Jünger davon abzuhalten, ihn zu erkennen. Ich fragte ihn: »Wäre es nicht besser für sie gewesen, wenn sie dich und deine von Nägeln durchbohrten Hände gesehen hätten?« Ich ging davon aus, dass diese Nägel sicher riesig gewesen waren und man wahrscheinlich sogar sehen konnte, wie Licht durch diese Wunden schien. Wäre es nicht besser gewesen, wenn Jesus sich auf die belebteste Straße Jerusalems gestellt, seine Hände gehoben und gerufen hätte: »Hey Leute, schaut euch das mal an!«?

Doch das tat Jesus nicht. Er wusste, dass so etwas keinen wahren Glauben hervorgebracht hätte. Er offenbarte mir, dass es für die Jünger wichtiger war, ihn im Wort zu erkennen, als ihn persönlich zu sehen. Wow, was er da sagte, ermutigte mich sehr und gab mir eine Menge Hoffnung. Wenn der Glaube der Jünger sich darauf gegründet hätte, Jesus mit eigenen Augen zu sehen, worauf dürften wir dann heute hoffen? Jesus hielt ihre Augen absichtlich davon ab, ihn zu erkennen, sodass sie ihn zuerst in der Heiligen Schrift sehen würden. Damit befinden wir uns auf *gleicher Ebene* mit den beiden Jüngern und haben *die gleichen Möglichkeiten*. Jesus möchte, dass alle von uns ihn im Wort Gottes erkennen.

In Gottes Wort heißt es: »Der Glaube kommt aus dem Hören der Botschaft; und diese gründet sich auf das, was Christus gesagt hat« (Röm 10,17 HFA). Je mehr du also durch die Bibel über den offenbarten Jesus hörst und erklärt bekommst, und je mehr du in ihr auf ihn verwiesen wirst, umso mehr Glauben wirst du in deinem Herzen haben. Dadurch wirst du alles glauben können, was Gottes Wort über dich sagt. Könnte es sein, dass heutzutage viele Christen ein Leben der Niederlage führen, weil Jesus ihnen nicht in den Schriften offenbart wurde?

Es scheint in unserer heutigen Welt eine geistliche Hungersnot zu geben. Ein Mangel an Lehre und Predigten, durch die die Person Jesu in einer Weise offenbart wird, dass die Herzen der Menschen zu brennen beginnen, als wären sie in einem warmen Bad. Was wir stattdessen oft hören, sind Lehren über das richtige Tun und noch mehr richtiges Tun. Meine Frage lautet: Ist das das Evangelium? Wird Jesus hier offenbart?

Im Evangelium dreht sich alles um Jesus. Es geht dabei nicht um das richtige Handeln. Der richtige Glaube über Jesus ist es, der im Leben der Menschen etwas bewirkt. Der Apostel Paulus sagt: »Denn ich schäme mich des Evangeliums von Christus nicht; denn es ist Gottes Kraft zur Errettung für jeden, der glaubt, zuerst für den Juden, dann auch für den Griechen [alle anderen Menschen]; denn es wird darin geoffenbart die Gerechtigkeit Gottes aus Glauben zum Glauben, wie geschrieben steht: ›Der Gerechte wird aus Glauben leben‹« (Röm 1,16–17 SLT).

Das Evangelium ist das Evangelium von Christus und es geht dabei immer um Jesus. Es ist nicht das Evangelium der Moral und Rechtschaffenheit, und definitiv auch nicht das Evangelium des Geldes und des Wohlstands. Aber weißt du, was das Evangelium tut? Es bringt all diese Dinge hervor. Das wahre Evangelium von Jesus Christus bringt immer Gottesfurcht, Heiligkeit, Moral, Integrität, Versorgung, Gesundheit, Weisheit, Liebe, Frieden, Freude und vieles mehr hervor. Alle diese Dinge entspringen dem Evangelium Jesu Christi.

Das wahre Evangelium von Jesus Christus bringt immer Gottesfurcht, Heiligkeit, Moral, Integrität, Versorgung, Gesundheit, Weisheit, Liebe, Frieden, Freude und vieles mehr hervor.

Das ist das Evangelium, für das ich mich nicht schäme. Deshalb halte ich jeden Sonntag, an jedem Ort, an dem ich spreche, Predigten, die Jesus offenbaren. Ich weiß, wenn er die zentrale Rolle im Leben von Menschen spielt, verlieren alle Ängste, Schuldgefühle und Süchte ihre zentrale Rolle. Wenn die Gerechtigkeit Gottes (nicht die eigene Gerechtigkeit) offenbart wird, werden sie von Glauben zu Glauben leben. Sie werden sich von einer Ebene des richtigen Glaubens zur nächsten Ebene des richtigen Glaubens bewegen, und von einer Ebene an Durchbrüchen zur nächsten Ebene an Durchbrüchen gehen.

In Römer 1,17 heißt es, dass der Gerechte *durch den Glauben* leben wird. Es heißt dort nicht, dass der Gerechte durch seine eigenen Werke leben wird. Das Wesen des christlichen Glaubens gründet sich auf diesen Vers. Es war dieser Vers, der die Reformation in Gang setzte. Martin Luther empfing die Offenbarung, dass ein Christ durch Glauben, und nicht durch die Werke des Gesetzes, gerecht wird. Anders ausgedrückt wird der Gerechte leben, indem er den richtigen Glauben an all das hat, was Jesus für ihn auf Golgatha errungen hat, und nicht indem er auf seine eigene Leistung vertraut. Genaugenommen geht es beim Glauben darum, dass du durch das vollendete Werk Jesu gerecht bist! Die zentrale Bedeutung des Evangeliums gründet sich auf richtigen Glauben, nicht auf richtiges Tun. Die Wahrheit lautet: Wenn du richtig glaubst, wirst du auch richtig leben. Der richtige Glaube führt immer zu richtigem Leben.

Wenn du glaubst, dass deine Gerechtigkeit von Jesus kommt, heißt es im Wort Gottes: »Der Pfad der [kompromisslos] Gerechten und Rechtschaffenen ist wie das glänzende Morgenlicht, das heller und heller (klarer und leuchtender) strahlt, bis [es seine volle Kraft und Herrlichkeit erreicht] zum vollendeten Tag [um vorbereitet zu sein]« (Spr 4,18 AMP)

Wir wissen, dass nur Jesus kompromisslos gerecht und rechtschaffen ist. Worauf könnten du und ich hoffen, wenn die Helligkeit unseres Pfades auf unserer eigenen Gerechtigkeit basieren würde? Doch weil wir durch sein vollendetes Werk gerecht gemacht wurden, garantiert Gott, dass unser Pfad heller und heller erstrahlt, während wir von Herrlichkeit zu Herrlichkeit verändert werden.

In Christus ist deine Zukunft gesegnet. Sie ist voll von seiner Gunst, den richtigen offenen Türen, Möglichkeiten und Beförderungen. In ihm darfst du Gutes, den Sieg, Gunst und Erfolg erwarten. Lass dich durch das Wissen ermutigen, dass deine größten Durchbrüche nicht hinter, sondern vor dir liegen. Jesus nimmt dich mit an einen Ort, so gut, dass er alles übersteigt, was du je erbitten oder dir je erträumen könntest.

In Christus ist deine Zukunft gesegnet. Sie ist voll von seiner Gunst, den richtigen offenen Türen, Möglichkeiten und Beförderungen.

Wie man Jesus im Wort erkennt

Vom 1. Buch Mose bis zur Offenbarung verweist die Bibel auf die Person Jesu. Ich bin mir sicher, dass Jesus, als er mit den beiden Jüngern nach Emmaus unterwegs war, auch bei 1. Mose 22 verweilte. In diesem Kapitel sagte Gott zu Abraham, er solle seinen einzigen, geliebten Sohn opfern.

Halte einen Moment inne und denke über diese Geschichte nach. In dieser Geschichte trägt ein Sohn Holz auf den Berg Moriah, um dort geopfert zu werden. Viele Leute verstehen diese Geschichte nicht. Warum sollte Gott wollen, dass Abraham seinen Sohn opfert? Dieser ganze Abschnitt in 1. Mose 22 ist tatsächlich die Geschichte des Evangeliums. Gott selbst würde einmal seinen einzigen, geliebten Sohn senden. Sein Sohn würde einmal ein schweres Holzkreuz denselben Gebirgszug hinauftragen. Doch er würde den ganzen Weg bis zur höchsten Bergspitze gehen, die als Golgatha bekannt ist, und sich dort selbst als Opfer für die Sünden der gesamten Menschheit hingeben.

Es ist ein wunderbares Bild für Jesus! Erkennst du es?

Nun stell dir einmal vor, du wärst in Abrahams Lage gewesen: Mit deinem Sohn Isaak besteigst du den Berg. Als ihr am Ort der

Opferung ankommt, dreht sich dein Junge mit großen Augen zu dir um und fragt unschuldig: »Papa, ich sehe das Feuer und das Holz, aber wo ist denn das Lamm?«

Ich bin mir sicher, dass diese Frage Abrahams Herz zerrissen hat. Mühsam seine Gefühle zurückhaltend, sah er seinem Sohn in die Augen und sagte: »Mein Sohn, Gott wird selbst für ein Lamm sorgen.« Abraham sprach diese Worte im Glauben aus, die eine Prophetie über das waren, was Gott tun würde.

Als Abraham gerade seinen Sohn töten wollte, sagte Gott: »Halte deine Hand zurück und sieh.« Abraham schaute hinter sich und sah einen Widder, der sich mit seinen Hörnern im Gestrüpp verfangen hatte (siehe 1Mo 22,12–13). Ich glaube, als Abraham sich umwandte und schaute, sah er nicht nur den Widder im Gestrüpp, sondern auch eine prophetische Vision des wahren Lamm Gottes, Jesus Christus, das eine Dornenkrone trug (die dem Gestrüpp um die Hörner des Widders nicht unähnlich war). Er sah das Lamm mit groben Nägeln ans Kreuz geschlagen.

Woher ich das wissen will? Jesus sagte zu den Pharisäern: »Abraham freute sich auf mein Kommen.« Und als sie ihn auslachten und sagten: »Du bist nicht einmal fünfzig Jahre alt und willst Abraham gesehen haben?«, erwiderte er mit Nachdruck: »Ehe Abraham war, BIN ICH« (siehe Joh 8,56–58).

Worüber freute sich Abraham? An jenem Tag auf dem Berg Moriah sah Abraham ein prophetisches Bild von Jesus am Kreuz und freute sich auf sein Kommen! Er sah, dass Gott sich selbst tatsächlich als Opferlamm hingeben würde und nannte diesen Ort daher *Jahwe-Jireh*, was bedeutet: »Der Herr wird ersehen« (1Mo 22,14 ELB) oder »Der Herr wird dafür sorgen« (SLT). Mein Freund, Gott sah, dass wir verzweifelt eines Opfers bedurften und er sorgte dafür, dass sein eigener, geliebter Sohn *das* Opfer für die ganze Menschheit wurde.

Gott sagte zu Abraham: »Jetzt weiß ich, dass du mich liebst, denn du hast deinen einzigen, geliebten Sohn nicht vor mir zurückgehalten« (siehe 1Mo 22,12). Weißt du, warum er das sagte? Er tat es, damit wir heute glauben und voller Überzeugung sagen können: »Geliebter Gott, jetzt weiß ich, dass du mich liebst, weil du mir deinen einzigen, über alles geliebten Sohn nicht vorenthalten, sondern ihn am Kreuz für mich hingegeben hast.«

Tauche in seine Liebe und Gnade ein

Mein Freund, du wirst erst dann wissen, wie sehr Gott dich liebt, wenn du verstehst, wie sehr Gott Jesus liebte und ihn dennoch hingab, um dich zu retten. Gott musste seinen Sohn nicht senden und am Kreuz leiden lassen, aber er entschied sich dafür, weil er dich so unendlich liebt.

Du wirst erst dann wissen, wie sehr Gott dich liebt, wenn du verstehst, wie sehr Gott Jesus liebte und ihn dennoch hingab, um dich zu retten.

Vergiss nicht, dass in Abrahams Fall Gott einschritt und ihn stoppte. Bei Jesus hat niemand die Opferung aufgehalten. Niemand verschonte das Herz Gottes. Niemand linderte die Trauer des Vaters. Es war ein schweres Opfer, das voller Liebe dargebracht wurde.

In der ganzen Geschichte von Abraham und Isaak geht es darum, wie unglaublich groß Gottes Liebe zu uns ist. Sie offenbart uns, welche Qualen, Schmerzen und Leiden Gott selbst durchleben musste. Als Vater gab er seinen eigenen kostbaren und geliebten Sohn, Jesus Christus, hin, um uns von unseren Sünden zu erlösen. Gott nimmt Sünde nicht auf die leichte Schulter. Der einzige Weg, um uns zu retten, bestand darin, die Strafe für die Sünde vollständig seinen eigenen Sohn treffen zu lassen. Jesus ist der »Widder«, der zuließ, dass er in einem »Gestrüpp« gefangen wurde, als Lösegeld für alle unsere Verfehlungen.

Wenn du siehst, wie Jesus, seine Liebe, sein Leiden und sein Opfer in Bibelstellen wie dieser offenbart werden, wird dein Herz von der Glut seiner Liebe erfasst – genau wie die Herzen der beiden Jünger, als Jesus sie auf alle Dinge hinwies, die das Wort Gottes über ihn berichtete. Entmutigung, Sorgen und all deine Befürchtungen werden unbewusst von dir abfallen, wenn seine Liebe in deinem Herzen Hoffnung und Glauben entfacht.

Gott möchte, dass du frei wirst von Selbstbezogenheit, indem du seinen Sohn im Wort siehst und dich auf ihn ausrichtest. Fülle deinen Verstand mit seiner Liebe und Kraft, dann wird dein Herz in seiner überfließenden Liebe zur Ruhe kommen. Mein Gebet ist, dass du, wenn du die Bibel aufschlägst, deine eigene Reise nach Emmaus erlebst und seinem Wort erlaubst, dein Herz in die Wärme seiner liebevollen Gnade und gütigen Barmherzigkeit zu tauchen. Es geht wirklich nur um Jesus!

KAPITEL 15

BETE GOTT MIT DEN WORTEN DAVIDS AN

Wir wollen uns noch weiter anschauen, wie wir von Selbstbezogenheit frei werden können, und ich möchte dir dazu gern die Geschichte von Barbara aus Texas erzählen. Jesus war die Antwort auf ihre Probleme.

Lieber Pastor Prince,
ich war als kleines Kind gläubig geworden, hatte mich aber aufgrund von Sünden – die andere an mir begingen und die ich selbst beging – nie als würdig empfunden. Jahrelang wurde ich von Panikattacken, Migräneanfällen und anderen körperlichen Symptomen geplagt und es wurde immer schlimmer. Vor Kurzem erreichte ich den absoluten Tiefpunkt, als die Lügen des Anklägers letztlich dazu führten, dass ich nicht mehr nur jedes Mal Angst hatte, wenn ich das Haus verließ, sondern auch schlimme Angstzustände bekam, wenn ich zu Hause war. Ich wachte aus dem Schlaf auf, weil ich diese Anfälle hatte. Ich wusste, dass sich etwas verändern musste, aber ich wusste nicht, wo ich anfangen sollte.

Die Medikamente, die mir der Arzt verschrieb, wollte ich nicht nehmen. Ich betete und ließ auch meine Mutter für mich beten, aber irgendetwas schien zu fehlen. Ich hatte mich entschlossen, dass ich wieder gesund werden wollte, also kaufte ich mir einige Selbsthilfe-Bücher, darunter auch ein »christliches« Buch. Ich glaubte, dass Gott bereit war, mich zu heilen und dass Jesus für meine Heilung gestorben war, aber ich dachte, ich müsste »meinen Teil beitragen«, wenn sich meine Heilung auch zeigen sollte. Ich las also dieses »christliche« Buch, um frei zu werden und geistliche, geistige und körperliche Heilung zu empfangen. Aber es führte mich nur dahin, meine ganze Vergangenheit noch einmal zu durchleben und bereitete mir noch größere seelische Qualen.

Der Ankläger begann, mich noch stärker anzugreifen. Ich fühlte mich schlimmer denn je, als er mich mit Dingen quälte, die vor zwanzig Jahren und noch früher geschehen waren. Ich hatte tatsächlich das Gefühl, einen Vorgeschmack der Hölle zu erleben – Tag und Nacht litt ich Qualen. Ich dachte sogar, dass ich da eben durch müsste, um meine Heilung zu bekommen. Ich gab mir große Mühe und arbeitete hart an meiner Befreiung. Ich versuchte, gut zu sein und das, was in den letzten paar Jahren geschehen war, wieder auszugleichen. Aber meine Bemühungen fruchteten immer nur für kurze Zeit, bevor die Sorgen und die Angst mit Macht zurückkamen.

Aber Gott sei Dank habe ich eine betende Mutter, und ich bekam Ihre Bücher und Predigten in die Hände und empfing die Offenbarung über die Gnade und über das Geschenk der Gerechtigkeit. Die Bücher, die ich vorher gelesen hatte, forderten von mir Leistung und eigenes Bemühen, was alles nur noch schlimmer machte, aber zum Glück brachten sie mich auch ans Ende meiner selbst.

Durch die Wahrheiten in Ihren Botschaften und Büchern über Gnade und die Person Jesu bin ich wieder ein gesunder Mensch geworden. Ich habe aufgehört, auf mich zu schauen, und stattdessen angefangen, auf ihn zu sehen. Jeden Tag schöpfe ich jetzt von dem lebendigen Wasser, das in Jesus zu finden ist. Tag für Tag werde ich mehr wie er, denn »so wie er ist, bin auch ich in dieser Welt«.

Ich danke Gott für die Offenbarungen, die ich durch Ihren Dienst erhalten habe und immer noch erhalte. Zum ersten Mal erkenne ich, was es wirklich bedeutet, durch Jesus Christus die Gerechtigkeit Gottes zu sein und die echte, wahre Kraft von Jesu Blut und seinem vollendeten Werk am Kreuz zu verstehen.

Ich bin so begeistert davon, eine echte Beziehung zu meinem himmlischen Papa zu haben. Ich freue mich darauf, für den Rest meines Lebens Gottes Segen zu erfahren, durch seine unverdiente, leistungsunabhängige Gnade. Ich habe um Heilung gebeten, aber er hat mir so viel mehr geschenkt!

Alle Ehre und alles Lob dafür gehören Jesus! Ist es nicht erstaunlich zu sehen, was geschieht, wenn Menschen einfach ihre Augen von sich ab- und Jesus zuwenden?

Ich liebe Barbaras Beschreibung davon, wie sie sich täglich die Gegenwart Jesu in ihrem Leben bewusst macht: »Ich habe aufgehört, auf mich zu schauen, und stattdessen angefangen, auf ihn zu sehen. Jeden Tag schöpfe ich jetzt von dem lebendigen Wasser, das in Jesus zu finden ist. Tag für Tag werde ich mehr wie er, denn ›so wie er ist, bin auch ich in dieser Welt‹«.

Das Einzige, was sie tat, war, von sich selbst weg und auf Jesus zu sehen. Und als sie täglich von seinem lebendigen Wasser trank, wurde sie mehr und mehr wie er – heil, gefestigt und gesund an Körper und Seele.

Die Wochen-Aufgabe

Darf ich dich dazu ermutigen, das zu tun, was Barbara getan hat? Jedes Mal, wenn du dich niedergeschlagen fühlst, übe dich darin, dir Jesus in deinem Leben bewusst zu machen. Egal, was du empfindest, schau darauf, wie er dich liebt, bei dir ist, deine Hand hält und dich aus Angst, Schmerz, Zweifel und Not herausführt. Sei in deinem Herzen nicht langsam bereit zu glauben, sondern sei schnell bereit zu glauben, dass Jesus bei dir ist.

Sei schnell bereit zu glauben, dass Jesus bei dir ist.

Bevor du aufgibst und für dich beschließt, dass sich die Dinge in deinem Leben niemals ändern werden, möchte ich dir eine Aufgabe stellen. Bist du bereit, dich eine Woche lang darin zu üben, dir die Gegenwart Jesu bewusst zu machen? Das ist alles, was ich verlange – eine Woche deiner Zeit. Ich möchte, dass du während dieser Woche deinen Verstand *sofort* mit positiven Gedanken an deinen Retter, Jesus Christus, füllst, sobald du denkst, dass du versagst, dich schuldig fühlst, Angst hast, dir Sorgen machst oder dich niedergeschlagen fühlst! Entscheidend ist dabei das Wörtchen *sofort*. Es geht hier darum, zügig zu glauben, deshalb muss es schnell gehen! Sieh sofort Jesus in deiner Situation. Fülle deinen

Verstand sofort mit Gedanken an seine Liebe, seinen Frieden, seine schützende Hand über deinem Leben und an sein vollendetes Werk.

Schreibe mir nach dieser Woche eine E-Mail an praise@josephprince.com und erzähle mir von dem, was du erlebt hast. Ich hoffe wirklich, dass du die Herausforderung annimmst und ich freue mich darauf, von dir zu hören.

Wie man sich mit Jesus beschäftigt

Ist dir schon einmal aufgefallen, dass es, wenn du Schmerzen hast, äußerst schwierig ist, an etwas anderes zu denken? Wenn du zum Beispiel schlimme Zahnschmerzen hast, wirst du wahrscheinlich nicht über die hungernden Kinder in der Welt und ihre Nöte nachdenken. Nein, du bist völlig von dem Schmerz in deinem eigenen Mund vereinnahmt und alles andere wird unwichtig. Alles, was du fühlst, ist der Schmerz, und nur daran kannst du denken.

Genauso ist es, wenn wir gerade eine schwierige Zeit durchmachen oder mit schweren Lasten wie Stress, Sorge, Angst oder Verdammnis zu kämpfen haben. Es ist dann eine große Herausforderung, Christus-zentriert statt Selbst-zentriert zu sein, da wir mit unseren eigenen Problemen beschäftigt sind. Wie bei Zahnschmerzen sind unsere Probleme dann das Einzige, woran wir denken können. So sieht Selbstbezogenheit aus. Sie tut weh und hält unsere Aufmerksamkeit auf uns selbst gerichtet.

Wie also schaffen wir den Paradigmenwechsel von der Beschäftigung mit unseren eigenen Problemen und uns selbst hin zu der Beschäftigung mit Jesus?

Um diese Frage zu beantworten, lass mich dir zeigen, wie David sich selbst im Herrn stärkte, wann immer er ängstlich, besorgt oder entmutig war. Lernen wir von jemandem, den Gott als einen »Mann nach meinem Herzen« (Apg 13,22 LUT) beschreibt. Gottes Wort zeigt uns, dass David den Herrn jedes Mal, wenn er Schwierigkeiten hatte, mit herrlichen Psalmen und Liedern pries. Anstatt in Selbstmitleid zu baden und im Dunkeln zu tappen, richtete David seine Augen zum Himmel und erhob seine Stimme zum König der Könige.

Als in Davids letzten Jahren sein Sohn Absalom versuchte, den Thron an sich zu reißen, hätte David den Entschluss fassen können, zurückzuschlagen und die Truppen, die ihm loyal ergeben waren, gegen Absalom ins Feld zu schicken. Doch er brachte es nicht übers Herz, gegen seinen eigenen Sohn zu kämpfen. Anstatt seinen unermesslich geliebten Absalom also zu bekämpfen, floh David mit Tränen in den Augen und einem gebrochenen Herzen vor ihm. Stell dir vor, wie niedergeschmettert David gewesen sein muss, als er von seinem eigenen Fleisch und Blut so verraten wurde.

Doch statt sich von den schmerzlichen Umständen überwältigen zu lassen, sah David auf den Herrn und betete ihn auf dem Ölberg mit folgenden ewigen Worten an: »Aber du, Herr, bist ein Schild um mich, bist meine Herrlichkeit und der mein Haupt emporhebt. Ich rufe mit meiner Stimme zum Herrn, und er erhört mich von seinem heiligen Berg« (Ps 3,4–5 SLT).

Ist es nicht wunderbar zu wissen, dass Gott uns hört, wenn wir anbetend zu ihm rufen? Als David den Herrn lobte, wandte Gott seine Umstände zum Guten. Gott ließ zu, dass jemand aus dem Lager Absaloms diesem einen schlechten Rat gab, durch den Absaloms Staatsstreich misslang.

Bete Jesus in deinem finsteren Tal an

Ich sage dir, egal, worin heute deine Probleme bestehen, lerne, Jesus in deinem finsteren Tal anzubeten und seinen herrlichen Namen zu preisen. Erkenne ihn als dein Schild. Erkenne ihn als deine Herrlichkeit und den, der dein Haupt emporhebt. Sei von Jesus erfüllt, und er wird deine Umstände zum Guten wenden. Lass dein Herz in der Gewissheit seiner Liebe Ruhe und Frieden finden.

Lerne, Jesus in deinem finsteren Tal anzubeten.

Manche Leute denken, wenn sie Gott anbeten, würden sie ihm damit etwas *geben*. Ich glaube, dass das Gegenteil der Fall ist: Wenn wir ihn anbeten und loben, *gibt er uns etwas* – sein Leben, seine Weisheit und seine Kraft für unser Leben. In seiner herrlichen Gegenwart wird unser Denken erneuert, und ich glaube, dass seine liebliche Gegenwart auch unsere Jugend und unsere Körper erneuert und wiederherstellt.

Halte inne und denke einen Moment über Folgendes nach: Gott braucht unsere Anbetung und unser Lob nicht. Er hat eine ganze Armee von Engeln, die ihn täglich und rund um die Uhr anbeten und preisen. Und im Gegensatz zu dir und mir wird es Engeln dabei nicht langweilig und sie singen auch nie schräg! Gott ist kein Größenwahnsinniger, der Lobpreis und Anbetung von uns fordert. Auf gar keinen Fall! Ob du ihn preist und anbetest oder nicht, er ist immer noch Gott.

Anbetung ist vielmehr unsere Antwort auf seine Liebe zu uns. Wir müssen ihn nicht anbeten, aber wenn wir seine Liebe und Gnade erleben, wollen wir es. Es ist eine Reaktion auf die Offenbarung, wie großartig, gewaltig, majestätisch und wie wunderbar unser Herr und Retter wirklich ist. Wenn wir ihn anbeten und uns völlig in seiner überragenden Liebe zu uns verlieren, geschieht etwas mit uns. Wir werden in seiner Gegenwart bleibend verändert und verwandelt. Alle Ängste, Sorgen und Befürchtungen verschwinden, wenn Jesus in unserer Anbetung erhoben wird.

Wenn wir ihn anbeten und uns völlig in seiner überragenden Liebe zu uns verlieren, werden wir in seiner Gegenwart bleibend verändert und verwandelt.

Die Kraft der Anbetung

Ich glaube, dass der folgende Brief, den unser Team von Emma aus Deutschland erhielt, dir helfen wird zu erkennen, was Lobpreis für dich bewirken kann:

Ich bin 62 Jahre alt. Jedes Mal, wenn der Teufel versucht, mich mit Krankheitssymptomen anzugreifen, höre ich mir Ihre Lobpreis-CDs an und bete Jesus, meinen Herrn, Retter und Erlöser, an. Ich nehme auch oft das Abendmahl, während ich den Anbetungsliedern zuhöre. Nach ein paar Minuten verschwinden alle Symptome wieder!

Nachdem ich selbst diese Wunder erlebt hatte, nahm ich die Lobpreismusik mit zu dem Seniorenheim, in dem ich arbeite. Dort gab es einige ältere Leute, die die ganze Nacht über mit lauter Stimme schrien. Keine Medizin half, und man hörte sie von 20 Uhr abends bis 6 Uhr morgens un-

unterbrochen schreien. Ich arbeite in der Nachtschicht. Eines Abends stellte ich den CD-Player in den Flur vor ihren Zimmern und ließ Ihre Lobpreis-CD »A Touch of His Presence« spielen. In dieser Nacht schrie keiner dieser alten Leute. Sie waren alle ruhig und schliefen friedlich bis zum Morgen.

Es gab in dem Seniorenheim auch eine Frau, die unter Schizophrenie litt. Eines Abends war sie sehr ruhelos und sprach immer wieder laut mit sich selbst. Ihre Nachbarin, eine Frau, die unter Demenz litt, sang schrill und laut. Ich nahm meinen iPod und spielte ihnen Lieder aus »A Touch of His Presence« vor. Nach drei Minuten waren beide Frauen tief und fest eingeschlafen.

Meine beiden Kollegen, die das mitbekommen hatten, waren sehr erstaunt darüber und baten darum, dass ein CD-Player fest im Zimmer der Frauen installiert würde, damit sie sich die Lobpreislieder anhören könnten. Bis heute schreit keiner dieser alten Leute mehr während der Nacht.

Ich selbst hörte mir während meiner Arbeitspausen die Lobpreislieder auf meinem iPod an, und jedes Mal kam die Herrlichkeit Gottes in dieses Seniorenheim und segnete die Menschen dort. Alle Ehre sei Jesus!

Ich liebe dieses Zeugnis. Es zeigt deutlich, wie mächtig Lobpreis sein kann!

Die CD, von der Emma hier schreibt, ist eine Zusammenstellung von Anbetungsliedern mit dem Titel *A Touch of His Presence (Volumes 1 and 2)*. Es handelt sich dabei nicht um gewöhnliche Aufnahmen. Die Lieder auf den CDs wurden aus Live-Gottesdiensten zusammengestellt. Es sind alles spontan entstandene Lobpreislieder, die aus meinem Geist flossen, als wir uns während der Anbetungszeit einfach auf die Person Jesu konzentrierten. Ich sang dann, was Gott mir aufs Herz legte, und er kam mit seiner liebevollen Gegenwart in den Raum. In dieser Gegenwart wirkten dann auch die Gaben des Geistes und Menschen in der Versammlung erlebten Heilung.

Auf dem Musikportal iTunes, das diese Alben anbietet, berichtet jemand davon, dass Gottes liebliche Gegenwart jedes Mal stark spürbar wurde, wenn er sich *A Touch of His Presence* anhörte – sei es in seiner persönlichen Anbetungszeit oder auch wenn er einfach nur im Bett lag. Diese Zeiten haben in so großem Maße dazu beigetragen, ihm Halt und Ruhe zu geben, dass er sie inzwischen in seinen Tagesablauf integriert hat.

Ein weiterer Bruder berichtete davon, wie diese Anbetungsmusik ihn von großer Angst und chronischen Schlafstörungen befreit hat. Einige Jahre lang wurde er jede Nacht etwa alle dreißig Minuten von einer lähmenden, irrationalen Angst geweckt, die die bereits vorhandene Furcht in ihm noch schürte. Obwohl er um inneren Frieden betete, konnte der arme Mann nicht im Dunkeln schlafen.

Als er eines Tages die Lieder in seinem Zimmer abspielte, überkamen ihn auf einmal spürbar die Ruhe und der Frieden des Herrn. Und während er diese Musik hörte, schlief er das erste Mal seit langer Zeit so friedlich wie ein Baby. Er war darüber so glücklich, dass er nicht anders konnte, als Gott zu danken und zu weinen! Seitdem hört er sich dieses Album jede Nacht an und hat sich die CDs auch für seinen iPod im Auto heruntergeladen.

Ich erzähle dir von diesen Zeugnissen, weil ich glaube, dass einige meiner Leser Gott anbeten wollen, aber möglicherweise nicht wissen, wo sie anfangen sollen, wenn sie allein zu Hause sind. Wenn dir das bekannt vorkommt, besorge dir gesalbte christliche Musik, die dein Zimmer mit der Gegenwart des Herrn erfüllt. Erlaube der Musik, wie Ströme lebendigen Wassers über dich zu fließen. Lass seine Gegenwart alle Angst und Sorge wegspülen. Lass seine Liebe dir deine Lasten abnehmen. Verherrliche und preise Jesus und sieh, wie er alle Dinge für dich zum Guten wendet!

Lerne vom Meister-Psalmisten

Lange bevor der Feind dir deinen Sieg rauben kann, raubt er dir dein Lied. Lange bevor er dir deine Freude stehlen kann, stiehlt er dir deinen Lobpreis. Ehe du dich versiehst, wirst du kritisch, pessimistisch, schlecht gelaunt und deprimiert. Lass nicht zu, dass er das tut. Hab immer ein Loblied auf den Lippen und sei dir immer der Gegenwart des Herrn, seiner Gunst, seiner Güte und seiner Segnungen auf deinem Leben bewusst.

Du weißt nicht, was du singen sollst? Es gibt wohl niemanden, von dem wir besser lernen könnten als von David, dem besten Psalmisten Israels. Und genau das tat Hiskia, der viele Jahre nach David König wurde. Die Bibel beschreibt ihn in 2. Könige 18,5.7 (SLT) folgendermaßen: »Er vertraute dem Herrn, dem Gott Israels, sodass unter allen Königen von Juda keiner seinesgleichen war, weder nach ihm noch vor ihm. … Und der Herr war mit ihm; und überall, wo er hinzog, hatte er Gelingen.«

König Hiskia verhalf seinem Volk zu Erweckung und führte wieder Lobpreis und Anbetung im Haus des Herrn ein. Er verschaffte seinem Volk auch erneut die Staatshoheit, nachdem sein Vater, König Ahas, das Königreich in Götzenanbetung gestürzt und das ganze Volk unter einen Fluch gebracht hatte (siehe 2Kö 16,18–19).

In 2. Chronik 29,25–26 und 30 wird berichtet: »König Hiskia [ließ] die Leviten mit Zimbeln, Harfen und Zithern im Haus des Herrn Aufstellung nehmen, wie es der Herr geboten hatte durch

David … Die Leviten nahmen daraufhin mit den Instrumenten Davids ihre Plätze ein … König Hiskia und die führenden Männer befahlen den Leviten, den Herrn mit den Liedern von David … zu preisen.«

Bist du nicht auch froh darüber, dass Gott uns in der Bibel die Psalmen schenkte, damit auch wir, wie König Hiskia, den Herrn heute mit den Worten Davids preisen können? David schrieb sehr viele der Psalmen, und Gott wird auf eine besondere Weise offenbart, wenn wir die Worte Davids singen. Er gab David die besondere Gabe, Lieder zu schreiben, die Gottes Herz und seine Liebe sichtbar machen.

Wir können die Worte Davids sicher nicht übertreffen. Lasst uns also mit einstimmen und mit seinen Worten den Herrn erheben. Erlauben wir ihm, unser Fels und unsere Festung zu sein, wenn wir uns von den Problemen des Lebens belagert fühlen. Lasst uns den Herrn verherrlichen und zusehen, wie er uns befreit. Folgen wir ihm, unserem Hirten, und lassen wir uns von ihm zu grünen Wiesen und ruhigen Wassern führen.

Wie Jesus die Furcht des Herrn definiert

Wenn du mit den Worten Davids singst, geschieht etwas. Deine Ängste werden sich in Luft auflösen. Du kannst deine Angst nicht mittels psychologischer Tricks bewältigen. Vielleicht sind gerade jetzt, während du diese Zeilen liest, deine Gedanken angefüllt mit Zukunftsangst oder mit der Angst vor Mangel oder vor dem Verlust deiner Jugend. Vielleicht hast du auch Angst vor irgendeiner Krankheit oder davor, jemanden, der dir nahesteht, durch eine Krankheit zu verlieren. Vielleicht wirst du täglich von der Angst vor Ablehnung geplagt. Mein Freund, die einzige Furcht, die Gott für dich vorgesehen hat, ist die gesunde Furcht des Herrn, die Jesus selbst als *Anbetung* des Herrn definiert.

Als der Teufel Jesus in der Wüste versuchte, sagte er: »Das alles [alle Länder der Welt mit ihren Reichtümern] schenke ich dir …, wenn du vor mir niederkniest und mich anbetest.« Jesus zitierte aus dem 5. Buch Mose und erwiderte: »Scher dich fort von hier, Satan … Denn die Schrift sagt: ›Du sollst den Herrn, deinen Gott, anbeten und nur ihm allein dienen‹« (Mt 4,9–10).

Wenn du kurz nachsiehst, was in der von Jesus zitierten Stelle tatsächlich steht, findet sich dort Folgendes: »Ihr sollt den Herrn, euren Gott, fürchten …« (5Mo 6,13). Jesus definiert also die »Furcht« des Herrn als die »Anbetung« des Herrn. Anders ausgedrückt ist die einzige »Furcht«, die du in deinem Leben haben solltest, die *Anbetung* Gottes. Bete ihn an und alle deine Ängste werden sich im Licht seiner Herrlichkeit und Gnade auflösen.

Bete ihn an und alle deine Ängste werden sich im Licht seiner Herrlichkeit und Gnade auflösen.

Der Psalm des Hirten

Auch der meistzitierte Psalm der Bibel, Psalm 23, wurde von David geschrieben. Du kennst sicher die Worte, die Gott in seinem Wort für uns festgehalten hat, um uns seine Liebe und Güte vor Augen zu führen: »Der Herr ist mein Hirte; mir wird nichts mangeln« (V. 1, SLT). Psalm 23 eignet sich hervorragend zum Auswendiglernen. Dann kannst du ihn dir jederzeit ins Gedächtnis rufen, wenn du vor einer Herausforderung stehst.

Ein Bruder im Herrn schrieb mir aus Maryland, wie er von chronischen Schulterschmerzen geheilt wurde, indem er einfach nur über Psalm 23 meditierte. John hatte in einem meiner Andachtsbücher davon gelesen, wie wichtig es ist, über Gottes Wort nachzusinnen. Ich hatte dort anhand von Psalm 23 demonstriert, wie man das praktisch machen kann. Noch am gleichen Tag, auf dem Heimweg von der Arbeit, meditierte John über »Der Herr ist mein Hirte; mir wird nichts mangeln«. Er konzentrierte sich darauf, wie die Liebe des Herrn sich darin zeigt, dass er unser Hirte sein will und er wirklich alle unsere Bedürfnisse stillt. John stellte sich vor, wie der Herr ihn auf seinen Autofahrten beschützte, ihn von seinen Schmerzen heilte und ihm Gunst bei der Arbeit schenkte. Als er zu Hause ankam, bemerkte er, dass die Schmerzen, die ihn zwei Jahre lang belastet und seine Bewegungsfähigkeit eingeschränkt hatten, vollständig verschwunden waren!

Mein Freund, ich möchte, dass du weißt: Die Kraft, die dich heilen kann, ist in Gottes Wort zu finden. In den Psalmen steckt Heilungskraft! Es sind nicht einfach Lieder, um die Seiten deiner Bibel zu füllen. Es geschieht etwas mit deinem Körper und deinen äußeren Umständen, wenn du die Worte Davids auswendig lernst, darüber meditierst und sie benutzt, um deiner Anbetung Ausdruck zu verleihen.

Psalm 34 – Entscheide dich, den Herrn zu preisen

Ein weiterer schöner Psalm ist Psalm 34, den David in der Höhle Adullam schrieb. Ich finde es sehr interessant, dass David einen der aussagekräftigsten Psalmen in einer der herausforderndsten Zeiten seines Lebens schrieb. In der Einleitung zu dem Psalm heißt es: »Ein Psalm Davids aus der Zeit, als er sich vor Abimelech wahnsinnig stellte und dieser ihn wegschickte.«

Es fällt uns nicht schwer zu erkennen, dass David hier an einem der Tiefpunkte seines Lebens angelangt war. David war auf der Flucht vor Saul und suchte Zuflucht beim König von Gat (der hier in der Einleitung »Abimelech« genannt wird). Erinnerst du dich an Gat? Der Riese Goliat, der die Kinder Israels terrorisiert hatte, war aus Gat gewesen. Und nun war David so durcheinander, dass er Asyl beim König Goliats suchte! Oh, wie war der Mächtige doch gefallen!

Als David also nach Gat kam, erkannten ihn die Diener des Königs und sagten: »Ist das nicht David, der König des Landes?« Es ist sehr wahrscheinlich, dass sie in ihm den Mann erkannten, der ihren Helden Goliat besiegt und ihm den Kopf abgeschlagen hatte. Schließlich hatten sie damals eine empfindliche Niederlage erlitten, die sich nicht so leicht aus ihren Köpfen auslöschen ließ. Daher erinnerten sie ihren König daran: »Ist das nicht der, zu dessen Ehre das Volk getanzt und gesungen hat: ›Saul hat Tausende getötet, aber David Zehntausende‹?« (1Sam 21,12).

Als David ihre Worte hörte, bekam er es mit der Angst zu tun und fürchtete sich davor, was der König von Gat ihm antun könnte. In der Bibel heißt es: »er stellte sich wahnsinnig vor ihren Augen und gebärdete sich wie verrückt unter ihren Händen und kritzelte an die Flügel des [Stadt]tores und ließ seinen Speichel in seinen Bart fließen« (1Sam 21,14 SLT). Kannst du dir den geistigen Zustand vorstellen, in dem David sich befand? Der Held Israels kroch nun mit vollgesabbertem Bart am Boden herum!

Erbost darüber, dass seine Diener einen »Verrückten« zu ihm gebracht hatten, vertrieb der König von Gat David aus seinem Palast. Im nächsten Vers dokumentiert die Bibel: »Da verließ David Gat und floh in die Höhle Adullam« (1Sam 22,1).

Da du nun den Zusammenhang kennst, kannst du die Worte, die in den Tiefen dieser Höhle geschrieben wurden, richtig einschätzen. Nach solch einer Erniedrigung hätte David sich leicht in der Höhle verstecken und in Selbstmitleid und Verdammnis versinken können – doch stattdessen sang er folgende Worte:

Ich will den Herrn preisen allezeit, sein Lob soll immerzu in meinem Mund sein. Meine Seele rühme sich des Herrn; die Elenden sollen es hören und sich freuen. Erhebt mit mir den Herrn, und lasst uns miteinander seinen Namen erhöhen. Als ich den Herrn suchte, antwortete er mir und rettete mich aus allen meinen Ängsten. – Psalm 34,2–5 SLT

In seiner dunkelsten Stunde entschloss David sich dafür, sich nicht von seinen Umständen besiegen zu lassen. Stattdessen entschied er sich, den Herrn zu preisen und seinen Mund beständig mit Lob für Gott zu füllen. Hatte er Angst? Natürlich! Deshalb hat er sich ja in einer Höhle versteckt. Doch trotz seiner Angst, dass König Saul ihn finden oder der König von Gat Goliats Tod an ihm rächen könnte, suchte er mit einem anbetenden Herzen den Herrn. Und Gott in seiner Treue befreite ihn von allen seinen Ängsten.

Aus einer Verliererbande werden furchtlose Krieger

Mein Freund, ich möchte, dass du Folgendes erkennst: Als David die Höhle betrat, war er verzweifelt, aber als er den Herrn anbetete, geschah etwas. Und es veränderte nicht nur ihn, sondern auch all die Männer, die sich dort um ihn versammelt hatten. Die Bibel berichtet uns, dass, als David sich in der Höhle aufhielt, »…

allerlei Männer, die in Not und Schulden waren, und alle, die ein verbittertes Herz hatten, [sich zu ihm versammelten] und er wurde ihr Oberster, und sie hielten es mit ihm, etwa 400 Mann« (1Sam 22,2 SLT).

Ich nenne das die Verliererbande, denn jeder, der in Not oder in Schulden war oder ein verbittertes Herz hatte, versammelte sich um David. In dem Psalm ermutigt David diese vierhundert Männer, laut in der Höhle zu singen und »gemeinsam seinen Namen [den Namen des Herrn] [zu] ehren« (Ps 34,4). Als sie das taten, strahlten sie »vor Freude« und erröteten »nicht vor Scham« (Ps 34,6).

Diese Männer blieben also nicht in ihrem anfänglichen Zustand als Verlierer stehen. Sie wurden von Herrlichkeit zu Herrlichkeit verwandelt und wurden als Davids berühmteste Krieger bekannt. In 2. Samuel 23,8–39 erfährst du alles über ihre großen Heldentaten. Sie wurden ihrerseits zu solchen, die Riesen töteten, zu furchtlosen Kriegern und treuen Männern, die David alle Tage ihres Lebens dienten.

Halte deine Augen auf den König der Könige gerichtet. Er wird dich erhöhen und dich zu einem mächtigen Krieger machen!

Genauso ist es, wenn du dich heute dafür entscheidest, den Herrn inmitten deiner Anfechtungen anzubeten – du kannst gar nicht anders, als dabei verwandelt zu werden. Auch du bist zu Beginn vielleicht in Not, hast Schulden oder ein verbittertes Herz. Doch das ist noch nicht das Ende deiner Geschichte. Wenn du deine Augen auf den König der Könige gerichtet hältst, wird *er* dich erhöhen und dich zu einem mächtigen Krieger machen!

Von Furcht zum Glauben

Schauen wir uns noch einmal genauer an, was mit David geschah. Im Psalm 34 schreibt er: »Es schrie einer [offensichtlich handelt es sich hier um ihn selbst] zum Herrn in seinem Leid, und er hörte ihn und rettete ihn aus allen seinen Ängsten« (V. 7). David versteckte sich anfangs vor seinen Feinden, doch wir sehen, sobald er Gott anbetete, veränderte sich sein Denken.

Zu Beginn hatte er große Angst, aber wir sehen, wie er hier seine Gedanken von sich selbst und seiner Furcht abwendet. Wir sehen, wie er sich in der Kraft des richtigen Glaubens übte, als er in seinem Psalm verkündete, dass der Herr ihn gehört und befreit hatte. Am Ende sah er sich nicht mehr als einsam und besiegt an. Vielmehr verkündete er voller Kühnheit: »Der Engel des Herrn beschützt die, die ihm gehorchen, und rettet sie« (V. 8).

Anders ausgedrückt: Als David den Herrn anbetete, hatte er keine Angst mehr vor seinen Feinden. Der Engel des Herrn wurde für ihn realer als König Saul oder der König von Gat. Und David, der vor Kurzem noch gerade so entkommen war, indem er sich verrückt gestellt und vor der Bevölkerung Gats erniedrigt hatte, konnte sich nun im Herrn rühmen und voller Zuversicht verkünden: Der Engel des Herrn lagert sich um diejenigen, die Gott anbeten, und wird sie mit Sicherheit retten.

Glaubst du heute daran? Es kommt nicht darauf an, ob du Angst hast, Not erlebst, Schulden oder ein verbittertes Herz hast. Glaube das Richtige. Glaube daran, dass der Herr, wenn du ihn, wie David und seine Männer es taten, in der Anbetung suchst, dich wirklich hören und dich aus all deinen Ängsten retten wird. Anbetung ist eine der einfachsten und doch wirkungsvollsten Arten, um von Selbstbezogenheit frei zu werden. Schau weg von den schmerzhaften Symptomen oder Umständen, die dir Angst machen, und bete

Jesus an. Beschäftige dich in deinen Gedanken mit ihm und alles wird sich für dich zum Guten wenden.

Anbetung ist eine der einfachsten und doch wirkungsvollsten Arten, um von Selbstbezogenheit frei zu werden.

Kannst du mir einen Gefallen tun? Bitte besuche die Internetseite: www.josephprince.de/glauben. Dort findest du ein Video[21], in dem ich meine Gemeinde anleite, die Worte Davids aus Psalm 34 zu singen. Ich kann das nicht durch ein Buch vermitteln, aber ich möchte dir durch dieses Video zeigen, dass Anbetung eine der einfachsten Arten ist, dich auf Jesus zu konzentrieren und Gefühle der Niederlage zu überwinden.

Ich glaube, wenn wir den Herrn anbeten, wirst du von jedem aktuellen Problem und jeder derzeitigen Niederlage befreit werden. Lass uns gemeinsam glauben, dass durch den mächtigen Namen Jesu dein Körper geheilt werden wird, all deine Ängste verschwinden und all deine Süchte der Vergangenheit angehören werden.

Komm und erhebe den Herrn mit mir. Bete Jesus mit den Worten Davids an und erfahre seine Güte und Befreiung!

TEIL 6

RECHNE DAMIT, DASS DIR GUTES WIDERFÄHRT

KAPITEL 16

DER KAMPF GEHÖRT DEM HERRN

Als die plündernden Armeen der Moabiter, Ammoniter und Mëuniter über Jerusalem hereinbrachen, rief Joschafat, der König von Juda, den Notstand aus und versammelte ganz Juda, um Hilfe vom Herrn zu erbitten. Mit finsteren Gesichtern standen alle Männer von Juda gemeinsam mit ihren Frauen und Kindern vor dem Haus des Herrn und warteten unruhig darauf, dass ihr König zu ihnen sprechen würde. Sie wussten, dass ihre Feinde ihnen zahlenmäßig weit überlegen waren und die Angst, alles zu verlieren, lastete schwer auf ihnen. Einige der Frauen weinten hemmungslos aus Furcht um das Leben ihrer Männer in der folgenden Schlacht. Die Kinder unter ihnen, die noch nie erlebt hatten, dass ihre Eltern und Verwandten so ängstlich und niedergeschlagen waren, warteten ungewöhnlich ruhig darauf, dass der König zu ihnen sprach.

Warst du schon einmal in einer solchen Situation, in der deine Umstände absolut hoffnungslos erschienen? In der du dich durch die Herausforderungen um dich herum wie gelähmt und überwältigt gefühlt hast und keinen Ausweg sehen oder dich auch nicht nur ein bisschen erholen konntest?

Genau in solch einer Situation befand sich der kleine Stamm Juda, als die Angehörigen des Stammes sich von allen Seiten durch drei sich rasch auf sie zubewegende, mächtige und blutdürstige Armeen bedroht sahen (siehe 2Chr 20,1–4). Ihre Feinde waren erbarmungslos entschlossen, sie und alle Einwohner Jerusalems zu vernichten. Es war eine verzweifelte und hoffnungslose Situation, in der es ganz danach aussah, als würden sie alle ein tragisches Ende finden.

Hoffnung für Zeiten der Hoffnungslosigkeit

Manchmal kann es in unserem Leben Zeiten geben, in denen es scheint, als kämen die Herausforderungen gleichzeitig von überall her auf uns zu, und wir werden mit Problemen nur so überschüttet. Vielleicht führte ein finanzieller Engpass zu Rissen in deiner Ehebeziehung, zusätzlich entwickelten sich gesundheitliche Probleme *und* große seelische Not. Unter dem Gewicht all dieser Dinge, die alle auf einmal kommen, fühlst du dich wahrscheinlich, als würde dein ganzes Leben außer Kontrolle geraten und auseinanderbrechen. Trotz aller deiner Rettungsbemühungen scheinen sich deine Umstände täglich zu verschlechtern.

Was tust du in solch einer verzweifelten Lage, wenn du wirklich nicht mehr weißt, was du tun sollst?

Ich glaube, die Antwort findet sich in dem biblischen Bericht über den Kampf Joschafats. Darin sind viele kostbare und praktische Perlen der Weisheit verborgen, von denen wir profitieren können – besonders für den Umgang mit starkem Druck und dem Gefühl, wie gelähmt zu sein durch das schiere Ausmaß der Widrigkeiten, die uns umgeben.

Wie man Angst überwindet

Ich möchte dich auf die Tatsache aufmerksam machen, dass Joschafat Angst hatte, als er von der riesigen Armee hörte, die sich auf ihn zubewegte. Ja, genau, Joschafats erste Reaktion war Angst! Ich weiß nicht, wie es dir geht, aber mir gibt das Hoffnung! Ich bin so froh, dass das Wort Gottes die unrühmlichen Details nicht zensiert. Das liefert uns eine authentische Beschreibung von Joschafat. Er war kein tapferer Krieger und König, der immer voller Glauben und mit einem übergroßen Maß an feurigem Mut ausgestattet war – immer bereit, es mit seinen Feinden aufzunehmen. Nein, er war ein ganz normaler Typ. Er war so wie wir. Als er die schlechte Nachricht über seine Feinde hörte, tat er das, was du und ich wohl auch getan hätten – er geriet in Panik.

Gott ist nicht der Urheber deiner Probleme. Er ist der Anfänger und Vollender deines Glaubens, deines Sieges und deines Erfolges.

Doch was Joschafat von anderen Menschen abhob, war, dass er selbst in seiner Angst als Erstes »sein Angesicht darauf [richtete], den Herrn zu suchen« (2Chr 20,3 SLT). Genau dieses Verhalten müssen auch wir lernen, wann immer wir Angst haben. Immer wenn du das Gefühl hast, von deinen Umständen überwältigt zu werden, ist das genau der richtige Zeitpunkt, um den Herrn zu suchen – anstatt dich immer tiefer in die Abwärtsspirale der Niederlage zu begeben. Es ist jetzt ganz sicher nicht an der Zeit, vor Gott wegzulaufen oder bitter, wütend, frustriert und von ihm enttäuscht zu sein. Hey, Gott ist nicht der Urheber deiner Probleme.

Er ist der Anfänger und Vollender deines Glaubens, deines Sieges und deines Erfolges.

Joschafat zeigt uns, dass es durchaus in Ordnung ist, Angst zu haben. Wir alle haben von Zeit zu Zeit Anfälle von Angst. Gott verdammt dich nicht, wenn du ängstlich bist. Doch wenn du eine negative ärztliche Diagnose, schlechte Nachrichten aus deiner Familie oder deinem Unternehmen erhältst, richte dich darauf aus, den Herrn zu suchen. Jesus ist deine Antwort! Seine vollkommene Liebe zu dir wird alle Angst vertreiben.

Echte biblische Hoffnung

Nachdem Joschafat ganz Juda versammelt hatte, trat er im Haus des Herrn vor die Menschen hin und betete: »Herr, Gott unserer Vorfahren, du bist der Gott, der im Himmel wohnt. Du bist Herr über alle Reiche auf Erden. Du bist groß und mächtig; keiner kann dir standhalten!« (2Chr 20,6).

Was kannst du an diesen Worten aus Joschafats Gebet erkennen? Anstatt seine Ängste erneut vor dem Herrn auszubreiten und darüber zu klagen, wie wenig ihr kleiner Stamm gegen die Übermacht des Feindes ausrichten konnte, konzentrierte Joschafat sein Gebet und seine Gedanken auf die tatsächliche Größe und Macht seines Gottes. Kühn erklärte er: »Keiner kann dem Herrn standhalten.« Niemand! Nicht einmal die mächtigen Krieger der Moabiter, Ammoniter und Mëuniter! In einer hoffnungslosen Situation *hoffte* Joschafat auf den Herrn.

Das nenne ich biblische Hoffnung! Hoffnung ist ein wunderbares Wort in der Bibel. Für Hoffnung wird im Neuen Testament das griechische Wort *elpis* verwendet. Die Definition dafür lautet: »die frohe Erwartung von etwas Gutem, mit der Zuversicht, es zu erhalten«.[22] Wenn du also deine Hoffnung auf den Herrn setzt, spiegelt sich auf deinem Angesicht Freude wider (oder einfach ausgedrückt: du lächelst). In deinem Herzen ist eine feste Zuversicht, dass das letzte Wort noch nicht gesprochen ist – egal, wie düster die Umstände jetzt gerade aussehen mögen.

Sprich es jetzt laut aus: »Das letzte Wort ist noch nicht gesprochen!«

Die Hoffnung auf den Herrn ist eine feste Zuversicht in deinem Herzen, dass das letzte Wort noch nicht gesprochen ist – egal, wie düster die Umstände jetzt gerade aussehen mögen.

Gott arbeitet hinter den Kulissen zu deinen Gunsten und wird die Situation für dich zum Guten wenden (siehe Röm 8,28). Er deckt dir einen Tisch vor den Augen deiner Feinde (siehe Ps 23,5). All sein himmlischer Überfluss, seine Kraft, seine Heilung, seine Wiederherstellung, seine Befreiung, seine Versorgung, seine Gunst, seine Hilfe, sein Trost und seine Liebe sind bei dir und für dich, und warten nur darauf, über dir ausgeschüttet zu werden. Der Herr, dein Gott, wird die Schleusen des Himmels über deinem Leben öffnen und so viel Segen über dir ausgießen, dass du völlig überwältigt sein wirst! Wenn unsere ganze Hoffnung und unser ganzes Vertrauen auf ihn gerichtet sind, können wir uns auf seine Verheißungen für uns verlassen. Er wird unseretwegen den Fresser bedrohen (siehe Mal 3,11) und nicht erlauben, dass der Feind uns nimmt, was rechtmäßig uns gehört.

Leider wird das Wort »Hoffnung« in unserem modernen Sprachgebrauch oft völlig anders verwendet – manchmal sogar im kompletten Gegensatz zur biblischen Definition. Wenn wir heutzutage das Wort »Hoffnung« oder »hoffen« benutzen, sagen wir z. B.: »Ich hoffe, dass ich die Stelle kriege«, oder »Ich hoffe, dass es morgen nicht regnet.« So, wie wir es gebrauchen, suggeriert es Unsicherheit, Zweifel und Zwiespältigkeit. Oft benutzen wir »hoffen« sogar im negativen Sinne, als würden wir das Schlimmste erwarten. Wir sagen dann z. B.: »Ich hoffe, dass die Diagnose nicht schlecht ausfällt«, wobei Angst, Sorge und Unsicherheit mitschwingen. Das ist keine biblische Hoffnung.

Hoffnung, die uns nicht enttäuscht

Im Wort Gottes heißt es: »In dieser Hoffnung werden wir nicht enttäuscht werden. Denn wir wissen, wie sehr Gott uns liebt …« (Röm 5,5). In der *Schlachter Bibel* wird der Vers so übersetzt: »die Hoffnung aber lässt nicht zuschanden werden; denn die Liebe Gottes ist ausgegossen in unsere Herzen durch den Heiligen Geist, der uns gegeben worden ist.« Wir können echte Hoffnung haben – sicher, freudig und zuversichtlich mit Gutem rechnen –, wenn wir auf die richtige Weise glauben, wie sehr Gott uns liebt! Es gibt einen direkten und proportionalen Zusammenhang zwischen Hoffnung und dem richtigen Glauben an Gottes Liebe für dich. In deinem Herzen entsteht Hoffnung, wenn du daran glaubst, dass Gott dich liebt. Du kannst zuversichtlich mit Gutem rechnen, weil du einen guten Gott hast, der dich niemals im Stich lässt!

Ganz gleich, wie widrig deine Umstände heute erscheinen mögen, setze dein Vertrauen auf Gott. Menschen können uns enttäuschen und im Stich lassen, aber Gott lässt uns nie im Stich. Das wird auch in Psalm 118,8–9 deutlich: »Es ist besser, auf den Herrn zu vertrauen, als sein Vertrauen auf Menschen zu setzen.

Ja, es ist besser, auf den Herrn zu vertrauen, als sein Vertrauen auf Fürsten zu setzen.« Schau dir einfach an, zu welchen Ergebnissen solch ein Verhalten führt – obwohl der Psalmist von allen Seiten angegriffen wird, kann er kühn verkünden: »Feindliche Völker hatten mich umzingelt, doch ich wehre sie alle ab im Namen des Herrn« (Ps 118,10).

Du kannst zuversichtlich mit Gutem rechnen, weil du einen guten Gott hast, der dich niemals im Stich lässt!

Willst du wissen, warum der Schreiber dieses Psalms sein Vertrauen auf Gott statt auf Menschen setzen konnte? Das Geheimnis finden wir am Beginn und am Ende des Psalms. Der erste Vers beginnt mit Nachdruck: »Dankt dem Herrn, denn er ist gut und seine Gnade bleibt ewig bestehen«, und der Psalm endet mit der Wiederholung dieses Refrains: »Dankt dem Herrn, denn er ist gut und seine Gnade bleibt ewig bestehen« (V. 29).

Hoffe auf den Herrn, denn er ist gut und seine Liebe zu dir bleibt ewig bestehen!

Mein Freund, hoffe auf den Herrn, denn *er ist* gut und seine Liebe zu dir bleibt ewig bestehen! Egal, wie schwierig, unmöglich oder düster deine momentane Situation sein mag, du kannst positiv, optimistisch und zuversichtlich mit Gutem rechnen. Und das ist möglich, weil du weißt und glaubst, dass dein Gott gut ist und seine Liebe zu dir in Ewigkeit bestehen bleibt. Du bist sein

Augapfel! Diese Hoffnung enttäuscht nie; das bedeutet, dass deine größten Siege noch vor dir liegen.

Bleib stehen

Nachdem Joschafat sich darauf ausgerichtet hatte, den Herrn zu suchen und vor dem versammelten Stamm Juda gebetet hatte, kam der Geist des Herrn auf Jahasiël und er sprach die Worte des Herrn:

> *Horcht auf, ganz Juda und ihr Einwohner von Jerusalem und du, König Josaphat: So spricht der Herr zu euch: Fürchtet euch nicht und erschreckt nicht vor diesem großen Haufen; denn nicht eure, sondern Gottes Sache ist der Kampf! … Aber es ist nicht an euch, dort zu kämpfen. Tretet nur hin und bleibt stehen und seht die Rettung des Herrn, der mit euch ist! O Juda und Jerusalem, fürchtet euch nicht und verzagt nicht! Zieht morgen aus gegen sie, und der Herr ist mit euch!* – 2. Chronik 20,15.17 SLT

Als sie diese Worte der Hoffnung hörten, demütigte sich ganz Juda vor dem Herrn. Sie knieten vor ihm nieder und beteten ihn an.

Der Herr spricht heute dieselben Worte zu dir in deiner Situation. Hoffe auf ihn, denn er liebt dich! Du musst nicht in Angst und Enttäuschung leben, wenn du weißt, dass nicht du diesen Kampf führst, sondern Gott. Bleibe stehen und sieh die Rettung des Herrn. Nicht du wirst kämpfen, sondern er.

Was machst du, wenn du nicht weißt, was du tun sollst? Das Beste, was du tun kannst, ist *stehen zu bleiben.*

Bleib stehen und schau zu, wie der Herr in deiner Situation den Sieg erringt.

»Aber Pastor Prince, wenn ich stehen bleibe, wird nichts passieren!«

Mein Freund, stehen zu bleiben ist nicht gleichbedeutend mit Untätigkeit oder Nichtstun. Es ist eine Haltung der Hoffnung, zu der gehört, dass du deine Hoffnung in der Person Jesu verankert lässt und zuversichtlich mit Gutem rechnest. Als die wild entschlossene Armee des Pharaos sich auf die Kinder Israels zubewegte, um sie ein für alle Mal auszulöschen, sagte Mose zu den verängstigten Israeliten einfach nur: »Fürchtet euch nicht! Steht fest und seht die Rettung des Herrn« (2Mo 14,13 SLT). Das hebräische Wort für Rettung ist *Jeschua* – der Name Jesu. Rettung ist also in Jesus zu finden, und er ist mit dir.

Lerne, dich in einer hoffnungslosen Situation richtig zu positionieren – bleib stehen und schau zu, wie Jesus seine rettende Kraft zu deinem Vorteil wirksam werden lässt. Er wird dich nie verlassen oder im Stich lassen (siehe Hebr 13,5). Und wenn du deine Person, deine Gedanken, deine Glaubensinhalte und deine Hoffnung auf ihn ausrichtest, wird er dich in dem leiten, was du tun sollst, wie er auch Joschafat zu einem triumphalen Sieg über seine Feinde führte.

Lerne, dich in einer hoffnungslosen Situation richtig zu positionieren – bleib stehen und schau zu, wie Jesus seine rettende Kraft zu deinem Vorteil wirksam werden lässt.

Glaube an den Herrn

Wir kommen nun zum Höhepunkt der Geschichte. Bist du bereit zu erfahren, wie Joschafats Kampf verlief?

In der Bibel heißt es: »Früh am nächsten Morgen machten sie sich auf und zogen hinaus in die Wüste von Tekoa. Auf dem Weg sagte Joschafat zu ihnen: ›Hört mir zu, Männer aus Juda und Jerusalem! Glaubt an den Herrn, euren Gott, dann werdet ihr siegen. Glaubt seinen Propheten, und es wird euch gelingen!‹« (2Chr 20,20).

Ich möchte dich ermutigen, diesen einfachen, aber aussagekräftigen Vers auswendig zu lernen. Ich nenne ihn die 20/20-Sicht, weil er in Kapitel 20, Vers 20 steht. Eine 20/20-Sicht bedeutet, das zu haben, was Augenärzte eine gesunde Sehschärfe nennen. Das bedeutet, dass du nicht an Kurzsichtigkeit leidest und klar und deutlich sehen kannst, was auf der sechs Meter entfernten Sehprobentafel zu sehen ist.

Wenn du gerne geistliche Sehschärfe und eine 20/20-Sicht für das Gute haben willst, das Gott in der Zukunft für dich bereithält, dann glaube an den Herrn und an die Worte seiner Propheten (der Pastoren und Prediger, die Gott in dein Leben gestellt hat)! Das ist die Kraft des richtigen Glaubens. Sei nicht kurzsichtig und auf deine momentanen Herausforderungen fixiert. Renne nicht wie ein aufgescheuchtes Huhn durch die Gegend, in dem Versuch, deine Probleme aus eigener Kraft zu lösen. Gott möchte nicht, dass du in einem dauernden Zustand von Unsicherheit, Angst, Stress und Sorge lebst.

Glaube an den Herrn, deinen Gott, dann wirst du siegen.

Glaube an seine Propheten, und es wird dir gelingen.

Glaube, dass deine Kämpfe dem Herrn gehören und er für dich kämpft.

Wenn du den richtigen Glauben hast, wirst du echte biblische Hoffnung erleben und – unabhängig von deinen gegenwärtigen Umständen – in der sicheren, freudigen und zuversichtlichen Erwartung von etwas Gutem leben.

Glaube, dass deine Kämpfe dem Herrn gehören und er für dich kämpft.

Viele Menschen mühen sich ab, weil sie nicht an den Herrn glauben. Sie glauben nicht an sein Wort und sie glauben nicht an seine Propheten. Ihre Krise ist eigentlich eine Glaubenskrise! Deshalb ist es so wichtig, die Kraft des richtigen Glaubens zu verstehen. Der richtige Glaube bringt immer das richtige Leben hervor. Wenn du ändern kannst, was du glaubst, kannst du ganz sicher auch dein Leben verändern und voller Hoffnung, Freude und Zuversicht sein.

Joschafats ungewöhnliche militärische Strategie

Kurz bevor die Armee Judas auf das Schlachtfeld zog, beriet Joschafat sich mit dem Volk. Anschließend tat er etwas sehr Ungewöhnliches. Er ernannte Sänger, die dem Heer vorangehen und den Herrn preisen sollten! Das war eine sehr merkwürdige militärische Strategie. Frage irgendeinen Militärstrategen. Niemand würde dazu raten, Musiker auf das Schlachtfeld zu schicken, geschweige denn, sie an die Spitze des Heeres zu stellen – es sei denn, man wollte sie sterben lassen.

Ich weiß nicht viel über militärische Kriegsführung, aber ich denke, dass man als Erstes seine Eliteeinheiten einsetzt, wie die mit den US Navy Seals vergleichbaren Kommando Spezialkräfte (KSK), dem Jagdkommando und dem Armee-Aufklärungsdetachement 10 (AAD 10), um Informationen zu sammeln oder bestimmte Zielgruppen auszuschalten. Und um taktische Vorteile gegenüber dem Feind zu erlangen, müssen diese Einheiten dabei getarnt vorgehen. Eine Gruppe Sänger, die Gott mit lauter Stimme anbetet und dabei dem Feind ihre Position verrät, klingt mehr nach einem Selbstmordkommando als nach einer guten militärischen Strategie.

Doch bedenke, dass diese Schlacht kein gewöhnlicher Kampf war. Der Kampf gehört dem Herrn und das Wort Gottes berichtet: »In dem Augenblick, in dem sie anfingen zu singen und Gott zu loben, ließ der Herr die Heere von Ammon, Moab und aus dem Gebirge Seïr, die Juda angriffen, in einen Hinterhalt laufen, und sie wurden geschlagen« (2Chr 20,22).

Gott stiftete Verwirrung unter den feindlichen Lagern und statt gegen Juda zu kämpfen, taten sich die Soldaten der Ammoniter und Moabiter zusammen, um ihre Bundesgenossen aus dem Gebirge Seïr zu töten. Nachdem sie diese vernichtet hatten, wandten sie sich gegeneinander, bis alle getötet waren (siehe 2Chr 20,23).

Während dieser ganzen Zeit, in der ihre Feinde sich gegenseitig zerstörten, priesen die Sänger von Juda Gott, und nahmen gar nicht wahr, was unter ihren Feinden geschah. Als sie zu dem Ort kamen, an dem sie das gesamte Schlachtfeld überblicken konnten, waren sie folglich auf einen Großangriff der drei feindlichen Truppen eingestellt.

Stell dir ihre Gesichter vor, als sie stattdessen die Leichen ihrer vermeintlichen Henker erblickten, die über das ganze Tal verstreut waren. Die Zerstörung ihrer Feinde war so umfassend, dass es in der Bibel heißt: »Nicht ein einziger war entkommen« (2Chr 20,24).

Preise den Herrn, denn er ist gut

Obwohl Juda an jenem Tag nicht ein einziges Mal das Schwert ziehen musste, war der Kampf gewonnen. Genau genommen war er bereits gewonnen, bevor Judas Truppen das Schlachtfeld überhaupt betraten.

Ist dir aufgefallen, *wann* der Herr begann, einen Hinterhalt gegen ihre Feinde zu legen? Es geschah zu dem Zeitpunkt, an dem sie *anfingen*, Gott zu preisen. Wenn ich Predigten über diese Geschichte höre, liegt die Betonung meist darauf, dass Lobpreis unsere Feinde besiegt. Das ist auch eine gute Lehre. Aber heute möchte ich noch etwas tiefer gehen. Ich möchte dir zeigen, dass die Art der Worte, die im Lobpreis benutzt werden, mindestens genauso wichtig ist, wenn nicht sogar noch wichtiger. Du kannst den Herrn für alles Mögliche preisen, aber was ist mit den Zeiten, in denen von allen Seiten Druck, Herausforderungen und Probleme auf dich einstürmen? Was tust du, wenn du nicht weißt, was du tun sollst? Wie rechnest du zuversichtlich mit Gutem und wie hoffst du auch in verzweifelten Situationen weiterhin auf den Herrn?

Mittlerweile solltest du wissen, dass einer meiner Lieblingssätze lautet: »Es gibt in der Bibel keine unbedeutenden Details.« Gott hielt absichtlich die Worte fest, mit denen der Stamm Juda ihn pries, als sie in den Kampf zogen. Daher wissen wir, dass sie sangen: »Dankt dem Herrn; denn seine Gnade bleibt ewig bestehen!« (2Chr 20,21). Kommt dir das bekannt vor? Wir haben in diesem Kapitel schon einmal darüber gesprochen, als es um den Anfang und das Ende von Psalm 118 ging. Aber dieser Satz kommt nicht nur in den Psalmen vor. Dieser Refrain liegt Gott so sehr am Herzen, dass er in vielen Schlüsselmomenten der Geschichte Israels auftaucht.

Die Bibel berichtet zum Beispiel davon, wie David an dem Tag, an dem er die Bundeslade endlich nach Jerusalem zurückbrachte, Asaf einen Psalm übergab, der folgenden Refrain enthielt: »Dankt dem Herrn, denn er ist gut und seine Gnade bleibt ewig bestehen« (siehe 1Chr 16,7.34). Und an jenem Tag, an dem Davids Sohn Salomo den Tempel einweihte, den er für Gott gebaut hatte, berichtet die Bibel davon, dass alle Kinder Israels den Herrn mit diesen Worten anbeteten und priesen: »Seine Güte ist so groß! Seine Gnade bleibt ewig bestehen« (2Chr 7,3). Und wieder hören wir diesen kraftvollen Refrain.

Mein Freund, ich denke, es ist offensichtlich, dass diese zwei schlichten Zeilen des Lobpreises etwas Besonderes an sich haben. Ich glaube, Gott möchte, dass wir über diese einfachen Worte meditieren und ihn damit preisen, selbst dann, wenn wir deprimiert sind, uns überwältigt fühlen oder Angst haben. Sogar in solchen Situationen können wir ihn immer noch preisen, weil er gut ist und seine Gnade ewig bestehen bleibt. Glaubst du heute daran? Preise ihn mit diesen Worten, bis du sie in deinem Herzen glaubst, und ich verspreche dir, dass in dir Hoffnung aufblühen wird.

Viele Menschen mühen sich heutzutage ab, weil sie nicht daran glauben, dass Gott gut ist und seine Gnade ewig bestehen bleibt. Das Wort, das hier für »Gnade« verwendet wird, ist das sehr aussagekräftige hebräische Wort *häsäd,* in dem Gottes Gnade, Liebe, sein herzliches Erbarmen, seine Gutherzigkeit und Güte enthalten sind.[23] Egal, wie viele Male du bereits versagt hast und wie viele Fehler du gemacht hast, und selbst wenn die Probleme, mit denen du zu kämpfen hast, die Folgen deines eigenen Handelns sind –

würdest du dich dem Herrn heute zuwenden und ihn für seine Güte und seine *häsäd* (seine Gnade) preisen?

Ich selbst habe seine Güte und seine *häsäd* (seine Gnade) auf diese Weise erlebt. Als ich vor einigen Jahren eine schwere Zeit durchlebte, gab Gott mir eine himmlische Melodie und dazu flossen einfach die folgenden Worte aus meinem Geist: »Preist den Herrn, denn er ist so gut, und seine Liebe währt für immer. Preist den Herrn, denn er ist so gut, und seine Gnade bleibt ewig bestehen.« Es war eine sehr schlichte, reine und unkomplizierte Melodie. Ich sang sie immer und immer wieder, bis sich alle meine Ängste, Sorgen und Befürchtungen in Luft aufgelöst hatten und ich mich völlig frei fühlte.

Preise den Herrn, denn er ist gut, denn seine *häsäd* (seine Gnade, Liebe, sein liebevolles Erbarmen, seine Gutherzigkeit und Güte) bleiben in deinem Leben für immer bestehen. Bete ihn mit diesen Worten an und während du das tust, wird er alle deine Feinde, Probleme, Ängste, Sorgen und Süchte in einen Hinterhalt locken. Wenn du dann das Schlachtfeld erreichst, davon bin ich überzeugt, sind alle deine Feinde bereits gefallen. Keiner deiner Widersacher wird entkommen, weil der Herr selbst deine Kämpfe führt.

Preise den Herrn, denn er ist gut, denn seine häsäd (seine Gnade, Liebe, sein liebevolles Erbarmen, seine Gutherzigkeit und Güte) bleiben in deinem Leben für immer bestehen.

Das Tal des Lobpreises

Weißt du, wie die Geschichte von Joschafats Kampf ausging? Er und seine Männer verbrachten drei volle Tage damit, die Kriegsbeute einzusammeln, die sie bei den Leichen ihrer Feinde fanden: »Sie fanden große Mengen an Ausrüstung … und andere wertvolle Gegenstände« (2Chr 20,25). Am vierten Tag kamen sie mit all ihrer Beute im Tal von Beracha zusammen, wo sie den Herrn anbeteten und lobten (siehe 2Chr 20,26). Wie passend, dass sie dieses Tal »Beracha« nannten, was »Lobpreis« bedeutet.

Im Anschluss, erzählt uns die Bibel, »kehrte das ganze Heer nach Jerusalem zurück mit Joschafat an der Spitze, und sie waren glücklich, denn der Herr hatte ihnen Freude am Sieg über ihre Feinde geschenkt« (2Chr 20,27). Gott hatte ihre Angst in Jubel, ihre Trauer in Freude und ihre Schwierigkeiten in Segen verwandelt.

Genau das geschieht, wenn wir unsere Hoffnung in den Herrn setzen. Preise ihn, denn er ist gut, und seine *häsäd* (seine Gnade) bleibt ewig bestehen. Du kannst zuversichtlich mit Gutem rechnen, denn dein Gott ist ein guter Gott. Wie der Stamm Juda – übrigens bedeutet das Wort Juda im Hebräischen »Lobpreis« (siehe 1Mo 29,35) –, wirst nicht du kämpfen müssen, denn der Kampf gehört dem Herrn. Halleluja!

KAPITEL 17

GOTT LIEBT ES, WENN DU IHN UM GROSSES BITTEST

Ich möchte dich zu Beginn dieses Kapitels gerne vor eine Herausforderung stellen: Bitte Gott um Großes! Was wünschst du dir für dein Leben – für deine Familie, deine Gesundheit, deine Finanzen, deine berufliche Karriere? Bitte Gott darum! Jesus sagte, dass der Dieb nur kommt, um zu stehlen, zu töten und zu zerstören, aber dass er selbst kam, damit du das Leben in Fülle hast (siehe Joh 10,10). Jesus kam, damit du ein Leben führen kannst, das nicht von Mangel, sondern von Überfluss gekennzeichnet ist, nicht von Verzweiflung, sondern von der Fülle seiner Liebe, seiner Freude und seines Friedens.

Sehnst du dich danach, ein Leben ohne Angst, Schuldgefühle und Süchte zu führen? Dann erbitte es von dem Gott, der Gnade und Leben im Überfluss hat.

Sehnst du dich danach, dass dein Körper stark und gesund ist und sich deine Jugend wie bei einem Adler erneuert (siehe Ps 103,5)? Erbitte es von dem Gott, der das Gute in Person ist.

Sehnst du dich danach, dass deine Ehe, deine Kinder und sonstige Menschen, die du liebst, in jeder Hinsicht gesegnet sind?

Dann erbitte es von dem Gott, dessen Liebe zu dir für immer bestehen bleibt.

Sehnst du dich nach einem Beruf oder einem Unternehmen, in dem du dich leidenschaftlich einbringen und all die Fähigkeiten ausleben kannst, die Gott dir geschenkt hat? Dann erbitte es von dem Gott, der mehr als genug ist.

Nimm dir einen Moment Zeit und eile hier nicht durch: Um was würdest du Gott bitten, wenn du ohne jeden Zweifel wüsstest, dass er gut ist und seine Liebe zu dir für immer bestehen bleibt?

Um was würdest du Gott bitten, wenn du ohne jeden Zweifel wüsstest, dass er gut ist und seine Liebe zu dir für immer bestehen bleibt?

Worum würdest du bitten?

Ich möchte dich darum bitten, jetzt etwas zu tun. Bitte lege dieses Buch für einen Moment zur Seite und hole dein Tagebuch oder ein Notizbuch.

Dann halte darin fest, worum du Gott bitten würdest, wenn du wüsstest, dass er deine Gebete erhört. Wie sehen deine Träume, deine Hoffnungen, deine Ziele aus? Was soll in deinem Leben in Erfüllung gehen? Womit hast du gerade zu kämpfen? In welchem Bereich deines Lebens sehnst du dich danach, dass Gottes Kraft wirksam wird? Schreibe es auf. Schreibe alles auf. Schreibe mit der biblischen Hoffnung in deinem Herzen, dass er dich hört und dich versorgen wird, alles auf, was du dir für dein Leben wünschst.

Bringe es mit der freudigen, positiven und zuversichtlichen Erwartung von Gutem zu Papier.

Bitte Gott nicht nur um kleine Dinge. Bitte ihn um große Dinge! Bitte ihn zum Beispiel nicht nur um einen Job, bitte ihn vielmehr um eine berufliche Position mit Einfluss. Bitte ihn nicht nur, deine Gesundheit wiederherzustellen, sondern bitte ihn um ein langes und gesundes Leben, angefüllt mit vielen guten Tagen. Erweitere deinen Glauben und vertraue auf Gottes Güte. Er freut sich, wenn unser Glaube groß ist. Gott ist nicht beleidigt, wenn wir ihn um große Dinge bitten.

Gott ist nicht beleidigt,
wenn wir ihn um große Dinge bitten.

Kannst du das jetzt sofort tun? Nimm dir einfach ein paar Minuten Zeit und schreibe deine Bitten an Gott nieder – an Gott, der allmächtig ist und stärker, als wir es uns jemals vorstellen können. Gott, der den Planeten ihre Bahnen zuwies und der Welt ihre Ordnung gab. Gott, der sein Volk bei Tag durch eine Wolkensäule leitete, und bei Nacht durch eine Feuersäule. Gott, der Manna vom Himmel regnen und Wasser aus dem harten Felsen sprudeln ließ. Gott, der dem Stamm Juda half, ihre Feinde zu besiegen, ohne dass ein einziges Schwert gezogen werden musste. Gott, der fades Wasser in den köstlichsten Wein verwandelte. Gott, der die Lahmen gehen ließ, die Blinden sehend machte und den Tauben Hörfähigkeit schenkte. Gott, der aus fünf Broten und zwei kleinen Fischen eine Mahlzeit für fünftausend Männer machte. Gott, der dem Wind gebot und den tosenden Sturm in eine große Stille verwandelte. Gott, der die Toten auferweckte und das Grab überwand.

Bitte Gott um das, was du brauchst – den Gott, der DICH mit unendlicher Liebe liebt!

Gott liebt es, wenn du ihn um etwas bittest

In der Bibel gibt es einen Mann namens Jabez. Sein Name war recht unglücklich gewählt. Er bedeutet »Kummer, Schmerz«[24], denn seine Mutter brachte ihn »unter Schmerzen zur Welt« (1Chr 4,9). Was für ein Name! Doch Jabez schrie zu Gott: »Segne mich doch und erweitere mein Gebiet! Sei bei mir in allem, was ich tue, und bewahre mich vor allem Kummer und Schmerz!« (1Chr 4,10).

Ich bin einigen Predigern begegnet, die sagten, dass Christen keine »selbstsüchtigen« Gebete sprechen sollten, in denen sie um Segen für sich selbst bitten. Das Gebet Jabez würde sehr wahrscheinlich unter ihre Definition eines »selbstsüchtigen Gebets« fallen, denn im Kern bat er darum, dass Gott ihn segnen, die Grenzen seines Gebietes erweitern, mit ihm sein und ihn beschützen sollte. Doch ist dir bewusst, dass Gott Jabez nicht rügte, weil er ihn um diese Segnungen bat? Ohne großes Trara hält die Bibel einfach im selben Vers fest: »Und Gott erfüllte ihm seine Bitte.« Es heißt in der Bibel sogar: »Jabez aber war angesehener als alle seine Brüder« (1Chr 4,9), weil er Gott um das bat, was er brauchte, anstatt selbst dafür zu kämpfen.

Das war alles. Kein großes Drama, keine lange Liste, was Jabez alles tun oder lassen sollte. Es ist wirklich so schlicht und einfach. Gott hörte sein Gebet und gewährte ihm seine Bitte! Keine Rüge, keine Vorschriften, kein »Jabez, wenn ich dich segnen soll, musst du zuerst Folgendes tun«. Nein, Gott ehrte den Glauben dieses Mannes und verwandelte seine Trauer in *Freude* und seinen Schmerz in *Segen* – nur weil er unerschütterlich daran glaubte, dass Gott gut ist, und ihn um Großes bat!

Mein Freund, habe eine gute Meinung von Gott. Er hat es nicht auf dich abgesehen. Er liebt dich und sehnt sich danach, seine Gunst in jedem Bereich deines Lebens wirksam werden zu lassen. Er liebt es, wenn du dich an ihn wendest, und hat versprochen, darauf zu antworten. Stell dir nur vor, wie er dir Jeremia 33,3 verkündet: »Ruf mich, dann will ich dir antworten und will dir gewaltige und unglaubliche Dinge zeigen, von denen du noch nie gehört hast.«

Habe eine gute Meinung von Gott. Er hat es nicht auf dich abgesehen. Er liebt dich und sehnt sich danach, seine Gunst in jedem Bereich deines Lebens wirksam werden zu lassen.

Könnte es sein, dass wir nicht besonders viele Durchbrüche erleben, weil wir es durch unsere religiöse und gesetzliche Rhetorik zu einem Tabu gemacht haben, Gott um große Dinge zu bitten? Könnte es sein, dass wir nur wenig Segen erleben, weil wir Gott nicht bitten und ihn nicht mit der zuversichtlichen Erwartung von Gutem suchen?

Ich will dir zeigen, was Jesus darüber sagte, Gott um etwas zu bitten:

> *Bittet, und ihr werdet erhalten. Sucht, und ihr werdet finden. Klopft an, und die Tür wird euch geöffnet werden. Denn wer bittet, wird erhalten. Wer sucht, wird finden. Und die Tür*

wird jedem geöffnet, der anklopft. Ihr Eltern – wenn euch eure Kinder um ein Stück Brot bitten, gebt ihr ihnen dann stattdessen einen Stein? Oder wenn sie euch um einen Fisch bitten, gebt ihr ihnen eine Schlange? Natürlich nicht! Wenn ihr, die ihr Sünder seid, wisst, wie man seinen Kindern Gutes tut, wie viel mehr wird euer Vater im Himmel denen, die ihn darum bitten, Gutes tun. – Matthäus 7,7–11

Mein Freund, es bereitet deinem himmlischen Vater große Freude, wenn du ihn um etwas bittest. Es bereitet ihm Wohlgefallen, dich und deine Familie zu segnen (siehe Lk 12,32). Lass dich nicht länger von einem falschen Glauben über Gott aufhalten, sondern fange heute damit an, ihn um das zu bitten, was dir am Herzen liegt!

Lass dich nicht länger von einem falschen Glauben über Gott aufhalten, sondern fange heute damit an, ihn um das zu bitten, was dir am Herzen liegt!

Gott ehrt unseren Glauben

Josua, der Nachfolger Moses, der die Kinder Israels in das verheißene Land führte, war jemand, der um Großes bat. Als er im dichtesten Kampfgetümmel mit seinen Feinden steckte und die Sonne untergehen wollte, rief er laut: »Sonne, stehe still in Gibeon, und du, Mond, im Tal Ajalon« (Jos 10,12 SLT). Und die Bibel berichtet: »Da standen Sonne und Mond still, bis die Israeliten sich an ihren Feinden gerächt hatten. … Denn der Herr kämpfte für Israel« (Jos 10,13–14).

Ich liebe diese Geschichte. Als meine Leiter und ich uns auf der Ebene befanden, wo dieser Kampf stattgefunden hatte, konnten wir auf der einen Seite die Sonne über Gibeon sehen und auf der anderen Seite den Mond über dem Tal Ajalon. Von diesem Ort aus konnte man die Sonne und den Mond zur selben Zeit sehen. Als ich dort stand, konnte ich mir gut vorstellen, wie Josua mitten im Kampf seine Stimme erhob, mit dem Finger auf die Sonne zeigte und ihr befahl, stillzustehen, um sich dann dem Mond zuzuwenden und ihm das Gleiche zu befehlen. Josua bat Gott um mehr Tageslicht, weil der Kampf gerade zu ihren Gunsten verlief. Er wollte seine Feinde komplett auslöschen und ihnen keine Zeit geben, sich neu zu formieren.

Wenn man genauer darüber nachdenkt, um was Josua da eigentlich bat, war es sowohl eine verwegene als auch eine fehlerhafte Bitte. Denn wenn du in der Schule richtig aufgepasst hast, weißt du, dass sich die Erde um die Sonne dreht, nicht die Sonne um die Erde! Technisch gesehen ließ Gott also stattdessen die *Erde* stillstehen, als Josua der Sonne und dem Mond zurief, sie sollten stillstehen. Josuas Bitte war wissenschaftlich gesehen fehlerhaft, aber dennoch ehrte Gott Josuas dreisten Glauben! Er verstand, dass Josua mehr Tageslicht brauchte, und er machte es möglich.

Ist es nicht ermutigend, dass Gott Josua nicht korrigierte und ihm kein Was-ist-Was-Sachbuch in die Hand drückte über die Funktion des Sonnensystems, das er installiert hatte? Mich ermutigt es sehr zu wissen, dass Gott unsere Hoffnung und unseren Glauben an ihn ehrt, selbst wenn unsere Glaubensbekenntnisse nicht vollkommen sind. Er liebt es, wenn wir ihn um große Dinge bitten. Mein Freund, du kannst ihn bitten und darfst dabei wissen, dass der Kampf wirklich dem Herrn gehört und dass er für dich kämpfen wird, so wie er für Israel gekämpft hat, weil du ein Kind seines Bundes bist.

Eine Geschichte von Gottes Güte

Wir haben in Gottes Wort gesehen, dass er diejenigen ehrte, die positiv und zuversichtlich mit Gutem rechneten, und die es wagten, ihn um große Dinge zu bitten. Jabez bat den Herrn, ihn zu segnen, und Gott tat es. Josua bat mitten in einer Schlacht darum, dass die Sonne stillstehen möge, und obwohl er naturwissenschaftlich gesehen falsch lag, erhörte Gott sein Gebet. Bist du bereit, deine Hoffnung auf den Herrn zu setzen, eine gute Meinung von ihm zu haben und zuversichtlich mit Gutem für dein Leben und deine Zukunft zu rechnen?

Ich möchte dir als weitere Ermutigung die außergewöhnliche Geschichte einer Frau erzählen, die heute weltweit als eine der bedeutendsten Unternehmerinnen gilt. Diese Frau hatte einen schweren Start ins Leben. Die meisten Babys werden von ihren Eltern mit einem Lächeln und einer Umarmung in dieser Welt willkommen geheißen, doch diese Frau wurde von ihren leiblichen Eltern ausgesetzt.

Eine Witwe, die weder lesen noch schreiben konnte, adoptierte sie glücklicherweise. Das kleine Mädchen nannte sie liebevoll »Großmutter«. Gemeinsam mit vier weiteren Waisen wuchs sie in einer winzigen, behelfsmäßigen Hütte in Perak (Malaysia) auf. Das verzinkte Blechdach leckte und es gab in dieser Hütte weder fließend Wasser noch Elektrizität.

Sie war erst neun, als sie zu arbeiten anfing, damit sie über die Runden kamen. Während andere Kinder nach der Schule lachten und spielten, hockte sie in einer staubigen Fabrik, wo sie aus starren Rattanstreifen Körbe flocht. Ihre zarten Finger waren durch diese harte Arbeit oft aufgeschürft und bluteten, aber sie hatte keine Wahl – sie wurde nur für die Körbe bezahlt, die fest und richtig geflochten waren.

Die fünfzehn Malaysischen Ringgit-Cent (etwas weniger als fünf US$-Cent), die sie für jeden Korb bekam, waren zwar eine kümmerliche Summe, bedeuteten aber, dass ihre Familie nicht auf Essen verzichten musste. Und das war nur einer der vielen Gelegenheitsjobs, die sie annahm, um sich über Wasser zu halten. Sie erinnert sich immer noch an die Freude, die sie empfand, als sie zum ersten Mal einen 5-Dollar-Schein in der Hand hielt. Bevor sie diesen hart verdienten Schein ihrer Großmutter für den Haushalt gab, bügelte sie ihn so lange, bis er vollkommen glatt war und bewahrte ihn zwischen den Seiten ihres Schulbuchs auf, damit sie ihn, während sie in der Schule saß, die ganze Zeit über betrachten konnte.

Wenn die Lage hoffnungslos scheint

Da man sie bei ihrer Geburt weggegeben hatte und ihre Adoptiv-Großmutter nur kümmerliche Mittel zur Verfügung hatte, schien es nach menschlicher Logik ihr Schicksal zu sein, in diesem Kreislauf der Armut stecken zu bleiben. Wie also kehrte Gott ihre Situation trotz dieser hoffnungslosen Umstände um?

Ich erzähle dir das Zeugnis dieser Frau, weil ich dich zu der Sichtweise ermutigen will, dass es nicht darum geht, wie oder mit welchen Mitteln du an den Start gehst. Es kann sein, dass du in sehr schwierige Umstände hineingeboren wurdest. Vielleicht sind deine Eltern getrennt. Oder du wurdest als Kind sogar missbraucht. Mein Freund, ich will dir heute sagen, mit Gott in deinem Leben ist das letzte Wort noch *nicht* gesprochen! Du kannst hoffnungsvoll sein und Gutes erwarten, selbst wenn dein Leben dir hoffnungslos erscheint.

Die Frau erzählte mir, obwohl es sehr schwer gewesen sei, über die Runden zu kommen, habe sie schon als Kind immer das Gefühl gehabt, dass es irgendwo einen Gott gibt. Einen Gott, der über ihr wachte, sie schützte und sie segnete. Sie erzählte, dass sie als kleines Mädchen mit diesem Gott »sprach« und sich sogar in einem kleinen Tagebuch an ihn wandte. Sie erinnerte sich auch an ein einfaches, unschuldiges Gebet, das sie an diesen unbekannten Gott richtete: »Wenn du der wahre Gott bist, komm bitte und suche nach mir, damit ich dich kennenlerne.«

Wenn sie heute zurückblickt, ist sie voller Dankbarkeit gegenüber dem Herrn, der sie bereits kannte, wie sie erklärt, als sie sich noch im Bauch ihrer Mutter befand. Sie weiß, dass es Gott gewesen ist, der ihr die richtigen Leute über den Weg geschickt und sie in zahlreichen Situationen vor Gefahren bewahrt hatte, bevor sie ihn überhaupt kennenlernte.

Als ich ihrer Erzählung lauschte, musste ich an ein Versprechen in der Bibel denken, in dem es heißt, dass Gott ein Vater für die Vaterlosen ist (siehe Ps 68,6). Ja, ihre leiblichen Eltern hatten sie bei ihrer Geburt ausgesetzt, aber ihr Vater im Himmel hatte einen erstaunlichen Plan für ihr Leben. Und genauso hat er auch einen erstaunlichen Plan für dein Leben. Halte an seiner Verheißung fest, die er in seinem Wort für dich festgehalten hat:

> *Denn ich weiß genau, welche Pläne ich für euch gefasst habe«, spricht der Herr. »Mein Plan ist, euch Heil zu geben und kein Leid. Ich gebe euch Zukunft und Hoffnung.«*
> *– Jeremia 29,11*

In der Schule war sie so gut, dass der stellvertretende Direktor sie dazu ermutigte, in Singapur zu studieren, da die Möglichkeiten in ihrer Heimatstadt sehr begrenzt waren. Mit dem Segen ihrer Großmutter und nur zehn Malaysischen Ringgit in ihrer Tasche machte sie sich auf den Weg nach Singapur.

Obwohl sie sich mit mehreren Jobs über Wasser halten musste, um auch ihrer Großmutter Geld zukommen lassen zu können, schrieb sie weiterhin exzellente Noten, ging auf eine Top-Universität und bestand ihren Abschluss in Chemie mit Auszeichnung. Danach bekam sie eine bestens bezahlte Anstellung bei einer internationalen Firma. Aber dreieinhalb Jahre später, im Jahr 1989, entschloss sie sich, den Sprung zu wagen und ihr eigenes Unternehmen zu gründen.

Im Jahr 2000, als ein Freund sie in die *New Creation Church* in Singapur einlud, beantwortete Gott das Gebet, das sie als Kind gesprochen hatte. Sie hatte im Laufe der Jahre viele unterschiedliche Dinge über Gott gehört und erinnerte sich noch daran, welche Freiheit sie empfand, als sie meine Predigten über Gnade hörte und dadurch erkannte, dass Gott sie so viel mehr liebte, als sie ihn je lieben konnte.

Nun sah sie Gott nicht länger als ein weit entferntes Wesen an. Stattdessen hatte sie eine persönliche Begegnung mit dem Gott, von dem sie wusste, dass er all die Jahre über ihr gewacht hatte. Als sie der Liebe Jesu begegnete, so teilte sie mir mit, begann sie, jeden Sonntag treu in den Gottesdienst zu gehen – obwohl sie in der langen Schlange vor unserem Auditorium warten musste.

Einige Zeit später hatte sie den Eindruck, dass der Herr sie dahin führte, mit ihrem Unternehmen an die Börse zu gehen, um wettbewerbsfähig zu bleiben. Also wandte sie sich an eine Bank, mit der Bitte um Durchführung des geplanten Börsengangs ihres Unternehmens. Doch der Bankdirektor, dem sie ihren Businessplan vorlegte, wies sie ab und erklärte ihr, es sei keine gute Zeit, um an die Börse zu gehen, da die Grundstimmung des Marktes sehr schlecht sei und der Dow-Jones-Index sich auf einer extremen Talfahrt befände. Zum Abschied machte er noch eine letzte spitze Bemerkung: »Wenn der Dow-Jones-Index heute wieder anfängt, nach oben zu klettern, können Sie morgen zu einem Gespräch wiederkommen.«

Sie erzählte mir, dass sie sich, als sie aus der Bank ging, an eine meiner Predigten erinnerte, in der es darum ging, kühn zu sein und Gott um große Dinge zu bitten. »Sie haben gesagt, dass wir Gott nicht beleidigen sollen, indem wir nur um kleine Dinge bitten. Sie sagten: ›Bittet Gott um große Dinge, zeigt ihm eure Wertschätzung und rechnet zuversichtlich mit Gutem.‹« Also ging sie nach Hause und bevor sie zu Bett ging, entschloss sie sich, mutig im Glauben zu sein und Gott darum zu bitten, etwas Großes für sie zu tun. Sie glaubte, dass er den Markt zu ihren Gunsten beeinflussen konnte, also betete sie einfach: »Gott, du bist allmächtig. Ganz sicher kannst du den Aktienmarkt der USA beeinflussen und in Jesu Namen bewirken, dass der Dow-Jones-Index wieder steigt.«

Die Zeitverschiebung zwischen Singapur und New York beträgt 12 Stunden, was bedeutet, dass die Wertpapierbörse dort öffnet, wenn es in Singapur Nacht ist. Um etwa 4 Uhr morgens wurde die Frau mit dem Eindruck geweckt, sie solle jetzt aufstehen, um nach dem Dow-Jones zu sehen. Die Talfahrt war vorbei – es ging wieder aufwärts! Innerhalb von nur vier Stunden war der Dow-Jones-Index um sagenhafte 18 Prozent gestiegen, und zwar aufgrund einer unerwarteten Ankündigung durch den Vorsitzenden der US-Notenbank, Alan Greenspan.

Die Kraft, die darin liegt, zuversichtlich mit Gutem zu rechnen

»Pastor Prince, kann Gott solche Dinge tun?«

Natürlich kann er das. Gott hat es schließlich für diese Frau getan, oder nicht? Das ist die Kraft des richtigen Glaubens!

Alles ist möglich für die, die Gott glauben und zuversichtlich mit Gutem rechnen. Sie hatte – genau wie Jabez – die Kühnheit, Gott darum zu bitten, sie zu segnen und die Dinge zu ihren Gunsten zu wenden, und Gott erhörte ihre Bitte. Bitte Gott um große Dinge in deinem Leben und erwarte Gutes. Er ist ein guter Gott.

Alles ist möglich für die, die Gott glauben und zuversichtlich mit Gutem rechnen.

Diese Frau war von Gott überzeugt. Einer der Bibelverse, die sie immer wieder aufbauten, war Johannes 10,10 (SLT), in dem es heißt: »Ich aber bin gekommen, damit sie das Leben haben und es im Überfluss haben.«

Selbst wenn ihr Unternehmen Herausforderungen gegenüber stand, verkündete sie, dass ihr Gott der Fülle sich darum kümmern würde. Sie stellte sich auf seine Verheißung, dass sie die Gerechtigkeit Gottes in Christus war und daher alles, was sie tat, überreich gesegnet sein würde. Als die Zeiten schwierig waren und die Wirtschaft durch eine Rezessionsphase ging, rechnete sie weiterhin mit Gutem. Sie schaute auf den Gott, der gut ist und der kam, um uns Leben in ganzer Fülle zu schenken.

Ich möchte, dass du erkennst, dass nicht alles in diesem Leben glatt laufen wird, sobald du beginnst, deine Hoffnung auf Gott zu setzen. Jesus sagte: »Hier auf der Erde werdet ihr viel Schweres erleben. Aber habt Mut, denn ich habe die Welt überwunden« (Joh 16,33). In dieser Welt werden wir uns immer mit Problemen, Herausforderungen und Schwierigkeiten auseinandersetzen müssen. Doch in all dem darfst du in Jesus ruhen, in ihm Ermutigung finden, fortfahren, auf ihn zu hoffen und ohne jeden Zweifel wissen, dass er dich durch alle Widrigkeiten hindurchbringen wird. Er hat die Welt bereits überwunden! Dein Part ist, dich dafür zu entscheiden, Mut zu haben, dich beständig am Herrn zu freuen und weiterhin mit Gutem zu rechnen.

Am nächsten Tag marschierte sie in das Büro des Bankdirektors und zeigte ihm, wie hoch der Dow-Jones-Index nur innerhalb eines Tages geklettert war! Der Bankdirektor argumentierte jedoch, dass dies nur ein vorübergehendes Phänomen sein könnte und führte weitere Bedingungen an, die sie erfüllen müsste. Unerschrocken und überzeugt davon, dass Gott sie auf jeden Fall segnen würde, rief sie rasch ihre ehemaligen Klassenkameraden und Professoren an, um bei ihnen um Unterstützung zu werben. So konnte sie dem Bankdirektor noch am selben Tag eine lange Liste engagierter Investoren präsentieren.

Schließlich hatte sie den Bankdirektor für sich gewonnen. Er war beeindruckt, dass sie innerhalb eines einzigen Nachmittags eine solch überwältigende Unterstützung gewinnen konnte. Natürlich wusste er nicht, dass hier die Gunst des Herrn am Werk war! Die Bank gab ihr eine verbindliche Zusage, um den Börsengang zu ermöglichen und ihr dabei zu helfen, ein börsennotiertes Unternehmen zu werden.

Genau zu diesem Zeitpunkt, als sie mit ihrem Unternehmen an die Börse ging, startete die Regierung Singapurs eine Initiative, die die Wichtigkeit betonte, Abwasser als Trinkwasser aufzubereiten, und kündigte eine große Ausschreibung für den Bau der ersten Kläranlage der Nation an.

Die Nachrichten waren daher voll davon, wie wertvoll und strategisch bedeutsam Wasser für die Bevölkerung von Singapur sei. Das hätte niemand so planen können. Sie hatte ja keine Ahnung gehabt, dass, genau in dem Jahr, in dem sie an die Börse ging, ihre eigene Branche – nämlich Wasseraufbereitung – zum Top-Thema des Jahres werden würde. Sie folgte einfach nur dem Eindruck, den der Herr ihr gegeben hatte. Sie hatte vorher rein gar nichts von diesem Projekt gewusst und ihre Augen einfach nur auf Jesus gerichtet. Doch Gott arbeitete hinter den Kulissen. Trotzdem spekulierten die Leute darüber, dass sie sicher von dieser großen öffentlichen Ausschreibung gewusst haben musste, wodurch ihrem Börsengang noch mehr Aufmerksamkeit gewidmet wurde.

Durch all den Medienrummel und die Begeisterung für Wasser wurde der Börsengang ihres Unternehmens ein sensationeller Erfolg und die ausgegebenen Aktien wurden siebenfach überzeichnet. Ihr Unternehmen Hyflux Ltd. wurde so zum ersten Unternehmen aus der Branche der Wasseraufbereitung, die an der Singapore Exchange (der Börse Singapurs) gelistet wurde.

Sie erzählte mir noch von vielen weiteren erstaunlichen Zeugnissen, wie der Herr ihr, nachdem ihr Unternehmen an die Börse gegangen war, auch in China, Indien und dem Mittleren Osten Türen geöffnet hatte. Manchmal machte sie Angebote für Infrastruktur-Projekte, in denen Abwasseraufbereitungsanlagen oder zur Trinkwassergewinnung einige der größten membranbasierten Meerwasserentsalzungsanlagen der Welt gebaut werden sollten. Bei diesen Projekten ging es um Millionen von Dollar. Dabei war sie der kleine David zwischen den großen Goliats der Industrie. Und doch setzte sie sich durch und wurde für ihre Projekte oft ausgezeichnet. Das, mein Freund, ist die *Gunst* Gottes. Seine Gunst liegt zweifellos auf ihrem Leben und sie ist sich weiterhin des guten Gottes bewusst, der über ihr wacht, egal, wie hart, rau und herausfordernd das Geschäftsklima auch sein mag.

2011 erhielt Olivia Lum in Monte Carlo den prestigeträchtigen Ernst & Young-Preis für den Welt-Unternehmer des Jahres und setzte sich damit gegen fünfzig andere Spitzenunternehmer der ganzen Welt durch. In ihrer Dankesrede dankte sie ihrem Herrn Jesus Christus. Sie wusste damals nicht, dass sie in der elfjährigen Geschichte dieses renommierten Preises die erste Frau war, der diese Ehrung zuteilwurde.

Wie schaffte es ein junges Mädchen, das bei seiner Geburt ausgesetzt wurde und für ein paar Cents Rattankörbe geflochten hatte, ein millionenschweres, börsennotiertes Unternehmen zu gründen? Mein Freund, das ist die Kraft des richtigen Glaubens. Olivias Geschichte ist wirklich erstaunlich. Sie erzählt von der Güte, der Gunst, der Gnade und der Kraft unseres Gottes.

Mein Gebet ist, dass sie dir Mut macht und zu erkennen hilft, dass nichts unmöglich ist, wenn du den richtigen Glauben an die Person Jesus und an seine Liebe und Güte hast. Bitte Gott um große Dinge. Er liebt dich und ist dafür bekannt, weit über die Maßen mehr zu tun, als wir erbitten, verstehen oder uns auch nur vorstellen können (siehe Eph 3,20 SLT).

Gott liebt dich und ist dafür bekannt, weit über die Maßen mehr zu tun, als wir bitten, verstehen oder uns auch nur vorstellen können.

KAPITEL 18

FINDE HOFFNUNG, WENN ALLES HOFFNUNGSLOS SCHEINT

Sie hatte so viele wundervolle Geschichten über den Zimmermann aus der kleinen Stadt Nazareth gehört. Wie er in ganz Galiläa umherzog und über Gott lehrte, den er liebevoll seinen »Vater« nannte. Wie er von der Liebe dieses Vater-Gottes erzählte. Wie seine Hände Wunder wirkten. Wie er alle heilte, die zu ihm kamen.

Die Blinden konnten, nachdem sie ihm begegnet waren, wieder sehen. Die Lahmen hüpften. Die Aussätzigen hatten reine Haut. Menschen, die von Dämonen besessen gewesen waren, wurden vollkommen frei.

Augenzeugenberichte von Begegnungen mit diesem Mann wurden in lebhaften Details immer wieder erzählt: Davon, wie seine Augen und seine Stimme so viel Wärme, Sanftheit und Demut ausstrahlten, dass sich selbst die verhassten Zolleintreiber, unreinen Aussätzigen, verachteten Kriminellen und Prostituierten – alle, die sich normalerweise eher im Hintergrund hielten – hinauswagten, um ihm überallhin zu folgen.

Wie diese Menschen wusste auch sie, was es hieß, eine Ausgestoßene zu sein. Sie wusste, wie es war, harte Vorwürfe und richtende Worte zu hören, wenn sie sich in die Öffentlichkeit wagte – besonders von denen, die in gesetzlicher Weise über Gott und seine Gebote lehrten. Doch die anderen Ausgestoßenen schienen sich alle darin einig zu sein, dass dieser Zimmermann-Lehrer anders war. Sie beobachtete, wie ihre Gesichter strahlten, wenn sie über diesen Mann sprachen.

Sie musste daran denken, wie einer von ihnen gesagt hatte: »Er spricht über einen Gott, der sich sogar um die Vögel und die Blumen kümmert, einen Gott, der uns so sehr liebt, dass er sogar die Anzahl unserer Haare kennt!« Sie sah, wie ihre Augen funkelten, als sie begeistert mitteilten, wie er ihnen das Gefühl zurückgab, ein Mensch zu sein. Und ihr wurde merkwürdig warm ums Herz, als sie davon erzählten, wie die Würde, Bestätigung und Gnade, mit denen er ihnen begegnete, ihre Glaubensvorstellungen über Gott verwandelt und ihr Leben für immer verändert hatten.

Wer war dieser Mann, den sie einen Freund der Sünder nannten?

Da auch sie selbst eine Ausgestoßene war, verschlang sie jede Geschichte über ihn. Seit zwölf langen Jahren litt sie unter Hämorrhagie (Blutung), die ihrem Körper böse zugesetzt hatte. Die Krankheit hatte ihre finanziellen Mittel aufgebraucht und sie von so ziemlich allen sozialen Interaktionen ausgeschlossen. Und obwohl sie ihr ganzes Geld dafür aufgewendet hatte, jeden Arzt von Jerusalem bis Galiläa aufzusuchen, verschlechterte sich ihr Zustand zunehmend.

Doch alles, was sie über diesen Mann gehört hatte, belebte sie neu und gab ihr etwas, das ihr bisher fremd gewesen war – Hoffnung. Zum ersten Mal seit vielen Jahren blickte sie zuversichtlich in die Zukunft. Sie wusste, dass die Dinge sich endlich zum Guten wenden würden.

Als sie hörte, dass dieser Mann, Jesus, auf seinem Weg zum Haus von Jairus, für dessen Tochter er beten wollte, an ihrer Straße vorbeikommen würde, machte ihr Herz einen Freudensprung. Nachdem man sie über ein Jahrzehnt lang jedes Mal fortgejagt hatte, wenn sie sich in der Öffentlichkeit blicken ließ, hatte sie inzwischen eine große Angst vor Menschenansammlungen. Doch sie sagte sich: »Wenn ich auch nur sein Gewand berühre, werde ich geheilt« (Mk 5,28 EÜ).

Dieser Gedanke gab ihr bei jedem Schritt, den sie auf der Suche nach Jesus machte, Kraft – bis sie ihn endlich inmitten einer Menschenmenge sah, die sich um ihn drängte. Sie schob sich von hinten an ihn heran, fest entschlossen, sich nicht von dem dichten Gedränge einschüchtern zu lassen. Sie streckte ihre Hand nach ihm aus und spürte, wie ihre Finger den Saum seines Gewandes streiften.

Und das Wunder geschah. In dem Moment, als ihre Fingerspitzen die glatten, feinen Fasern seines leinenen Gebetsmantels berührten, wurde ihr Körper augenblicklich von Kraft durchströmt. Der unaufhörliche Blutfluss, der jahrelang ihr ständiger Begleiter gewesen war, hörte sofort auf und sie war vollkommen geheilt.

Was hörst du über Jesus?

Vielleicht geht es dir wie dieser Frau (deren ganze Geschichte du übrigens in Markus 5,25–34 nachlesen kannst) und du stehst in deinem Leben vor einer hoffnungslosen Situation. Vielleicht hast du mit einer kräftezehrenden Krankheit, Konflikten in deiner Ehe, einer finanziellen Krise oder einem anderen anhaltenden Problem zu kämpfen. Nach menschlichem Ermessen sieht die Zukunft trostlos aus und es scheint keinen Grund zur Hoffnung zu geben. Wenn das auf dich zutrifft, möchte ich dir Mut machen zu glauben, dass du den gleichen Durchbruch wie diese Frau erleben kannst.

Stell dir vor: Zwölf lange Jahre hatte sie hilflos zugesehen, wie sich ihr Zustand immer weiter verschlechterte, so sehr sie sich auch um Heilung bemühte. Die meisten von uns hätten wohl das Handtuch geworfen und jegliche Hoffnung aufgegeben.

Wie hatte diese Frau inmitten ihrer hoffnungslosen Umstände wieder Hoffnung gefunden?

Was war ihr Wendepunkt? Was gab ihr den Mut, wieder zu hoffen?

Ich glaube, das Geheimnis ihres Glaubens findet sich in den ersten fünf Worten dieses Verses: »Sie hatte von Jesus gehört. Nun drängte sie sich in der Menge von hinten an ihn heran und berührte sein Gewand« (Mk 5,27 EÜ).

Das Wort Gottes berichtet uns lediglich davon, dass sie »von Jesus gehört« hatte.

Was glaubst du, hatte sie über Jesus gehört?

Diese Frage ist sehr wichtig, denn was auch immer sie über diesen Jesus gehört hatte, rief eine kühne biblische Hoffnung und Zuversicht in ihr hervor. Und dies wiederum erfüllte sie mit der Kühnheit und Beharrlichkeit, alles zu riskieren, um zumindest den Saum seines Gewandes zu berühren. Sie wusste sehr wohl, welche Gesetze für unreine Menschen wie sie galten. Daher hatte sie mit dem Gedanken zu kämpfen, wie sie öffentlich gedemütigt und sehr wahrscheinlich auch geschlagen werden würde, falls man sie erkannte.

Damit sie sich also hinauswagte und durch die Menge drängte, um zu Jesus zu gelangen, musste sie in ihrem Herzen offensichtlich keinen Zweifel gehabt haben, dass sie in dem Moment, in dem sie den Saum seines Gewandes berührte, völlig geheilt werden würde.

Bedenke, dass sie nicht darauf hoffte, von einer gewöhnlichen Erkältung oder vorübergehenden Kopfschmerzen geheilt zu werden. Sie glaubte daran, dass sie vollkommen von einer Krankheit geheilt werden würde, die sie seit zwölf Jahren quälte – einer Krankheit, die von jedem Arzt, den sie aufgesucht hatte, als unheilbar diagnostiziert worden war.

Die Bibel berichtet nichts Genaues darüber, *was* sie über Jesus erfahren hatte. Ich nehme aber stark an, dass sie eine Geschichte nach der anderen darüber gehört hatte, wie Jesus überall wo er hinging die Kranken heilte. Auch, dass er sogar die unreinen Aussätzigen nicht verachtete, die zu ihm kamen, und davon, wie gut und gnädig er sich denen gegenüber verhielt, die völlig am Ende waren. Was sie über Jesus hörte, weckte Hoffnung in ihr. Es bewirkte, dass sie freudig und zuversichtlich mit Gottes Wirken rechnete, was sich auch in ihren Worten widerspiegelt: »Wenn ich nur sein Gewand anrühre, so werde ich geheilt.« Diese Hoffnung mündete dann in einen Glauben, der keine Mühe machte.

Gottes Wort definiert Glaube als »das Vertrauen darauf, dass das, was wir hoffen, sich erfüllen wird« (Hebr 11,1). Anders ausgedrückt: Die Hoffnung, die sie in die Güte Jesu gesetzt hatte, wurde zu Glauben und dieser Glaube gab ihr die Kühnheit, sich durch die Menge zu drängen und ihre Heilung von Jesus zu empfangen.

Das Richtige zu hören weckt richtigen Glauben

Das Hören spielt beim richtigen Glauben eine enorme Rolle. Du kannst keinen richtigen Glauben haben, wenn du nicht das Richtige hörst. Wow, das war gut! Ich will nicht, dass du das überliest. *Du kannst keinen richtigen Glauben haben, wenn du nicht das Richtige hörst.* Ich glaube, dass die Frau mit dem krankhaften Blutfluss begann, richtigen Glauben zu haben, als sie das Richtige hörte. In Gottes Wort heißt es: »der Glaube kommt durch das Hören, und zwar durch das Hören der Guten Nachricht über Christus« (Röm 10,17 NLT).

Du kannst keinen richtigen Glauben haben, wenn du nicht das Richtige hörst.

Entscheidend ist, was du hörst. Wenn du dir von Gott einen Durchbruch in deinem Leben erwartest, achte darauf, was du dir anhörst. Hörst du dir Predigten an, die voll von der guten Nachricht über Jesus sind? Und nachdem du dir diese Predigten angehört (oder diese Bücher gelesen) hast, bist du dann von dem starken Gefühl erfüllt, *du müsstest etwas tun*? Oder bist du von dem Kraft spendenden Bewusstsein erfüllt, welche Rolle Jesus in deinem Leben spielt und was *er* am Kreuz alles *für dich getan hat*?

Was du über Gott hörst, ist entscheidend.

Die Frau in der Geschichte hatte mit Sicherheit nichts über das Gesetz gehört. Denn das Gesetz hätte all ihre Hoffnung und all ihren Glauben im Keim erstickt. Das Gesetz hätte sie bloßgestellt und hervorgehoben, wie unrein, unwürdig und ausgeschlossen sie war. Hätte sie gehört, dass Jesus sich nicht von den religiösen Pharisäern ihrer Zeit unterschied, hätte sie niemals freudig mit Gutem gerechnet und mit Sicherheit auch nicht den Mut gehabt, sich durch die Menge zu drängen, um Jesus zu berühren. Unter dem Gesetz hätte eine unreine Person schon lebensmüde sein müssen, um sich unters Volk zu mischen, geschweige denn, das Gewand einer reinen Person zu berühren.

Mit dem Gesetz war es so: Wenn eine unreine Person eine reine Person berührte, wurde der Reine unrein. Unter der Gnade ist es jedoch so: Berührt eine unreine Person eine reine Person (Jesus), dann wird der Unreine rein! Als die Frau ihre Hand nach Jesus ausstreckte und sein Gewand berührte, wurde er nicht mit ihrer Unreinheit besudelt. Das Gleiche geschah im Fall des Aussätzigen, den Jesus berührte, nachdem er die Bergpredigt gehalten hatte (siehe Mt 8,3). Im Gegenteil, beide wurden mit der Gesundheit und dem Heil-Sein Jesu »infiziert«. Beide wurden vollkommen wiederhergestellt. Oh, wie wunderbar und umfassend ist Gottes erstaunliche Gnade!

Was hast du über Jesus gehört? Hörst du von einem harten, gesetzlichen und religiösen Jesus, der fordernd, kalt und erbarmungslos ist? Oder hörst du die wahre frohe Botschaft über seine Liebe, Gnade und liebevolle Barmherzigkeit für dich?

Hörst du von einem harten, gesetzlichen und religiösen Jesus? Oder hörst du die wahre frohe Botschaft über seine Liebe, Gnade und liebevolle Barmherzigkeit für dich?

Die wahre Botschaft der Gnade schenkt dir immer Hoffnung und Glauben, um auf Jesus zu vertrauen. Denn wenn du das Richtige über Jesus hörst, weißt du, dass er dich nicht ansieht, damit er dich bloßstellen und auf all deine Unreinheit, Süchte und Sünden hinweisen kann. Nein, er sieht dich als einen wertvollen Menschen, als jemanden, den er persönlich, aufs Innigste und unendlich liebt. Er sieht dich als jemanden, für den er am Kreuz gelitten hat und gestorben ist. Wenn du das glaubst und seine Liebe, Gnade und Güte dir gegenüber erkennst, wird dein Herz voller Hoffnung sein. Höre dir also immer wieder die frohe Botschaft über Jesus an!

Unabhängig davon, wie lange du schon mit deinen Problemen kämpfst oder wie lange es bereits her ist, dass du irgendwelche positiven Ergebnisse gesehen hast, möchte ich dir Mut machen, deine Ohren, Augen und dein Denken mit der frohen Botschaft von Jesus zu füllen. Vertrau mir, wenn du Botschaften hörst, die sich um seine Gnade drehen, wirst du unweigerlich beginnen, freudig mit Gutem zu rechnen. Wenn dein Herz mit Hoffnung erfüllt ist, weil du wie diese Frau all diese erstaunlichen Geschichten über Jesus hörst, dann wirst du deine Hand im Glauben ausstrecken. Lieber Freund, strecke deine Hand aus und empfange von deinem liebenden Retter dein Wunder und deine Freiheit!

Über Jesus das Richtige zu hören, bewirkt Kraft

Es ist noch nicht allzu lange her, dass ich eine E-Mail von George aus Kalifornien erhielt. Er schrieb mir, dass man bei ihm das Evans-Syndrom festgestellt hatte, eine seltene Autoimmunkrankheit, bei der sich die Antikörper einer Person gegen deren eigenen roten Blutkörperchen und Blutplättchen richten. Einmal musste dieser Bruder in die Notaufnahme gebracht werden, weil die Gefahr spontaner Blutungen bestand. Die Anzahl seiner Blutplättchen war auf dramatische 4000 µl gesunken. Der durchschnittliche Normalwert eines gesunden Menschen liegt zwischen 150.000 und 400.000 µl.[25] Er schrieb:

Die Ärzte gaben mir Infusionen und extrem hoch dosierte Steroide. Ich reagierte sehr unschön auf die Steroide. Sie riefen so starke Depressionen hervor, dass ich meiner Frau irgendwann sogar sagen musste, sie solle die Waffen in unserem Haus verstecken, weil ich den schrecklichen Gedanken, mich damit selbst umzubringen, nicht loswurde.

Weil ich die Steroide nahm, konnte ich kaum denken, geschweige denn normale Unterhaltungen führen. Ich weinte ununterbrochen. Unsere drei Kinder konnten nicht einordnen, was mit ihrem Papa geschah. Es war eine sehr harte Zeit für unsere Familie. Ich fing sogar an, Menschen zu erzählen, dies sei Gottes Strafe für die Dinge, die ich getan hatte.

Jedes Mal, wenn ich eine Infusion bekam und die Ärzte meine Dosis Steroide erhöhten, kletterten meine Blutplättchen auf ein normales Niveau, was aber nie sehr lange anhielt. Mein Immunsystem hörte nicht damit auf, meine Blutplättchen anzugreifen und zu zerstören – egal, welche Behandlung ich bekam. Ständig wurde mir Blut abgenommen, meine Werte überprüft und permanent standen mir die Symptome des Evans-Syndroms und die Nebenwirkungen der Steroide vor Augen.

Doch mitten in dieser Situation führte mich der Heilige Geist irgendwann zu Ihren Fernsehsendungen. Durch die Gnade Gottes landete ich auf einem Kanal, den ich zuvor noch nie eingeschaltet hatte und sah dort die »Grace Capsule«[26]. Als ich sie bestellen wollte, sagte mir die Frau am Telefon, dass die Lieferung ein bis drei Wochen dauern könnte. Aber wissen Sie was? Sie war bereits nach zwei Tagen da! Das Paket kam genau zu dem Zeitpunkt an, als meine Frau und ich gerade wieder zu dem Krankenhaus aufbrechen mussten, das drei Autostunden entfernt liegt.

Ich kann Ihnen sagen: Ihre »Grace Capsule« war ein Geschenk Gottes. Durch Ihre Predigten zeigte mir unser Papa-Gott seine Liebe. Wo ich einst das Gefühl gehabt hatte, verdammt zu sein und unter der Strafe Gottes zu stehen, sah ich nun das vollendete Werk Jesu am Kreuz. Auf wundersame Weise befreite er mich von jeder Gebundenheit in meinem Leben – von Zigaretten, Pornografie, Marihuana, einfach allem, womit ich zu kämpfen gehabt hatte.

Jahrelang hatte ich unter Rückenschmerzen und chronischem Sodbrennen gelitten, doch als ich mir Ihre Predigten immer wieder und ununterbrochen anhörte – zu Hause oder im Krankenhaus, die ganze Nacht hindurch –, verschwanden die Schmerzen und das Sodbrennen. Das ist nun vier Monate her und, PREIS SEI JESUS, ich habe immer noch kein Sodbrennen und keine Rückenschmerzen mehr!

Vor drei Monaten wurde meine Milz entfernt, weil man hoffte, dass das Evans-Syndrom dadurch verschwinden oder sich zumindest verbessern würde. Aber auch nach der Operation fielen meine Werte erneut. Die zwei letzten noch verbliebenen Behandlungsmöglichkeiten waren noch schwerwiegendere Maßnahmen – eine davon war eine Chemotherapie. Zu diesem Zeitpunkt hatte ich die Predigten der »Grace Capsule« bereits einen Monat lang gehört und so entschloss ich mich schließlich, das Evans-Syndrom an Gott abzugeben. Ich hörte auf, meine Blutwerte zu überprüfen, hörte auf, meinen Symptomen allzu viel Gewicht beizumessen und begann, dem Herrn für meine vollständige Heilung zu danken.

Heute geht es mir, dank Jesus, besser als je zuvor. Er hat mir mehr Kraft, mehr Energie und viel mehr Liebe geschenkt. Ich dachte, ich hätte schon vorher verstanden, was Liebe ist, aber nun weiß ich, was wahre Liebe ist, weil ich die Liebe des

Vaters und Jesu Liebe für mich kennengelernt habe. Meine Werte wurden seit Monaten nicht mehr überprüft. Meine Frau und ich nehmen jeden Tag das Abendmahl. Wir danken Jesus jeden Tag, dass er uns durch seine Striemen geheilt hat.

Der Herr gebraucht sowohl meine Frau als auch mich, um andere Menschen zu erreichen. Der Heilige Geist tut dabei gewaltige Dinge durch Ihre Predigten, CDs, DVDs und Bücher. Auch dadurch, dass diese Menschen die große Veränderung in mir sehen, die ohne mein eigenes Zutun geschehen ist, weil Jesus alles für mich getan hat. Ihm allein sei die Ehre!

Wow, alle Ehre gebührt Jesus! Ich kann gar nicht sagen, wie begeistert ich war, als ich Georges Bericht las. Wie düster und hoffnungslos deine Situation auch aussehen mag – ich will dir Mut machen, dich wie dieser Bruder aus allen deinen Problemen »herauszuhören«. Du kannst dich über deine Probleme nicht »hinwegsorgen«, aber ich glaube, dass du ganz sicher deine Probleme »weghören« kannst.

George hörte radikal zu. Er hörte immer und immer wieder Predigten, die sich um Jesus drehten, bis es ihm besser ging. Der Glaube kommt tatsächlich durch das Hören, und zwar durch das Hören der guten Nachricht von Jesus Christus!

Der Kampf um das Hören

Du fragst dich vielleicht, was die »Grace Capsule« ist. Es handelt sich dabei um einen MP3-Player, auf den Predigten mit einer Gesamtspieldauer von über siebzig Stunden aufgespielt sind, die ich selbst aus meiner Predigtbibliothek ausgewählt habe. Jede dieser Predigten ist voll von der Person Jesus und seiner Gnade. Ich bin überzeugt, dass alle neuen technologischen Errungenschaften, wie MP3-Player, Smartphones, digitale Downloads oder Podcasts, Werkzeuge sind, die wir nutzen können, um uns regelmäßig Botschaften über Jesus und Gottes erstaunliche Gnade anzuhören. Heutzutage können wir mit unseren Mobilgeräten so viel machen. Auch wenn es eine tolle Sache ist, Spiele zu spielen, sich Musik anzuhören oder auf diesen coolen Geräten Nachrichten zu lesen, möchte ich dich dennoch dazu ermutigen, das Hören der frohen Botschaft von Jesus zu einer täglichen Gewohnheit zu machen und ihm entsprechende Priorität einzuräumen.

Mache es zu einer täglichen Priorität, der frohen Botschaft von Jesus zuzuhören.

Ja, ich weiß, dass wir darum kämpfen müssen, weil so viele Dinge nach unserer Aufmerksamkeit schreien, sobald wir morgens nur die Augen aufschlagen. Es gibt immer einen Anruf, den wir erledigen sollten, eine E-Mail, die noch zu beantworten ist, eine Veranstaltung, zu der wir gehen sollten, und andere Dinge, die wir unbedingt tun müssten. Und ehe wir uns versehen, ist der Tag vorbei und wir haben nichts über Jesus gehört. Die Bibel bleibt im Regal liegen, die Bibel-App auf unserem Smartphone wurde nicht aufgerufen und dann fragen wir uns, warum wir uns am Ende des Tages so leer, gestresst, besorgt, ängstlich und deprimiert fühlen.

Mein Freund, Jesus ist das Brot des Lebens und das lebendige Wasser. Egal, wie beschäftigt wir sind, es ist weise, dass wir nicht versäumen, uns davon zu ernähren. Ich weiß, dass das für unsere menschlichen Ohren zu simpel klingt. Vielleicht fragst du dich:

»Wie können mein Leben und meine Umstände sich dadurch verändern, dass ich einfach nur etwas über Jesus höre?« Die Wahrheit lautet, dass die Dinge Gottes wirklich nicht kompliziert sind. Denke noch einmal an die Frau, die zwölf Jahre lang unter Hämorrhagie (Blutung) litt. Es erfüllte sie mit so viel Hoffnung, so viel Glauben und so viel Mut, einfach nur von Jesus und seiner Gnade zu hören, dass sie fähig war, die Heilung zu empfangen, an die sie glaubte. Unterschätze nicht die Kraft, die darin liegt, etwas über Jesus zu hören, nur weil es simpel klingt.

Unterschätze nicht die Kraft, die darin liegt, etwas über Jesus zu hören, nur weil es simpel klingt.

Gewinne verlorene Zeit zurück

Es gibt in den Psalmen einen schönen Vers, in dem es heißt: »So lehre uns denn zählen unsere Tage, damit wir ein weises Herz erlangen!« (Ps 90,12 ELB). Möchtest du das Geheimnis erfahren, wie du deine Lebenstage zählen und dabei verhindern kannst, dass auch nur ein einziger Tag verschwendet wird? Der Schlüssel hierzu findet sich zwei Verse weiter, wo es heißt: »Sättige uns am Morgen mit deiner Gnade« (Ps 90,14a ELB). Das Wort, das hier für »Gnade« verwendet wird, ist wieder das hebräische Wort *häsäd*, das ich bereits erläutert habe. Gott sagt uns hier, dass wir jeden Tag mit seiner Gnade gesättigt werden sollen.

Das bedeutet, dass du, noch bevor du irgendetwas anderes tust – die Zeitung liest, deine E-Mails checkst, deine To-do-Liste in Angriff nimmst oder auch nur deinen morgendlichen Kaffee trinkst –, deinen Tag mit Jesus beginnen und von seiner Gnade gesättigt werden solltest. Du kannst beispielsweise ein Andachtsbuch über Gottes Gnade lesen, von der Liebe des Vaters zehren, über seine Gnade meditieren, dir eine Predigt anhören, in der es nur um Jesus geht, und seinen Liebesbrief an dich – sein Wort – aufschlagen. Beginne deinen Tag damit, von seiner Gnade gesättigt zu werden.

Bevor du irgendetwas anderes tust, solltest du deinen Tag mit Jesus beginnen und von seiner Gnade gesättigt werden.

»Aber Pastor Prince, wie viel Zeit soll ich denn damit verbringen? Sie wissen nicht, wie chaotisch mein Morgen aussieht! Wie viel muss ich lesen, hören oder beten?«

Mein Freund, der Schlüssel liegt darin, in dieser Sache nicht gesetzlich zu werden. Wenn es bei dir morgens nicht klappt, finde eine andere Zeit, die sich besser mit deinen Terminen vereinbaren lässt. Das könnte deine Mittagspause sein oder die Zeit vor dem Zubettgehen. Hauptsächlich geht es darum, jeden Tag von seiner Gnade gesättigt zu werden. Zehre von ihm, bis dein Herz mit seiner Gnade erfüllt und gesättigt ist. Manchmal nimmt das mehr, manchmal weniger Zeit in Anspruch. Es geht hier nicht um zeitlichen oder mengenmäßigen Umfang, sondern darum, wann du gesättigt bist.

Es gibt Tage, an denen mein Herz beunruhigt ist. Dann einfach nur in der Gegenwart des Herrn zu sein und über seine Liebe zu mir nachzudenken, erfüllt mein Herz mit unbeschreiblichem Frieden und unbeschreiblicher Freude. An solchen Tagen dauert es nur ein paar Sekunden, bis mein Herz von seiner Gnade gesättigt ist. An anderen Tagen habe ich den Eindruck, dass der Herr mir etwas in seinem Wort zeigen will, und dann lese ich so lange in der Bibel, bis ich das Gefühl habe, es entdeckt zu haben. Ich will damit sagen, dass du und ich in unserer Beziehung mit Gott nicht gesetzlich sein dürfen. Gott möchte nicht, dass sie aus starren Ritualen besteht. Im neuen Bund geht es ihm in erster Linie darum, eine Beziehung zu uns zu haben. Genieße also täglich seine Gegenwart – so gewinnst du sogar Zeit zurück, die du verloren hast, und verschwendest nicht noch einen weiteren Tag an Gebundenheit, Angst, Schuldgefühle oder Süchte.

Der Psalmist schreibt: »Herr, ein einziger Tag in deinen Vorhöfen ist besser als sonst tausend!« (Ps 84,11). Anders ausgedrückt ist ein Tag, den man gesättigt von Gottes Gnade in seiner Gegenwart verbringt, besser als tausend andere an einem anderen Ort.

Ein Tag in Gottes Gnade entspricht tausend Tagen, an denen du dich aus eigener Kraft abmühst.

Halte inne und denk einen Moment darüber nach. Ein Jahr hat 365 Tage; tausend Tage wären also fast drei Jahre deines Lebens. Das bedeutet, dass ganz egal, wie viel Zeit du deiner Meinung nach an Angst oder an eine Sucht verloren hast, Gott dir durch seine Gnade diese Tage zurückerstatten kann. Ein Tag in Gottes Gnade entspricht tausend Tagen, an denen du dich aus eigener Kraft abmühst. Beginne daher jeden Tag gesättigt in seiner Gnade – und Gott wird dir all die Jahre zurückerstatten, die die Heuschrecken gefressen und dir gestohlen haben (siehe Joel 2,25).

Rechne freudig, positiv und zuversichtlich mit Gutem, weil viele gute Tage noch vor dir liegen – Tage des Segens, Tage der Gunst und Tage großer Gnade. Überwinde jeden falschen Glauben, indem du dich in die frohe Botschaft von Jesus einklinkst. Dann wird dein Leben von Hoffnung förmlich überschwemmt werden, selbst wenn alle deine Umstände hoffnungslos erscheinen. Wenn du das Richtige hörst, wirst du auch das Richtige glauben!

TEIL 7

KOMME ZUR RUHE IN DER LIEBE DES VATERS

KAPITEL 19

EMPFANGE DIE LIEBE DES VATERS

Jeden Tag saß er auf der Veranda und suchte den Horizont nach irgendeinem Anzeichen von Bewegung ab. Er blieb dieser Beschäftigung auch dann treu, als aus den Tagen schmerzhafte Wochen und Monate wurden. Als seine Freunde vorbeikamen, um ihn davon zu überzeugen, dass er aufgeben sollte, lächelte er nur, schickte sie wieder fort und machte unbeirrt damit weiter. Seine Augen auf die umliegenden Hügel gerichtet, wartete er beharrlich und geduldig auf die Rückkehr seines Sohnes. Während er so wartete, stellte er sich immer wieder vor, was er tun würde, sobald er seinen Sohn erblickte. Und an jedem Tag, an dem er angestrengt auf die Felder hinaussah, fragte er sich, ob heute dieser Tag wäre.

Eines Abends tauchte weit entfernt die vertraute Silhouette einer einzelnen Person auf. Als er seinen Sohn erkannte, tat er ohne zu zögern das, was er sich bereits tausende Male vorgestellt hatte: Er raffte seine Gewänder, legte seine Würde beiseite und rannte so schnell er konnte auf seinen Sohn zu. Er fühlte, wie sein Herz wild schlug und seine Lungen heftig Luft pumpten, während seine Füße zur selben Zeit immer schneller wurden. Tränen strömten über seine Wangen, als sein Sohn mit jedem Schritt immer deutlicher zu erkennen war. Und bevor auch nur ein Wort gewechselt werden konnte, hatte er schon einen Sprung nach vorne gemacht, den jungen Mann umarmt und ihn mit Küssen bedeckt.

Dieser unerwartet freudige Empfang durch seinen Vater überwältigte den jungen Mann. Er hatte damit gerechnet, verstoßen zu werden und sogar eine kleine Rede vorbereitet, mit der er seinen Vater überzeugen wollte, ihn zu einem seiner Diener zu machen. Wie hätte er wissen sollen, dass auch der Vater sich einen Plan zurechtgelegt hatte? Ohne die auswendig gelernte Rede seines Sohnes abzuwarten, befahl der Vater den Dienern, das beste Gewand für ihn herauszubringen, ihm einen Ring an seinen Finger zu stecken und ihm Sandalen für seine Füße zu geben. Der junge Mann dachte, er habe das Recht verloren, Sohn genannt zu werden, weil seine schlechten Entscheidungen zu Schande und Verlust für die Familie geführt hatten. Doch sein Vater machte deutlich, dass dem nicht so war und ließ alle zu einem Fest zusammenrufen, um die Heimkehr seines geliebten Sohnes zu feiern.

Das enthüllte Vaterherz

Was für eine erstaunliche und bewegende Geschichte. Jesus hat dieses Gleichnis erzählt, und ich finde, es ist eines der schönsten Gleichnisse der Bibel. Es ist eine Geschichte, in der Jesus das wahre Herz unseres gnädigen und liebevollen himmlischen Vaters meisterhaft enthüllt.

Obwohl Bibelkommentare dieses Gleichnis als das Gleichnis vom verlorenen Sohn bezeichnen, ist der wahre Held dieser Geschichte nicht der Sohn, sondern der Vater. Es geht in dieser Geschichte um den Vater und seine Liebe zu seinen beiden Söhnen. Du hast dieses Gleichnis vielleicht schon hundert Mal gehört, aber ich möchte, dass du es dir noch einmal ansiehst und erkennst, wie dieses Gleichnis die falschen Glaubensinhalte aufdeckt, die viele Christen auch heute noch über ihren himmlischen Vater haben.

Denke einen Moment über Folgendes nach: Welches Bild hast du von Gott, besonders dann, wenn du einen Fehler gemacht hast? Siehst du ihn als einen allmächtigen, distanzierten und gefühllosen Richter, der böse auf dich ist, wenn du versagst, und den man ständig besänftigen muss? Oder kennst du ihn als deinen Papa, deinen Abba-Vater, zu dem du immer kommen kannst, selbst wenn du versagt hast?

Als ich das Wort Gottes studierte, offenbarte mir der Herr, dass viele Christen im Laufe der Zeit ihren himmlischen Vater vergessen haben. Sie haben seine Liebe, seine Gnade und seine Barmherzigkeit vergessen und sehen Gott eher als Richter und Geschäftspartner.

Ein falscher Glaube darüber, wie Gott wirklich ist, hat viele Menschen in Furcht, Schuldgefühle, Depression und Unsicherheit getrieben.

Heutzutage sind viele Christen angespannt und voller Angst, wenn sie zu ihm kommen. Weil *sie denken*, dass sie Gottes Strafe und Verdammnis zu Recht verdienen, legen sie ihm ihre Fehler hin und gehen schnell wieder. Sie nehmen ihn *ausschließlich* als einen Gott der Heiligkeit, des Gerichts und der Gerechtigkeit wahr – sein Gesicht unbewegt und streng, seine Arme missbilligend und unzufrieden verschränkt. Sie haben einen Gott vor Augen, der leicht gekränkt, schnell erzürnt und ständig von ihnen enttäuscht ist und der ungeduldig darauf wartet, beschwichtigt zu werden.

Dieser falsche Glaube darüber, wie Gott wirklich ist, hat viele Menschen in Furcht, Schuldgefühle, Depression und Unsicherheit getrieben. Daher ist es so immens wichtig, dass wir das Herz des Vaters erkennen, das Jesus uns in diesem zeitlosen Gleichnis offenbart.

Es ist noch nicht allzu lange her, dass mir Lydia, eine Schwester aus Südafrika, schrieb. Ich glaube, dass viele Leser dieses Buches sich damit identifizieren können, wie sie ihre Kämpfe darüber, Gott als ihren Vater anzusehen, beschreibt:

Lieber Pastor Prince,
da ich in meiner Familie als das schwierige Kind angesehen wurde, wuchs ich mit sehr wenig Selbstachtung heran. Ich war nicht geplant gewesen und weil meine Eltern bereits ein Mädchen hatten, wünschten sie sich eigentlich einen Jungen. Sie waren enttäuscht, als sich herausstellte, dass ich ein Mädchen war, und dachten sogar darüber nach, mich an jemanden aus der Familie weiterzugeben, der keine eigenen Kinder hatte.

Mein Vater kommt aus einer Familie, in der es sehr kalt und streng zuging, und er selbst ist sehr jähzornig, sodass ich in meiner Kindheit natürlich immer Angst vor ihm hatte und ständig mit dem Gefühl lebte, in seiner Gegenwart äußerst vorsichtig sein zu müssen. Auch meine Mutter war in einer Familie aufgewachsen, in der sie keine Liebe empfangen hatte. Meine Eltern waren beide extreme Perfektionisten und sehr organisierte Menschen. Noch dazu erzogen sie uns mit militärischer Disziplin und zeigten kein Erbarmen. Es war eben unsere eigene Schuld, wenn wir uns verletzten – das hatten wir selbst zu verantworten.

Folglich konnte ich mir Gott nie als Vater vorstellen. Gott war unnahbar und immer bereit, mich mit einem Blitz zu strafen, sobald ich nicht gut genug war, nicht genügend betete oder nicht gehorsam genug war. Ich hatte den Eindruck, dass Gott nur dann mit mir zufrieden war, wenn ich das Gesetz befolgte. Da ich selbst eine Perfektionistin war, hatte ich das Gefühl, niemals seine Erwartungen zu erfüllen, und wähnte mich ständig unter Verdammnis.

Doch seitdem ich auf Ihre Predigten gestoßen bin, wurde der Schleier auf meinem Leben entfernt. Zum ersten Mal bin ich frei. Ich trage nicht länger die schwere Last der Verdammnis mit mir herum. Ich habe gelernt, dass Gott uns zuerst geliebt hat und kann jetzt eine Liebesziehung mit meinem himmlischen Vater und Jesus haben.

Ich habe den Sieg über Angst und Sünde errungen, die mich jahrelang gefangen hielten – und zwar nicht, indem ich versuchte, gehorsam zu sein, sondern einfach, indem ich lernte, dass meine Sünden bereits am Kreuz vergeben wurden. Und nein, ich sündige jetzt nicht mehr als zuvor. Tatsächlich ist es so, dass ich mehr und mehr überwinde und weniger sündige. Ich bin voller Dankbarkeit für das, was Christus am Kreuz getan hat.

Kommen dir Lydias Gedanken über Gott bekannt vor?

Hast du das Gefühl, nie gut genug zu sein, niemals genug tun zu können und auch nicht hinreichend gehorsam zu sein, um von Gott geliebt und angenommen zu werden? Hast du das Gefühl, ständig unter Verdammnis zu stehen?

Vielleicht kannst du dir Gott nicht als liebenden Vater vorstellen, weil du nie die Liebe deines irdischen Vaters erfahren hast oder weil dein eigener Vater dich schrecklich verletzt hat.

Mein Freund, ich bete, dass du bei unserem gemeinsamen Studium von Gottes Wort die innige Liebe deines himmlischen Vaters auf eine derart übernatürliche, tiefgehende und persönliche Weise erfährst, wie du sie noch nie zuvor erlebt hast. Ich bete, dass dieses Erlebnis dich auf spektakuläre Weise heilt, erneuert, wiederherstellt und verändert, weil seine Liebe zu dir einfach absolut spektakulär ist.

Erkenne die vollkommene Liebe des Vaters

Es gibt ein Vakuum in unserem Herzen, das nur durch die Liebe des Vaters ausgefüllt werden kann. Höre daher auf, an den falschen Orten nach Liebe und Bestätigung zu suchen und dich dabei in alle möglichen Arten von Furcht, Unsicherheit und Sucht zu verstricken. Ich glaube, dass du, wenn du dem Vater heute erlaubst, in dein Herz zu kommen und dich mit seiner vollkommenen Liebe zu erfüllen, die Freude, Zuversicht, Erfüllung und Freiheit finden wirst, nach der du schon dein ganzes Leben lang gesucht hast.

Erlaube dem Vater, heute in dein Herz zu kommen und dich mit seiner vollkommenen Liebe zu erfüllen.

Im kostbaren Wort Gottes heißt es: »Wo die Liebe regiert, hat die Angst keinen Platz; ›Gottes‹ vollkommene Liebe vertreibt jede Angst. Angst hat man nämlich dann, wenn man mit einer Strafe rechnen muss. Wer sich also noch ›vor dem Gericht‹ fürchtet, bei dem ist die Liebe noch nicht zum vollen Durchbruch gekommen.

›Der tiefste Grund für unsere Zuversicht liegt in Gottes Liebe zu uns:‹ Wir lieben, weil er uns zuerst geliebt hat« (1Joh 4,18–19 NGÜ).

Heute, unter dem neuen Bund seiner erstaunlichen Gnade, ist dein Vater im Himmel nicht darauf aus, dich für deine Fehler zu richten, weil er bereits jeden deiner Fehler und all deine Sünde am Körper seines eigenen Sohnes, Jesus Christus, gerichtet hat. Der Name, den Jesus unter dem neuen Bund der Gnade offenbart, ist »Vater«. Denn heute will Gott als fürsorglicher und liebender Vater für dich da sein.

Weißt du, dass sein Herz voller Liebe zu dir ist?

Weißt du, dass es seine Idee war, Jesus zu senden, damit er an deiner Stelle am Kreuz bestraft würde?

Lies dir selbst einmal die bekannteste Passage der Bibel laut vor und beziehe sie dabei auf dich, damit du Gottes Herz für *dich* erkennst: »Denn Gott hat *mich* so sehr geliebt, dass er seinen einzigen Sohn hingab, damit *ich* nicht verloren gehe, sondern das ewige Leben habe. Gott sandte seinen Sohn nicht in die Welt, um *mich* zu verurteilen, sondern um *mich* durch seinen Sohn zu retten« (siehe Joh 3,16–17). Du darfst heute ohne jeden Zweifel wissen, dass dein Vater *dich* liebt und seinen eigenen Sohn sandte, um *dich* zu retten.

Mach dir bewusst, dass wir das Werk Jesu am Kreuz nicht herabsetzen, wenn wir über den Vater und seine Liebe zu dir sprechen. Die Wahrheit ist, dass Jesus kam, um dir die Liebe des Vaters zu offenbaren. Gott liebte dich so sehr, dass er seinen einzigen Sohn sandte, der den teuren Preis am Kreuz bezahlte, um dich von all deinen Sünden reinzuwaschen.

Weißt du, dass Gott Jesus unendlich liebt? Jesus ist Gottes Liebling, sein Augapfel. Wenn also dein Vater im Himmel seinen kostbaren Sohn, Jesus Christus, nicht zurückhielt und ihn für dich opferte, was sagt das dann über seine Liebe zu dir aus? Du kannst die Intensität und das gewaltige Ausmaß der Liebe deines Vaters zu dir nicht einmal im Ansatz erfassen, bevor du nicht erkennst, wie sehr der Vater Jesus liebt – denn er gab Jesus hin, um dich freizukaufen.

Ich hoffe, dass du zu erkennen und selbst zu erfahren beginnst, wie sehr du vom Vater geliebt wirst und wie wertvoll du für ihn bist! Hab keine Angst vor ihm – entdecke, wie das Herz deines Vaters durch das Kreuz von Golgatha offenbart wird.

Gott will dir als fürsorglicher und liebender Vater begegnen. Entdecke, wie sein Herz durch das Kreuz von Golgatha offenbart wird.

Egal, was du getan hast

»Aber Pastor Prince, Sie kennen meine Vergangenheit nicht und all die Fehler, die ich begangen habe.«

Da hast du recht, das tue ich nicht.

Aber dein Vater im Himmel kennt sie auf jeden Fall, und er, der dich vollkommen kennt, liebt dich vollkommen.

Ganz am Anfang des Gleichnisses vom verlorenen Sohn kommt der jüngere Sohn zu seinem Vater und verlangt von ihm seinen Teil des Erbes. In der jüdischen Kultur bedeutete das so viel, als hätte der Sohn zu seinem Vater gesagt, er solle »tot umfallen«. Tatsächlich sagte er damit: »Gib mir jetzt meinen Teil des Erbes. Ich kann es nicht erwarten, dass du stirbst.« Für seinen Vater war das wie ein Schlag ins Gesicht. Durch seine unverschämte Bitte demütigte und entehrte der junge Mann seinen Vater völlig.

Wir müssen wirklich verstehen, wie sehr dieser junge Mann seinen Vater ablehnte und seinen eigenen Weg ging. Wenn wir das nicht begreifen, können wir auch nicht verstehen, wie groß die Liebe und Gnade des Vaters waren, als er ihn in seinem Haus wieder als Sohn willkommen hieß. Genauso ist es heute: Wenn wir nicht erkennen, wie sehr wir den Vater durch unsere Sünden abgelehnt haben, können wir auch nicht in vollem Maße seine enorme Gnade, mit der er uns völlig vergibt, begreifen, schätzen und annehmen. Menschen, die denken, sie hätten wenig gesündigt und daher wenig Vergebung nötig, lieben wenig. Doch diejenigen, denen viel vergeben wurde, lieben viel (siehe Lk 7,47). Bedenke, *wer* dieses Gleichnis erzählte – unser Erlöser Jesus, der die Liebe des Vaters aus erster Hand kannte.

Nun zurück zur Geschichte: Als der jüngere Sohn sein Anliegen vorbrachte, teilte der Vater das Erbe zwischen seinen Söhnen auf. Wir wissen, dass der jüngere Sohn anschließend seine ganze Erbschaft für ein ausschweifendes Leben verschwendete. Als dann eine große Hungersnot im Land ausbrach, war er pleite und endete als Schweinehirte auf einem Bauernhof.

In dem Gleichnis heißt es, er sei so ausgehungert gewesen, dass er sogar das Futter der Schweine verlockend fand. Achte darauf, was er an seinem Tiefpunkt zu sich selbst sagte: »Daheim haben die Tagelöhner mehr als genug zu essen, und ich sterbe hier vor Hunger! Ich will zu meinem Vater nach Hause gehen und sagen: Vater, ich habe gesündigt, gegen den Himmel und auch gegen dich, und ich bin es nicht mehr wert, dein Sohn zu heißen. Bitte stell mich als einen deiner Tagelöhner ein« (Lk 15,17–19).

Trotz deiner verborgenen Absichten

Ich würde dir gern eine Frage zu dem stellen, was du gerade gelesen hast: War es die Liebe des Sohnes zu seinem Vater, die ihn zur Rückreise nach Hause bewegte?

Glaubst du auch nur für einen Moment, dass es ihm aufrichtig leidtat? Oder dass er sich überhaupt Gedanken darum machte, das Herz seines Vaters betrübt zu haben?

Ich glaube nicht! Was ihn motivierte, war eindeutig sein Hunger. Er wollte nach Hause, weil er sich daran erinnerte, dass selbst die Diener im Haus seines Vaters mehr zu essen hatten als er! Die Worte, die er sich für seinen Vater zurechtgelegt hatte – »ich habe gesündigt, gegen den Himmel und auch gegen dich« –, waren in seinen Augen die richtigen pathetisch-religiösen Floskeln, die ihm ermöglichen würden, wenigstens *ein paar Vorteile* aus seiner Rückkehr nach Hause zu ziehen. Du und ich wissen, dass er keine echte Reue empfand. Wir hören hier seinen Hunger sprechen, nicht sein Herz. Es war also nicht Reue, die ihn nach Hause trieb. Es war sein Hunger und vielleicht auch sein Stolz, der ihm das Gefühl gab, zumindest das zu verdienen, was die Diener seines Vaters bekamen.

Ich habe in meiner Kindheit und Jugendzeit immer wieder gehört, wie Leute darüber predigten, dass der Sohn Buße tat und sich entschloss, zu seinem Vater zurückzukehren. Doch die Wahrheit ist, dass er keine Buße tat. Der junge Mann machte sich auf den Weg zurück, weil er hungrig war. Er war sogar bereit, zum Schein Dinge zu sagen wie: »Ich bin nicht länger würdig, dein Sohn genannt zu werden. Mach mich zu einem deiner Tagelöhner«, und zwar mit dem einzigen Ziel, seinen Hunger zu stillen, da er sich daran erinnerte, dass die »Tagelöhner mehr als genug zu essen hatten«.

Er brachte weder seine Liebe für den Vater zum Ausdruck noch sagte er, er hätte die Nähe und Liebe seines Vaters vermisst. Es ist wichtig, das zu erkennen, denn Gott möchte uns Folgendes wissen lassen: Selbst wenn wir die falschen Beweggründe oder verborgene (meist ichbezogene) Absichten haben und unsere Intentionen nicht völlig rein sind, eilt er uns in unserer Notsituation trotzdem zu Hilfe – wie der Vater, der dem jungen Mann entgegenrannte und ihn mit seiner unverdienten, nicht von eigener Arbeit oder Leistung abhängigen Gunst überschüttete.

Oh, wie unergründlich sind die Tiefen seiner Liebe und Gnade für uns! Es geht niemals um unsere Liebe zu Gott. Es wird immer um seine überwältigende Liebe zu uns gehen. Die Bibel macht das sehr deutlich: »Und das ist die wahre Liebe: Nicht wir haben Gott geliebt, sondern er hat uns zuerst geliebt und hat seinen Sohn gesandt, damit er uns von unserer Schuld befreit« (1Joh 4,10). Der Held in diesem Gleichnis ist der Vater. Es geht um die vollkommene Liebe des Vaters zu seinem unvollkommenen Sohn.

Es geht niemals um unsere Liebe zu Gott. Es wird immer um seine überwältigende Liebe zu uns gehen.

Manche Menschen denken, dass die Gemeinschaft mit Gott nur wiederhergestellt werden kann, wenn du vollkommen reuevoll bist und deine Sünden vollständig bekannt hast. Sie glauben, dass du dich bei Gott entschuldigen musst, bevor er milde gestimmt sein kann. Mir ist an dieser Stelle wichtig, darauf hinzuweisen, dass ich nichts dagegen habe, zu Gott »Entschuldigung« zu sagen oder meine Sünden zu bekennen. Ich meine damit nur, dass wir nicht so wichtig sind, wie wir oftmals denken. Die Initiative ging vom *Vater* aus. Bevor der Sohn auch nur daran dachte, nach Hause zurückzukehren, vermisste der Vater ihn schon.

Er hielt nach ihm Ausschau und hatte ihm *bereits* vergeben. Bevor der Sohn auch nur ein einziges Wort seiner einstudierten Entschuldigung vorbringen konnte, war der Vater schon auf ihn zugerannt, hatte ihn in die Arme genommen und zu Hause wieder willkommen geheißen.

Es geht immer um seine Liebe

Wir sind in dieser Geschichte nicht die Helden. Es sind niemals unsere Entschuldigungen gegenüber Gott, unsere Buße, unsere Handlungen, unsere Liebe, unsere Bekenntnisse oder unser Gehorsam; es geht immer um seine Liebe. Unsere eigenmotivierten Handlungen – selbst die besten – sind durchsetzt mit unvollkommenen und unreinen Motiven. Dieses Gleichnis stellt die Theologie derer auf den Kopf, die glauben, man müsste sich entschuldigen, bevor die Gemeinschaft mit Gott wiederhergestellt werden kann.

Lies nun das Gleichnis in Lukas 15,11–32 einmal selbst. Siehst du, wie der Sohn nie dazu kam, seine einstudierte Rede vollständig vorzutragen? Er versuchte es zwar, wurde aber völlig von der freudigen Reaktion seines Vaters über seine Rückkehr überwältigt. Egal, wie unrein seine Absichten oder Motive für die Rückkehr waren – der Vater überschüttete ihn mit unverdienter Gunst.

Es geht im Kern um das Herz unseres Vaters, das voller Gnade, Vergebung und Liebe ist. Unser Vater-Gott löscht all unsere Fehler und Unzulänglichkeiten aus. Und seine Güte bewirkt wahre Buße. Unser Vater ist der Held – nicht wir. Richten wir unseren Fokus also ganz auf ihn – und nicht auf uns!

Sage ich »Entschuldigung« zu Gott und bekenne meine Sünden, wenn ich einen Fehler gemacht oder versagt habe? Natürlich mache ich das. Aber ich tue das nicht, damit mir vergeben wird, denn ich *weiß*, dass mir durch das vollendete Werk Jesu *bereits* vergeben wurde. Das Bekenntnis kommt aus meinem überfließenden Herzen, weil ich seine Güte und Gnade erfahren habe und ich weiß, dass ich als sein Sohn durch das Blut Jesu für immer gerecht bin. Ich bekenne meine Schuld, weil ich mir meiner Gerechtigkeit und nicht meiner Sünde bewusst bin; ich bin vergebungs-, nicht verurteilungsbewusst. Das ist ein gewaltiger Unterschied.

Wahre Buße entsteht aufgrund seiner Güte.

Weißt du, natürlich kann man darauf bestehen, dass man erst »Entschuldigung« sagen muss, bevor einem vergeben werden kann. Doch wir alle wissen, dass eine Entschuldigung ein bloßes Lippenbekenntnis sein kann, ohne wirkliche Reue tief in unseren Herzen. Das ist wie bei einem Schuljungen, der wegen schlechten Verhaltens gemeinsam mit seinem Freund vor den Schuldirektor zitiert wird. Wenn man ihm sagt, er solle sich setzen, tut er es, aber er flüstert dabei seinem Freund zu: »Innerlich stehe ich immer noch!« Es ist wie bei Judas, der Jesus verriet. Die Bibel berichtet über ihn: »es reute ihn; und er … sprach: Ich habe gesündigt, dass ich unschuldiges Blut verraten habe! … Da warf er die Silberlinge im Tempel hin« (Mt 27,3–5 SLT). Doch war das keine echte Reue, denn sie entsprach lediglich einer äußeren Haltung. Das ist offensichtlich, weil »bereuen« hier mit dem griechischen Wort *metamelomai* wiedergegeben wird. Damit wird das Verlangen ausgedrückt, man könnte etwas, das man getan hat, wieder ungeschehen machen. Aber es geht damit keine effektive Veränderung des Herzens einher.[27]

Das ist der Grund, warum uns das Äußerliche nicht interessiert. Lasst uns stattdessen lieber tief in das Wesen unserer Beziehung zu Gott eintauchen und tatsächlich seine Liebe erfahren, wenn wir versagen. Wenn du das begreifst, wird deine Liebesbeziehung zum Vater eine neue Dimension annehmen. Du wirst sehen, dass es deinem Papa-Gott allein um Beziehung geht und nicht um ein religiöses Protokoll. Er liebt es einfach, Zeit mit dir zu verbringen. Unter der Gnade verlangt er keine Vollkommenheit von dir; vielmehr *ermöglicht* er dir Vollkommenheit durch das vollendete Werk seines Sohnes, Jesus Christus. Also egal, wie viele Fehler du gemacht hast, habe keine Angst vor ihm. Er liebt dich. Dein Vater rennt auf dich zu, um dich zu umarmen!

Gott geht es allein um Beziehung
und nicht um ein religiöses Protokoll.

Gott will keine Tagelöhner

Der falsche Glaube des jüngeren Sohnes bestand darin, dass er nach Hause zurückkehren und sich als Tagelöhner seinen eigenen Unterhalt verdienen wollte. Er wollte von seinem Vater nicht aus Gnade oder unverdienter Gunst versorgt werden. In seinem ichbezogenen Stolz wollte er als Tagelöhner arbeiten und sich sein Essen gemeinsam mit den anderen Dienern im Haus seines Vaters verdienen. Doch der Vater wollte davon natürlich nichts hören.

Du kannst dir die Gunst und den Segen Gottes nicht durch deine eigenen Anstrengungen verdienen. Sie können nur als Geschenke seiner Gnade empfangen werden. Er will dich nicht als seinen Tagelöhner einstellen. Du hast die Identität eines Kindes – Gottes Kind. Er hat Heerscharen von Engeln, die ihm dienen. Was er sich wünscht, ist eine Beziehung zu dir. Anstatt dass du dich vor ihm fürchtest und denkst, du müsstest in seiner Gegenwart äußerst vorsichtig sein, möchte er, dass du freimütig in seine Gegenwart kommst.

Du hast die Identität eines Kindes – Gottes Kind.
Was er sich wünscht, ist eine Beziehung zu dir.

Dein Vater will, dass du weißt: Als sein geliebtes Kind, reingewaschen durch das Blut Jesu, kannst du »mit Freimütigkeit hinzutreten zum ›Thron der Gnade‹, damit wir Barmherzigkeit erlangen und Gnade finden zu rechtzeitiger Hilfe« (Hebr 4,16 SLT). Für ein Kind Gottes des neuen Bundes ist das nicht ein Thron des Gerichts, sondern ein Thron der Gnade.

Glaubst du an seine Gnade?

Glaubst du daran, dass das Blut Jesu dich von all deinen Sünden reingewaschen hat?

Glaubst du, dass dein Vater im Himmel dich liebt?

Dann komm zuversichtlich in seine Gegenwart, und zwar jedes Mal, wenn du Fehler machst. Komm, so wie du bist, um seine Barmherzigkeit zu empfangen und Gnade zu finden. Er hat dir in seinem Wort versprochen, dass er dir in Zeiten der Not helfen wird. Was brauchst du heute? Sprich mit deinem Vater darüber. Welche Kämpfe, Ängste und Süchte erdrücken dich gerade? Lege alles vor deinen himmlischen Vater und lass ihn dir helfen.

Mein Freund, du bist nicht länger ein Sklave der Sünde, du bist ein Kind Gottes. Im Wort Gottes heißt es: »Denn ihr habt nicht einen Geist der Knechtschaft empfangen, dass ihr euch wiederum fürchten müsstet, sondern ihr habt den Geist der Sohnschaft empfangen, in dem wir rufen: Abba, Vater!« (Röm 8,15 SLT). Ist dir aufgefallen, dass der Heilige Geist die Übersetzung des Wortes »Abba« ins Deutsche verhinderte? Stattdessen wurde das ursprüngliche aramäische Wort *Abba* beibehalten. Weißt du, warum? Für die Juden ist *Abba* der intimste Name, den man seinem Vater geben kann.

Rufe »Abba, Vater!«

Ich liebe es, in Israel zu sein und zu hören, wie kleine Kinder auf dem Spielplatz laut: »Abba! Abba!« rufen und dabei in die Arme ihres Papas springen. So ein schönes Bild! In Abbas Armen ist ein Kind sicher, geschützt und geliebt. Kein Feind kann ein Kind aus Abbas starken Armen reißen. Gott möchte, dass wir uns dieses Bild vor Augen führen, wenn wir zu ihm beten und ihn »Abba« rufen. Natürlich kannst du ihn auch »Papa« oder »Vati« nennen – welcher Begriff dir auch immer dabei hilft, ihn als warmherzigen, liebevollen, fürsorglichen Vater zu sehen.

Wenn du dich in alle möglichen Ängste, Schuldgefühle und Sorgen verstrickt hast, dann brauchst du eine große Dosis von der Liebe des Vaters!

Erst wenn du ihn als deinen Abba-Vater sehen kannst, wirst du frei werden von dem Geist der Knechtschaft, der dich in Angst leben lässt (siehe Röm 8,15). Dieser Geist der Knechtschaft bezieht sich auf die alttestamentliche Furcht vor Gott. Es ist eine sklavenhafte Angst vor Gericht und Bestrafung, die dich knechtet und Furcht vor Gott haben lässt. Doch Gott will nicht, dass du dich vor ihm fürchtest. Er will, dass du den Geist der Sohnschaft hast! Viel zu viele Christen leben mit einem Geist der Vaterlosigkeit und damit als Waisen. Wenn du dich in alle möglichen Ängste, Schuldgefühle und Sorgen verstrickt hast, dann brauchst du eine große Dosis von der Liebe des Vaters!

Wenn du an die Liebe des Vaters zu dir glaubst und sie empfängst, wird das unerschütterlichen Frieden und Kraft in deinem Herzen bewirken!

Etwas Erstaunliches geschieht in deinem Geist, wenn du Gott als deinen Vater erkennst. Wenn meine Tochter Jessica einen Albtraum hat, muss sie nur laut: »Daddy!« rufen, und sofort ist Daddy da! Und wenn unter ihrem Bett ein Monster ist, dann wird dieses Monster von Daddy in Stücke gerissen! Jessica muss nicht sagen: »Oh, lieber Vater, der du im Nebenraum lebst und weilst, ich bitte dich ernstlich, zu mir zu kommen in dieser Stunde der Not, um mich zu retten vor diesem Übel.« Nein, alles, was sie tun muss, ist laut »Daddy« zu rufen, und sofort bin ich da.

Genauso musst du in deinen schwachen Momenten nicht mit perfekt formulierten Gebeten zu Gott kommen. Du rufst einfach nur: »Papa!«, und dein himmlischer Vater kommt zu dir gerannt! Du trittst nicht vor einen Richter. Du kommst zu deinem Vater, deinem Papa-Gott, der dich so liebt und annimmt, wie du bist.

Nimm dir heute Zeit, zu deinem Abba-Vater zu kommen. Glaube daran, dass er dich heute bedingungslos liebt. Sieh, wie er dich mit einem Lächeln auf dem Gesicht und weit ausgebreiteten Armen willkommen heißt. Lauf in seine Arme, sonne dich in seiner vollkommenen Liebe zu dir und schau zu, wie diese Liebe jede Sorge, Angst und Unsicherheit zerschmelzen lässt. Wenn du an die Liebe des Vaters zu dir glaubst und sie empfängst, wird das unerschütterlichen Frieden und Kraft in deinem Herzen bewirken!

KAPITEL 20

WERDE VERWANDELT DURCH DIE LIEBE DES VATERS

Als ich in meiner Gemeinde eine Predigtreihe über die Vaterliebe Gottes hielt, kam nach einem der Gottesdienste ein junger Mann gemeinsam mit einigen anderen nach vorne, um Jesus als seinen Herrn und Retter anzunehmen. Das Gesicht dieses Mannes war unübersehbar mit lauter Narben und Schorf bedeckt. Ich überlegte, ob er vielleicht an einer Krankheit litt, also bat ich meinen Jugendpastor, sich nach dem Gottesdienst mit ihm in der Besucher-Lounge zu unterhalten.

In der Besucher-Lounge zog der junge Mann seine Jacke aus und gab einen Körper preis, der über und über mit Tattoos bedeckt war. Er erzählte, dass sein Gesicht so zerschnitten war, weil er an vielen Bandenkämpfen beteiligt und etliche Male im Gefängnis gewesen war. Dann sah er dem Jugendpastor direkt ins Gesicht und fragte ihn düster: »Kann Gott mir all die Fehler vergeben, die ich begangen habe?«

Der Jugendpastor versicherte ihm: »In dem Moment, als du nach vorn kamst, um Jesus in dein Leben aufzunehmen, hat dein Vater im Himmel dir alle deine Sünden vergeben und dich zu seinem Kind gemacht. Und das bist du jetzt – sein geliebtes Kind.«

Etwas später am selben Tag erhielt der Jugendpastor eine SMS von diesem jungen Mann, in der er ausdrückte, was er auf dem Heimweg gefühlt hatte: »Ich weiß nicht, wie ich dir das erklären soll. Ich habe nun einen Frieden in meinem Herzen wie noch nie zuvor.«

Mein Freund, genau das passiert, wenn die Last der Sünde, der Schuldgefühle und Verdammnis von deinen Schultern genommen und auf Jesus gelegt wird. Wenn du dein Herz für die bedingungslose Liebe des Vaters öffnest, wirst du einen Frieden erfahren, der allen Verstand übersteigt.

Gerechtigkeit ist ein Gratisgeschenk

Es spielt keine Rolle, wie oft du versagt, wie viele Fehler du begangen hast, und für wie furchtbar du deine Sünden auch hältst, die reinigende Kraft und das Blut deines Retters, Jesus Christus, sind größer als all das. Gott gab dir in seinem Wort folgendes Versprechen: »Selbst wenn eure Sünden scharlachrot sind, sollen sie schneeweiß werden. Eure Sünden mögen blutrot sein, doch sie sollen werden wie Wolle« (Jes 1,18). So sieht die Kraft des Kreuzes in deinem Leben aus. Sobald du an Christus glaubst, werden augenblicklich alle deine Sünden ein für alle Mal abgewaschen und du wirst so schneeweiß wie Wolle. Hast du schon einmal gesehen, wie blendend hell Schnee in der Sonne ist? Genauso sieht dein Vater im Himmel dich jetzt gerade – gekleidet in das strahlende Gewand der Gerechtigkeit.

»Aber Pastor Prince, was habe ich getan, dass ich dieses Gewand der Gerechtigkeit verdient hätte?«

Nun, du hast ja das Gleichnis vom verlorenen Sohn gelesen. Ich will dir eine Frage stellen: Was hat der Sohn getan, dass er die Umarmung des Vaters verdient hätte? Was hat er getan, dass er das beste Gewand verdient hätte, das der Vater durch seine Diener für ihn holen ließ?

Absolut gar nichts.

Das »beste Gewand« ist ein Bild für das Gewand der Gerechtigkeit, in das dich dein himmlischer Vater gekleidet hat, als du Jesus angenommen hast. Dieses Gewand der Gerechtigkeit ist ein *Gratisgeschenk*. Du kannst es dir nicht verdienen, erarbeiten oder anderweitig erlangen. Deshalb ist all das, was der Vater tat, um seinen Sohn zu Hause willkommen zu heißen, ein Spiegelbild für die erstaunliche und bedingungslose Gnade unseres himmlischen Vaters.

Unsere Rolle besteht darin, einfach an seine Güte zu glauben und von ganzem Herzen die überfließende Gnade und das Geschenk der Gerechtigkeit von ihm zu empfangen. Dadurch können wir über jeden Bereich der Niederlage in unserem Leben siegreich herrschen.

Empfange und herrsche

Die Wahrheit lautet, dass wir nur dann im Leben herrschen können, wenn wir glauben und empfangen. Da man sich die Annahme, Gnade und das Geschenk der Gerechtigkeit des Vaters nicht verdienen kann, bekommt man sie nur, indem man sich vor ihm demütigt und sagt: »Lieber Papa-Gott, ich weiß, dass ich nichts getan habe, durch das ich deine Liebe und deinen Segen verdient hätte. Danke, dass du mir diese unverdiente Gnade schenkst. Demütig empfange ich deine überfließende Gnade und dein kostbares Geschenk der Gerechtigkeit.«

Was glaubst du, wofür man mehr Demut braucht – sich seine eigene Gerechtigkeit zu verdienen und zu erarbeiten, oder sich Gerechtigkeit von Gott schenken zu lassen? Ich wage zu behaupten, dass Christen, die Gottes Annahme, Bestätigung und Segen durch ihren Dienst, ihre Gebete und gute Werke *verdienen* möchten, ungewollt in Stolz verfallen.

Wir können nur dann im Leben herrschen,
wenn wir glauben und empfangen.

Im Gleichnis vom verlorenen Sohn wollte der jüngere Sohn nach Hause kommen und zu seinem Vater sagen: »Mache aus mir einen deiner Tagelöhner.« Obwohl er völlig am Ende war, wollte er sich immer noch seinen Stolz bewahren und als Tagelöhner seinen eigenen Lebensunterhalt *verdienen,* anstatt sich vor seinem Vater zu demütigen. Wir wissen natürlich: Obwohl er das Falsche glaubte und immer noch in Selbstbezogenheit verstrickt war, überschüttete ihn der Vater mit seiner überfließenden Gnade und dem Geschenk der Gerechtigkeit, und nahm ihn mit einem großen Fest wieder zu Hause auf.

Das Denken des älteren Bruders

Der ältere Bruder in dem Gleichnis war total verärgert, als er hörte, dass der Grund für den Klang von Musik und Tanz im Haus seines Vaters die Rückkehr seines nichtsnutzigen Bruders war. Sein Stolz gewann die Oberhand und er weigerte sich, das Haus zu betreten, denn seiner Meinung nach hatte sein Bruder – im Gegensatz zu ihm – nichts getan, das diese Ehre gerechtfertigt hätte.

So sagte der ältere Bruder zu seinem Vater: »Siehe, so viele Jahre *diene ich* dir und habe nie dein Gebot übertreten; und mir hast du nie einen Bock gegeben, damit *ich* mit meinen Freunden fröhlich sein kann. Nun aber, da dieser dein Sohn gekommen ist, der dein Gut mit Huren vergeudet hat, hast du für ihn das gemästete Kalb geschlachtet!« (Lk 15,29–30 SLT).

Hier siehst du, dass das Denken des älteren Bruders sich nur darum drehte, was *er* getan hatte, um sich das beste Kalb zu »verdienen«, das nun für seinen Bruder geschlachtet worden war. Seine Reaktion zeigt auch, wie er über seinen Vater dachte. Er sah in ihm einen strengen Arbeitgeber. Anstatt einfach seine Stellung als Sohn zu genießen, *diente* er seinem Vater und war voll und ganz damit beschäftigt, sich seine Anerkennung durch seine Leistungen zu verdienen.

Der ältere Bruder glaubte, er müsse sich den Segen seines Vaters verdienen, und seiner Ansicht nach hatte er wesentlich bessere Leistungen abgeliefert als sein erbärmlicher, rebellischer jüngerer Bruder. Deswegen hatte er das Gefühl, Anrecht auf mehr Belohnungen von seinem Vater zu haben und war entrüstet über den Gedanken, sein Bruder würde mehr bekommen. Doch tatsächlich hält die Bibel fest, dass der Vater seinen Reichtum unter *ihnen* aufgeteilt hatte. Laut jüdischem Brauch erhält der ältere Sohn immer den doppelten Anteil, demnach hatte der ältere Bruder bereits viel mehr erhalten!

Offensichtlich war ihm völlig schleierhaft, was es bedeutet, ein Sohn zu sein. Seine Augen waren nicht auf die Güte seines Vaters gerichtet, sondern auf seine eigene Leistung. Er hatte keine Beziehung zu seinem Vater. Er dachte wie ein Sklave und versuchte ständig, seinem Vater durch seine Dienste und das sorgfältige Einhalten der väterlichen Gebote zu gefallen. Er verstand nie, was seinem Vater wirklich am Herzen lag. Einfach ausgedrückt verstand er Gnade nicht.

Liebesbeziehung oder Geschäftsbeziehung?

Leider gibt es heutzutage viele Christen, die sich sehr ähnlich verhalten wie der ältere Bruder. Anstatt die vollkommene Liebe und Annahme des Vaters durch Gnade zu empfangen, möchten sie sagen können, dass sie sich Gottes Segen verdient haben.

Denkst du, das freut und begeistert das Vater-Herz?

Stell dir vor, du wolltest deinem Kind als Ausdruck deiner großen Liebe ein besonderes Geschenk machen, und dein Kind sagt zu dir: »Nein, ich möchte dafür arbeiten. Ich werde es mir selbst verdienen.«

Wie würdest du dich fühlen, wenn es sich deine Liebe und deine Geschenke lieber durch seine eigene Leistung verdienen würde, als sie einfach zu *empfangen*? Selbstverständlich gibt es Anlässe, wo Kinder für etwas »arbeiten«, um eine Belohnung zu erhalten. Sie werden vielleicht dafür belohnt, dass sie gute Noten schreiben oder ihr Zimmer in Ordnung halten. Doch ich spreche hier nicht über Belohnungen. Es läuft eindeutig etwas schief, wenn dein Kind kein Geschenk von dir annehmen kann, ohne es sich verdienen zu wollen. Das bedeutet nämlich, dass deine Beziehung zu ihm einem Geschäftsvorgang gleicht.

Doch traurigerweise verhalten sich viele Christen genau so. Sie denken in ihrer Beziehung mit Gott wie der ältere Bruder. Sie möchten von ihm nichts aus reiner Gnade geschenkt bekommen. Wie der ältere Bruder in dem Gleichnis, wollen sie für die Segnungen arbeiten, wodurch ihre Beziehung zu Gott geschäftsmäßig wird. Anstatt die Beziehung zwischen Vater und Kind zu genießen, wollen sie zurück in den alten Bund des Gesetzes. Denn genau so war es unter dem alten Bund: Wenn du dich richtig verhieltst, wurdest du von Gott gesegnet, wenn du dich falsch verhieltst, warst du verflucht.

Es ist wirklich ziemlich traurig, denn irgendwann werden sie unausweichlich verbittert und aufgebracht, wenn sie sehen, wie ihre »unwürdigen« Brüder durch die überfließende Gnade ihres Vaters gesegnet werden. Wie der ältere Bruder werden sie zornig auf Gott und sagen zu ihm: »So viele Jahre *diene ich* dir, und niemals habe *ich* ein Gebot von dir übertreten; und mir hast du niemals ein Böckchen gegeben …«

Christen, die immer noch diesen Schleier des Gesetzes vor ihren Augen haben, gleichen dem älteren Bruder. Sie vernehmen den Klang von Musik und Tanz ohne den Anlass zu verstehen. Sie hören von der erstaunlichen Gnade ihres Vaters und können sie doch nicht begreifen. Sie lesen Geschichten von Menschen, deren Leben durch Gnade verändert wurde und können es nicht akzeptieren. Für sie geht es bei Gott darum, die Gebote zu halten, ihm zu dienen und gehorsam zu sein. Belohnungen sollten verteilt werden, wenn man das Richtige tut, während diejenigen bestraft werden müssen, die sich Verfehlungen geleistet haben.

Wenn dir das bekannt vorkommt, ist mein Gebet für dich, dass dieser Schleier des Gesetzes gelüftet wird und du die Gnade des Vaters in tiefer Weise und ganz persönlich für dich erfährst.

Alles, was Gott besitzt, gehört bereits dir

Weißt du, was der Vater, der die Feier verlassen hatte, um nach seinem älteren Sohn zu sehen, auf die Beschwerde dieses Sohnes hin sagte? »Mein Sohn, du bist allezeit bei mir, und alles, was mein ist, das ist dein« (Lk 15,31 SLT).

Mein Freund, es geht nicht um *deine* Liebe zu Gott; es geht um die Liebe des Vaters zu dir. Er ist immer der Initiator. Es ging schon immer um *seine* Liebe zu dir. Lebe dein Leben nicht in

Zorn, Wut, Schuldgefühlen und Frust. Komm ins Haus des Vaters und lass deine Seele dort zur Ruhe kommen. Es geht nicht um deine eigenen Anstrengungen. Dein Vater will dich wissen lassen, dass ALLES, was er hat, bereits dir gehört – nicht aufgrund deiner perfekten Leistung, sondern weil du durch Jesu vollendetes Werk sein Kind bist.

Dein Vater will dich wissen lassen, dass ALLES, was er hat, bereits dir gehört – nicht aufgrund deiner perfekten Leistung, sondern weil du durch Jesu vollendetes Werk sein Kind bist.

In Römer 8,32 heißt es: »Gott hat nicht einmal seinen eigenen Sohn verschont, sondern hat ihn für uns alle gegeben. Und wenn Gott uns Christus gab, wird er uns mit ihm dann nicht auch alles andere schenken?« *Mit Jesus* hat dein Papa-Gott dir bereits alles geschenkt. Jesus ist deine Anerkennung. Er ist deine Gerechtigkeit, deine Heiligkeit, deine Versorgung und deine Weisheit. Was auch immer du in deinem Leben brauchst, dein Vater hat es dir bereits durch Jesus geschenkt.

Also, komm nach Hause in seine Arme. Komm heim zur Gnade. Komm herein, genieße die Musik und tanze mit!

Die verändernde Kraft der Vater-Liebe

Es ist interessant, dass in diesem Gleichnis vom verlorenen Sohn beide Brüder ihren eigenen Lebensunterhalt verdienen wollten. Ich denke, das zeigt uns, dass unsere fleischliche Neigung, sich den Segen Gottes verdienen zu wollen, viel größer ist als unsere Fähigkeit, etwas von ihm einfach nur zu empfangen. Wir neigen im Allgemeinen mehr dazu, uns seine Liebe, Annahme, Bestätigung und seinen Segen *verdienen* zu wollen, als sie durch seine unverdiente Gunst zu *empfangen.*

Es bedarf wirklich einer Offenbarung der Gnade, um die Liebe des Vaters zu erkennen und sie von ihm zu empfangen. Und im Wort Gottes heißt es, dass wir in diesem Leben nur dann herrschen können, wenn wir die Gnade und Gerechtigkeit unseres Vaters empfangen (siehe Röm 5,17). Vielleicht ist das der Grund, warum es nicht mehr Christen gibt, die in ihrem Leben herrschen. Der Schlüssel liegt darin, wie sie ihren Vater im Himmel wahrnehmen.

Ist er für dich ein strenger, unbarmherziger Arbeitgeber oder ein liebender, großzügiger Vater? Erlaubst du ihm, dass er dich in seine Gerechtigkeit einhüllt, dir in seiner liebenden Gnade einen Ring an deinen Finger steckt und dir Sandalen für deine Füße gibt? Oder wirst du darum kämpfen, dir deine eigene Gerechtigkeit zu verdienen, für dich selbst zu sorgen und dir das, was du hast, durch deine eigenen Werke zu verdienen? Die Kraft, im Leben zu herrschen, hängt davon ab, was du über Gott glaubst.

Die Kraft, im Leben zu herrschen, hängt davon ab, was du über Gott glaubst.

»Pastor Prince, wollen Sie mir sagen, dass alles nur aus Gnade kommt und wir so leben können, wie wir wollen, ohne dabei an Gott zu denken? Wollen Sie mir sagen, dass wir ihm nicht dienen sollen?«

Stell dir bitte folgende Frage: Wenn jemand wirklich der Liebe, der Gunst und dem Segen des Vaters begegnet – und zwar in dem Bewusstsein, dass all dies völlig unverdient ist –, wie wird er wohl leben?

Nimm dir einen Moment Zeit, um dich in die Lage des jüngeren Sohnes zu versetzen: Du hast den Reichtum deines Vaters vergeudet. Du bist pleite und hast nichts zu essen, also entschließt du dich, nach Hause zu gehen, weil du weißt, dass selbst die Diener deines Vaters mehr als genug zu essen haben. Doch als du dein Zuhause erreichst, weist dein Vater dich nicht zurecht, verdammt dich nicht und du musst ihn auch nicht anbetteln, dich zu einem seiner Tagelöhner zu machen. Stattdessen bereitet er dir einen überschwänglichen Empfang voller Umarmungen und Küsse.

Noch vor ein paar Tagen warst du am Verhungern und hast sogar die Schweine um ihr Futter beneidet. Doch nun bist du in ein frisches, sauberes Gewand gekleidet. Du trägst außerdem den Ring deines Vaters am Finger, der dich dazu berechtigt, in seinem Namen Zahlungen vorzunehmen. Und als wäre das noch nicht genug, hat dein Vater alle Nachbarn eingeladen, das beste Kalb geschlachtet und anlässlich deiner Heimkehr ein Grillfest für dich organisiert, wo zu deiner Ehre Musik gespielt und getanzt wird.

Stell dir vor, all das wäre dir passiert. Du hast gerade hautnah die warmherzige Umarmung und Vergebung deines Vaters erlebt. Bewirkt das in dir nun den Wunsch, wieder gegen deinen Vater zu rebellieren, erneut von zu Hause wegzugehen, zurück in den schmutzigen Schweinestall, um dich dort im Dreck zu wälzen und dich von Dingen zu ernähren, die dich niemals wirklich sättigen werden? Natürlich nicht!

Es gibt dieses große Missverständnis, dass Christen in Sünde leben und die Welt immer noch lieben, weil sie Gott nicht genug lieben. Das bekommen wir von vielen Predigern zu hören, die

Christen dazu auffordern, Gott mehr zu lieben, weil sie denken, wenn die Menschen Gott mehr liebten, würden sie die Sünde und die Welt weniger lieben.

Doch Gott hat mir eines Tages die Augen für den wahren Grund geöffnet, warum Christen immer noch in Sünde verstrickt sind und weltlich leben. Darüber habe ich noch nie jemanden predigen hören, deshalb ist das frisch vom Himmel. Der Apostel Johannes teilt uns mit: »Wer die Welt liebt, zeigt, dass die Liebe des Vaters nicht in ihm ist« (1Joh 2,15). Bitte beachte, dass hier die Rede von der Liebe *des Vaters* ist, nicht von der Liebe *zu dem Vater.* Also sind die Menschen, die die Welt lieben und sich von weltlichen Leidenschaften gefangen nehmen lassen, in Wirklichkeit Menschen, die die Liebe des Vaters zu ihnen entweder nicht kennen oder in ihren Herzen nicht daran glauben.

Leider hören wir viele Predigten, in denen es um unsere Liebe *zum Vater* geht – »Du musst Gott mehr lieben! Du musst Gott mehr lieben!«. Doch was wir wirklich brauchen, sind mehr Predigten über die Liebe *des Vaters.* Nie wird unsere Liebe zu ihm im Mittelpunkt stehen, sondern immer *seine* Liebe zu uns.

Wenn du die Gnade deines himmlischen Vaters geschmeckt und genossen hast, möchtest du niemals mehr in der Wüste der Sünde leben.

Lieber Freund, wenn Menschen die Liebe des Vaters zu ihnen wirklich kennenlernen und an sie glauben, und wenn diese Liebe dann in ihren Herzen brennt, werden sie nicht mehr hinausgehen und so leben wollen wie der Teufel. Gnade hat etwas gewaltig Veränderndes an sich. Wenn du die Gnade deines himmlischen Vaters geschmeckt und genossen hast, möchtest du niemals mehr in der Wüste der Sünde leben und weit entfernt von der Umarmung des Vaters sein.

Von Gnade zu Gnade leben

Lass uns noch einmal über den jüngeren Sohn sprechen. Bedeutet die Tatsache, dass er die Liebe und Vergebung seines Vaters empfangen hat, dass er nie wieder einen Fehler machen wird? Natürlich nicht. Doch jedes Mal, wenn er jetzt einen Fehler macht, weiß er, dass er nicht weglaufen und sich vor lauter Angst und Schuldgefühlen verkriechen muss, denn er kennt nun das Herz des Vaters. Das bedeutet es, von Gnade zu Gnade zu leben – selbst wenn du stolperst, stolperst du aufwärts. Du bist dir bewusst, dass dir jeden Tag frische Gnade zur Verfügung steht, und zwar in so überfließendem Maße, dass sie alle deine Fehler tilgt. Das ist die Güte Gottes, die dich zur Umkehr führt (siehe Röm 2,4).

Manche Leute glauben, Buße müsste immer damit einhergehen, sich die Augen auszuweinen. Ich habe schon erlebt, wie Menschen das taten, aber dann sind sie nach Hause gegangen und ihr Leben blieb unverändert. Umgekehrt habe ich aufrichtige Buße gesehen, wenn Menschen Gottes Gnade begegnen, indem sie einer Botschaft zuhören oder ein Buch wie dieses lesen, und das alles ganz ohne Dramatik. Bei ihnen erkennt man nach und nach eine Veränderung im Umgang mit ihrer Familie. Ihre Gedanken und ihre Glaubensinhalte haben sich verändert.

Dies führt mit der Zeit zu einer völligen Änderung ihres Lebensstils, ihres Verhaltens, ihrer Einstellung und ihrer Handlungen, während sie in der Gnade wachsen. Süchte verlieren die Macht über ihr Leben. Ängste, Zweifel und Unsicherheit lösen sich auf. Diese Menschen erleben, wie ihre Beziehungen, ihre berufliche Laufbahn und ihr geistlicher Dienst gesegnet und von Erfolg gekrönt werden. Anstatt die Schweine um ihr Futter zu beneiden, lassen sie es sich nun am reich gedeckten Tisch des Vaters gut gehen. Anstatt in der Niederlage und in Sünde zu leben, leben sie nun im Sieg der Liebe ihres Vaters. Das ist es, was der richtige Glaube an die Liebe des Vaters bewirkt.

Der 25-jährige Nathan aus New York hat mir ein tolles Zeugnis geschickt, in dem er von dem Durchbruch erzählt, den er erlebte, als er der Liebe des Vaters begegnete. Er beschreibt darin, wie sich sein Leben seitdem er vierzehn war, um Drogen, Pornografie, Sex und Bandenkriege drehte. Da er in diesem Milieu aufwuchs, hatte er nie etwas anderes kennengelernt. Er hatte keine richtige Kindheit gehabt und nie die Liebe und Annahme seiner Familie erfahren, die in ihm nicht mehr als eine »Kriegsmaschine« sah. Ohne eine Vaterfigur in seinem Leben – abgesehen von dem Mann, den seine Mutter geheiratet hatte und der ihn seit seinem dritten Lebensjahr regelmäßig verprügelte – hatte Nathan große Probleme mit seiner Identität, seinen Süchten und seiner Wut.

Aber sein Wendepunkt kam, als er erfuhr, dass sein Papa-Gott ihn liebt. Er schreibt:

> *Ich hörte eine Ihrer Predigten darüber, dass wir Gottes geliebte Kinder sind. Ich hatte nie jemanden davon sprechen hören, dass Jesus für meine Sünden gestorben war, weil er mich so sehr liebte. Ich dachte, niemand würde für mich sterben, wenn er wüsste, was ich getan hatte. Aber die Liebe, die ich spürte, als ich der Predigt zuhörte, war etwas, das ich noch nie zuvor erlebt hatte.*
>
> *Ich musste mehr darüber erfahren, also kaufte ich mir Ihr Buch »Zur Herrschaft bestimmt«, und die Worte des Herrn*

in Ihrem Buch veränderten mein Leben ... Ich habe jede frühere schlechte Angewohnheit – wirklich jede – abgelegt und mein Leben an den Herrn Jesus Christus übergeben. Jeder Tag ist für mich ein neues Geschenk und ich sehe das Leben nun völlig anders. Ich weiß, dass ich einen Vater im Himmel habe, der mich liebt und annimmt. Ich weiß, dass er meine Gebete hört und nicht zögert, sie zu beantworten.

Ich bin so froh, dass Nathan eine Offenbarung darüber hatte, dass trotz seiner Fehler sein Papa-Gott nie aufgehört hat, ihn zu lieben. Und indem er einfach in der Liebe seines Papas ruhte, wurde er nicht nur frei von seinen Süchten, sondern auch von der Wut und den Selbstzweifeln, die ihn fast die Hälfte seines Lebens gefangen gehalten hatten.

Mein Gebet ist, dass du gleichermaßen eine Offenbarung darüber bekommst, dass du gerade jetzt vom Vater geliebt bist und ihm sehr am Herzen liegst. Dass er deine Gebete immer hört und mehr als bereit und in der Lage ist, dich aus jeder dunklen Grube herauszuholen und dich in seine Liebe und sein Licht zu bringen.

Im Gleichnis vom verlorenen Sohn waren beide Söhne weit entfernt von ihrem Vater – selbst der ältere Sohn, der ja eigentlich bei ihm zu Hause war.

Hast du die Liebe deines Vaters erfahren?

Wende dich an deinen Papa-Gott,
weil er ***dich*** *liebt und sich um* ***dich*** *kümmert.*

Ich möchte dich bitten, jetzt in diesem Moment etwas zu tun: Schließe deine Augen und sage einfach nur: »Papa.«

Das ist ein Gebet. Es ist sogar das tiefgründigste, innigste Gebet, das du beten kannst.

Wende dich an deinen Papa-Gott, weil er *dich* liebt und sich um *dich* kümmert. Du hast nie etwas getan, das seine Liebe zu dir entfacht hätte. Und, lieber Freund, es gibt nichts, was du tun kannst oder getan haben könntest, das seine Liebe zu dir jemals auslöschen würde.

Geliebt und befähigt

Ich möchte, dass dir heute bewusst wird: Als Kind Gottes musst du dich für Gottes Liebe in keiner Weise qualifizieren. Du bist *bereits* sein geliebtes Kind. Vielleicht kommt es dir so vor, als wärst du weit weg von ihm, aber dein Vater sieht dich. Er wartet sehnsüchtig darauf, dass du nach Hause kommst, bereit, dir entgegenzulaufen und dich in seine Arme zu schließen. Er möchte dich mit seiner Liebe und seinen Küssen überschütten, immer und immer wieder.

Du musst dir die Liebe deines Papas nicht verdienen. ALLES, was er hat, gehört bereits dir. Er fordert nicht von dir, dass du ihm dienst, um dir seinen Segen zu verdienen. ALLES, was ihm gehört, wurde dir bereits bedingungslos und reichlich geschenkt.

Jesus sagte: »Schaut die Vögel an. Sie müssen weder säen noch ernten noch Vorräte ansammeln, denn euer himmlischer Vater sorgt für sie. Und ihr seid ihm doch viel wichtiger als sie« (Mt 6,26). Mein Freund, hör auf, dich abzurackern. Du bist ein Kind Gottes. Du bist wertvoller als ein ganzer Schwarm Spatzen, und dein Papa zählt sogar die Haare auf deinem Kopf (siehe Lk 12,7).

Für die Möglichkeit, dass du eines Tages seine Liebe annehmen würdest, gab er seinen Sohn einem qualvollen Tod am Kreuz hin.

Also komm. Komm zum Vater. Komm mit all deinen Fehlern, deiner Zerbrochenheit, deinen Schwächen.

Komm so, wie du bist. Ich bete, dass die Erkenntnis seiner Liebe zu dir alles Negative oder Zerstörerische aus deinem Leben vertreibt und du dadurch wie nie zuvor einen Durchbruch nach dem anderen erfährst.

KAPITEL 21

KOMM ZUR RUHE IN DER LIEBE DES VATERS

Wir sind im letzten Kapitel auf unserer Reise zur Entdeckung der Kraft des richtigen Glaubens angelangt. Hier möchte ich dir eine einfache, aber entscheidende Wahrheit vermitteln.

Selbst wenn du alles vergisst, was du bisher in diesem Buch gelesen hast (natürlich bete ich, dass es nicht so ist!), solltest du die Wahrheit, die ich dir gleich zeigen werde, auswendig lernen. Zehre von ihr. Lass sie in deinem Geist Wurzeln schlagen und zu einem Ankerpunkt deines Lebens werden. Ich verspreche dir, dass du nie wieder derselbe sein wirst.

Bist du bereit? Hier kommt sie:

Egal, was in deinem Leben geschieht: Als Kind Gottes wirst du von deinem Vater im Himmel innigst geliebt und nichts, was du tust, kann jemals etwas daran ändern.

Kannst du das heute glauben?

Ob du gerade gute oder schlechte Zeiten durchlebst – du musst wissen, dass dein Abba dich liebt. Es gibt nichts, was du je tun könntest, damit er dich mehr liebt und nichts, was du je tun könntest, dass er dich weniger liebt.

Es gibt nichts, was du je tun könntest, damit er dich mehr liebt und nichts, was du je tun könntest, dass er dich weniger liebt.

Auch – oder vielleicht *vor allem* – wenn du das Gefühl hast, versagt zu haben, darfst du wissen, dass du *immer* sein Augapfel bist. *Immer.*

Gott liebt dich mit einer ewigen Liebe (siehe Jer 31,3). Einer Liebe, die gestern, heute und morgen dieselbe ist. Erlebe jetzt, wie dein Papa-Gott dich in seine Arme nimmt. Du bist sicher bei ihm. Du bist völlig geliebt und vollkommen angenommen. Er liebte dich, noch bevor du je von ihm gehört hast. Seine Liebe zu dir hat *nichts* mit dem zu tun, was du je für ihn getan hast. Und deshalb kannst du in der Gewissheit ruhen, dass auch *nichts*, was du jemals tun wirst, Einfluss auf seine unveränderliche, bedingungslose Liebe zu dir haben wird.

Es gibt nichts, was du beweisen müsstest. Alles, was du tun musst, ist in ihm zu ruhen. Ruhe in ihm und empfange Abbas Liebe. Lass dein Leben in einer Liebe gegründet sein, die so vollkommen ist, dass kein Problem und kein Widerstand dich jemals mehr niederschmettern kann. Wenn du denkst, total am Ende zu sein, ist das die richtige Zeit, dich an deinen Vater zu wenden. In seinen liebenden Armen wirst du Hoffnung, Sicherheit und Zuflucht vor jedem Sturm finden.

Ich finde es herrlich, wie der Apostel Paulus es ausdrückt: »Kann uns noch irgendetwas von der Liebe Christi trennen? Wenn wir vielleicht in Not oder Angst geraten, verfolgt werden, hungern, frieren, in Gefahr sind oder sogar vom Tod bedroht werden? … Aber trotz all dem tragen wir einen überwältigenden Sieg davon durch Christus, der uns geliebt hat. Ich bin überzeugt: Nichts kann uns von seiner Liebe trennen. Weder Tod noch Leben, weder Engel noch Mächte, weder unsere Ängste in der Gegenwart noch unsere Sorgen um die Zukunft, ja nicht einmal die Mächte der Hölle können uns von der Liebe Gottes trennen. Und wären wir hoch über dem Himmel oder befänden uns in den tiefsten Tiefen des Ozeans, nichts und niemand in der ganzen Schöpfung kann uns von der Liebe Gottes trennen, die in Christus Jesus, unserem Herrn, erschienen ist« (Röm 8,35.37–39).

Es ist die Liebe des Vaters, die dir die Kraft gibt, jeden Fehler, jedes Versagen und jede Sünde in deinem Leben zu überwinden.

Lieber Freund, *nichts* und *niemand* kann dich jemals von der Liebe deines Vaters trennen. Liebst du nicht auch ganz einfach dieses Gefühl, vollkommen sicher auf Gottes unerschütterliche Verheißung vertrauen zu dürfen? Bei der Liebe deines himmlischen Vaters gibt es keine Vorbehalte oder Ausschlussklauseln. In der Bibel heißt es klar und deutlich, dass *nichts* jemals in der Lage sein wird, dich von der Liebe deines Vaters im Himmel zu trennen. Das ist ein uneingeschränktes Versprechen. »Nichts« bedeutet *nichts*. Für dich als Christ bedeutet das, dass sogar deine Fehler, dein Versagen und deine Sünden dich nicht von der Liebe deines Vaters trennen können. Halleluja!

Vielmehr ist es so, dass die Liebe des Vaters dir die Kraft gibt, jeden Fehler, jedes Versagen und jede Sünde in deinem Leben zu überwinden. Die Bibel drückt es folgendermaßen aus: »Denn die Sünde wird nicht herrschen über euch, weil ihr nicht unter dem Gesetz seid, sondern unter der Gnade« (Röm 6,14 SLT). Das bedeutet, je mehr du die Liebe und Gnade deines himmlischen Vaters erfährst, umso mehr wirst du dich in ihn verlieben und deine Liebe zur Sünde verlieren.

Es wird dir so ergehen wie den Menschen in den vielen Zeugnissen, die du in diesem Buch gelesen hast – du wirst sehen, wie zerstörerische Süchte ihre Macht über dein Leben verlieren. Ich finde es toll, wie Römer 6,14 in der *Neues Leben Bibel* übersetzt wurde: »Die Sünde hat die Macht über euch verloren, denn ihr steht nicht mehr unter dem Gesetz, sondern seid durch Gottes Gnade frei geworden.« Ist das nicht großartig? Du lebst heute in der Freiheit von Gottes erstaunlicher Gnade – seiner nicht von dir selbst erworbenen, unverdienten und leistungsunabhängigen Gunst in deinem Leben. Gnade schenkt dir Freiheit. Freiheit von Mangel, von Angst, von Süchten, von Schuldgefühlen und von jedem Fluch und jeder Sünde!

Deinen Wert zu erkennen, bringt Veränderung

Wusstest du, dass der Feind keine Macht über Menschen hat, die wissen, dass ihr Vater sie liebt? Hätten Adam und Eva an Gottes Liebe zu ihnen geglaubt, hätte der Feind sie nicht verführen können. Leider beschlossen sie, der Lüge der Schlange zu glauben, Gott sei kleinlich und selbstsüchtig und wolle ihnen Gutes vorenthalten.

Deshalb möchte ich, dass du in der Liebe des Vaters verankert bist. Dann wirst du unerschütterlich sein. Du wirst dann kein Verlangen danach haben, gewisse Dinge zu berühren, an gewisse Orte zu gehen oder Zeit mit gewissen Leuten zu verbringen. Du wirst dich von negativen Einflüssen fernhalten, weil du der Liebe deines Vaters vertraust und glaubst, dass er nur das Beste für dich will. Du wirst ruhen, weil du weißt, dass er über dir wacht, um dich vor Bösem zu schützen und zu beschirmen.

Sei in der Liebe des Vaters gegründet.
Dann wirst du unerschütterlich sein.

Ich habe gesehen, dass Kinder, die sich der Liebe ihres Vaters sicher sind, zu allen möglichen Versuchungen Nein sagen können. Das liegt daran, dass die Leere in ihrem Leben bereits ausgefüllt ist. Sie müssen nichts tun, um sich die Anerkennung ihrer Freunde zu verdienen, wenn sie ihre vollkommene Sicherheit, Identität und Anerkennung in der Liebe ihrer Eltern – und vor allem in der Liebe ihres himmlischen Vaters für sie – finden.

Genauso werden wir, wenn wir der Liebe unseres Vaters zu uns vertrauen, die Kraft haben, Versuchungen abzulehnen. Wenn du eine bleibende Offenbarung darüber hast, wie wertvoll, kostbar und gerecht du in Christus bist, wird es immer einfacher, Nein zu Sünde zu sagen.

Ich will dir das durch ein Bild verdeutlichen: Wenn du ein gut gebügeltes, weißes Hemd oder eine perfekt gebügelte, weiße Bluse trägst, würdest du dann im Schlamm spielen wollen? Natürlich nicht! Warum? Weil du weißt, dass deine strahlend weiße Kleidung und der Schlamm nicht zusammenpassen. Ebenso ist es, wenn du dir deiner gerechten Identität in Christus bewusst bist: Willst du dich dann noch im Schlamm und Schmutz der Sünde wälzen? Die Wahrheit lautet, je mehr du dir deiner Gerechtigkeit bewusst bist und weißt, wie wertvoll und kostbar du in Christus bist, umso mehr wirst du auch wissen, dass deine gerechte Identität in Christus und Sünde nicht zusammenpassen – und umso mehr wirst du erleben, dass du die Kraft hast, zu Versuchungen Nein zu sagen.

Du bist geliebt und der Vater hat große Freude an dir

Als Jesus im Jordan getauft wurde und gerade aus dem Wasser stieg, »öffnete sich der Himmel, und er sah den Geist Gottes wie eine Taube herabschweben und sich auf ihm niederlassen. Und eine Stimme aus dem Himmel sprach: ›Dies ist mein geliebter Sohn, an ihm habe ich große Freude‹« (Mt 3,16–17).

Ich liebe die Beschreibung der Bibel hier, wie sich der Himmel für Jesus öffnete. Ich glaube, dass jedes Mal, wenn Jesus predigte, der Himmel für ihn offen stand. Das bedeutet, dass wir, wenn wir Predigten hören, in denen es um Jesus geht, tatsächlich unter einem offenen Himmel stehen, aus dem all der Segen, all die Gunst und all die Güte Gottes auf uns herabfließen.

Nach der Taufe Jesu führte ihn der Heilige Geist in die Wüste, wo der Teufel ihn versuchte und sagte: »Wenn du der Sohn Gottes bist, dann verwandle diese Steine in Brot« (Mt 4,3).

Vor vielen Jahren, als ich mir diesen Text genauer ansah, öffnete der Herr mir die Augen und zeigte mir, dass der Teufel auf subtile Weise das Wort »geliebt« unterschlagen hatte. Nur kurz zuvor hatte Gott, der Vater, Jesus am Jordan als seinen *geliebten* Sohn bestätigt. Als der Teufel jedoch kam, um Jesus zu versuchen, ließ er das Wort »geliebt« weg und sagte einfach nur: »Wenn du der Sohn Gottes bist …«

Der Herr offenbarte mir, dass du niemals erfolgreich zur Sünde verleitet werden kannst, wenn du daran erinnert wirst, dass du das geliebte Kind des Vaters bist! Selbst der Teufel weiß das – daher entfernte er auch das Wort »geliebt«, als er mit Jesus sprach. Das ist wirklich eine kraftvolle Wahrheit!

Also solltest du dich jedes Mal, wenn du versucht wirst, an Folgendes erinnern: »Ich bin Gottes geliebtes Kind und mein Vater liebt mich.« Keine Versuchung wird über dich triumphieren können, wenn du sicher in der Liebe des Vaters ruhst.

Keine Versuchung wird dich besiegen können, wenn du sicher in der Liebe des Vaters ruhst.

Ich möchte mich noch kurz an alle Väter richten, die diese Zeilen lesen: Es ist die väterliche Anerkennung, die ein Kind in die Lage versetzt, sich selbst zu übertreffen. Wenn du deinen Kindern gegenüber also Lob und Anerkennung ausdrückst, hilfst du ihnen tatsächlich, erfolgreich zu sein. Sie werden sich jeder Versuchung entgegenstellen und ein siegreiches Leben führen.

Beachte hier, wie Jesus auf die Worte des Teufels reagierte. Er musste ihm nicht beweisen, dass er der Sohn Gottes war. Er war sich seiner Identität als Gottes geliebter Sohn sicher und entgegnete daher schlicht: »Die Schrift sagt: ›Der Mensch braucht mehr als nur Brot zum Leben. Er lebt auch von jedem Wort, das aus dem Mund Gottes kommt‹« (Mt 4,4).

Als ich mir diese Verse näher ansah, sagte der Herr mir Folgendes: »Schau dir die Worte an, die soeben aus dem Mund Gottes hervorgegangen sind. Ich möchte, dass mein Volk aus diesen Worten heraus lebt.«

Erinnerst du dich an die Worte, die der Vater kurz zuvor am Jordan ausgesprochen hatte? Genau, er sagte:

»Dies ist mein geliebter Sohn, an ihm habe ich große Freude.«

Ich möchte dir Mut machen, diesen Satz auf dich zu beziehen und jeden Tag darüber nachzudenken! So sieht der Vater dich heute. Er sieht dich in Christus, und in Christus bist du sein kostbares, geliebtes Kind, an dem er große Freude hat. Lege deine Hand auf dein Herz und höre, wie dein Vater im Himmel dir die folgenden Worte zuspricht:

»Du bist mein geliebtes Kind, an dir habe ich große Freude.«

Kannst du das heute von ganzem Herzen glauben?

Wenn du mit einer Sucht oder Erkrankung zu kämpfen hast, dann schließe deine Augen und höre, wie dein Vater zu dir sagt: »Du bist mein geliebtes Kind, an dir habe ich große Freude.« Höre jedes Mal, wenn du von Angst, Sorge, Wut oder Depression verzehrt wirst, wie dein Vater zu dir sagt: »Du bist mein geliebtes Kind, an dir habe ich große Freude.«

Ja, selbst wenn du vielleicht gerade versagt hast, bist du sein geliebtes Kind, an dem er große Freude hat, weil du in Christus bist.

Höre und wiederhole diese Worte, bis Ruhe, Frieden und Freude dein Herz durchfluten. Wenn dir danach ist, in seiner Gegenwart zu weinen, dann weine einfach. Er weiß, was du durchmachst und versteht den Schmerz, die Verletzung, das Leid und den Verlust, den du gerade erlebst, wie niemand sonst es kann.

Du bist begnadigt in dem Geliebten

»Aber Pastor Prince, ich habe nichts getan, weshalb Gott große Freude an mir haben sollte!«

Jesus hatte auch nichts getan. Gott nannte Jesus seinen geliebten Sohn und hatte große Freude an ihm, *bevor* er auch nur ein Wunder getan oder ihm auch nur einen Dienst erwiesen hatte. Weißt du, der Vater hat nicht aufgrund dessen, was Jesus *tat*, große Freude an ihm, sondern aufgrund dessen, wer Jesus *ist.* Hast du das verstanden? Wenn nicht, lies den vorletzten Satz bitte noch einmal.

Jesus musste nichts *tun* oder erreichen, bevor der Vater ihn als geliebtes Kind ansah, an dem er große Freude hatte. Die gute Nachricht für uns lautet, dass unser Vater im Himmel »uns begnadigt [angenehm gemacht] hat in dem Geliebten«, und »in ihm haben wir die Erlösung durch sein Blut, die Vergebung der Übertretungen nach dem Reichtum seiner Gnade« (Eph 1,6–7 SLT).

Das trifft auf jeden Christen zu. In dem Moment, als du ihn in dein Leben aufnahmst, begnadigte dich Gott, der Vater, in dem Geliebten.

Wir wissen, dass sich »Geliebter« hier auf Jesus bezieht. Warum also hat Gott nicht einfach gesagt: »Begnadigt in Jesus Christus«?

Gott möchte, dass dir bewusst ist: Du gehörst jetzt zur Familie und bist so *geliebt* wie Jesus. Außerdem hat das Wort »begnadigt« im Griechischen eine viel umfassendere Bedeutung. Im Original steht hier das Wort *charitoo,* was »höchst begünstigt sein«[28] bedeutet. Dieses Wort findet sich nur noch ein weiteres Mal in der Bibel, und zwar als der Engel Gabriel Maria erscheint und zu ihr sagt: »Sei gegrüßt, Begnadete [*charitoo*]! Der Herr ist mit dir.« (Lk 1,28 ELB).

Du und ich sind also nicht nur in dem Geliebten angenommen – was an sich schon absolut fantastisch ist –, sondern wir sind in Jesus Christus, dem Geliebten, sogar *höchst begünstigt.* In

Thayer's Greek Lexicon findet sich noch eine weitere Bedeutung für *charitoo*: Wir sind umgeben von Gunst.[29] Deshalb proklamieren wir in meiner Gemeinde gern, dass wir *höchst begünstigt*, *überreich gesegnet* und *innig geliebt* sind. Du hast einen Vater im Himmel, der dich liebt, dich begünstigt, dich schützt und über dir und all deinen Lieben wacht.

Du hast einen Vater im Himmel, der dich liebt, dich begünstigt, dich schützt und über dir und all deinen Lieben wacht.

Seine Liebe macht den Unterschied

Dieses herzliche Zeugnis von Gina aus Maryland begeistert mich. Höre ihr zu, wie sie durch die Liebe des Vaters verändert wurde:

Lieber Pastor Prince,
ich bin seit über 34 Jahren Christin. Seitdem ich Ihre Predigten entdeckte, habe ich das Gefühl, aus einer 34 Jahre andauernden Haftstrafe entlassen worden zu sein – aus einem Gefängnis voll christlicher Gesetzlichkeit, voller Regeln und lauter Listen mit Dingen, die ich tun musste, damit Gott mir helfen und mich segnen würde.

Bevor ich das unverfälschte Evangelium der Gnade hörte, wäre ich fast an meinem Leben als Christin verzweifelt. Ja, ich glaubte zwar, dass ich in den Himmel kommen würde, aber nur ganz knapp. Ich betete nicht einmal mehr, weil ich das Gefühl hatte, dass ich aufgrund meiner vielen Proble-

me wahrscheinlich gar nicht das Richtige beten könnte – warum sollte ich es also überhaupt versuchen? Ich hasste es, in der Bibel zu lesen, weil es mich nur an all die Dinge erinnerte, die ich falsch machte, und mir alles vorhielt, was ich tun musste, wenn ich Gottes Hilfe erfahren wollte.

Doch nun kann ich von Gottes Wort gar nicht mehr genug bekommen, weil ich es jetzt als einen Liebesbrief von Gott an mich sehe, und nicht länger als ein Buch voller Regeln, die ich nicht halten kann. Ich kann auch gar nicht genug Ihrer Predigten hören und habe das Gefühl, dass ich nach 34 Jahren Junkfood endlich gesunde, ausgewogene Nahrung bekomme. Ich höre mir Ihre Predigten immer wieder an. Ich verbringe immer mehr Zeit im Wort, weil ich ENDLICH wirklich die GUTE BOTSCHAFT höre. Ich möchte noch mehr darüber herausfinden, wer Gott wirklich ist.

Zum ersten Mal in meinem Leben sind auch meine Kinder, die alle in ihren Zwanzigern sind, BEGEISTERT von Gott. Wir alle lesen gerade »Zur Herrschaft bestimmt« und hören ständig Ihre Predigten. Vor Kurzem musste ich über diesen Gott nachdenken, den ich nun als meinen Abba-Vater kennengelernt habe, und seine Liebe für mich hat mich dabei einfach überwältigt. Ich wollte sagen: »Ich liebe dich«, aber plötzlich erkannte ich, dass es einfach keine Worte gibt, die wirklich ausdrücken können, wie groß meine Liebe zu ihm ist. Diese drei kleinen Worte sagen einfach nicht genug. Manchmal habe ich das Gefühl, dass mein Herz vor Liebe zu ihm platzt, weil ich endlich glaube, dass er genauso für mich empfindet!

Außerdem verschwinden Dinge, mit denen ich seit JAHRZEHNTEN aufhören wollte, nun einfach so aus meinem Leben – einfach nur dadurch, dass ich in diesem Bewusstsein in Gott ruhe, dass er mich immer lieben wird, ganz gleich, was geschieht. Wer hätte gedacht, dass gerade der NICHT vorhandene Versuch, »gut zu sein« eine Herzensveränderung bewirken könnte, die sich dann auch auf mein Äußeres auswirkt. Ich kann gar nicht glauben, dass mir all das schon die ganze Zeit zur Verfügung stand.

Ich bin jetzt so glücklich, dass ich es gar nicht in Worte fassen kann. Ja, natürlich gibt es in meinem Leben auch noch Herausforderungen. Aber die Dinge sehen einfach ganz anders aus, wenn man weiß, dass Gott nicht nur damit fertig werden KANN, sondern auch damit fertig werden WIRD, indem man einfach in ihm ruht und ihn den Papa sein lässt, der er sein möchte.

Ich kann Ihnen gar nicht genug danken für Ihren Dienst und Ihren Gehorsam Gott gegenüber, uns als Gottes Kindern dieses lebensverändernde Wort zu bringen. Mein Leben ist für immer verändert worden, und ich erzähle jedem von dem Evangelium der Gnade, wie Sie es predigen. Gott ist so wunderbar, und ich freue mich darauf, die nächsten 70 Jahre in seiner Gnade zu verbringen und seinem Volk von seiner Gnade zu erzählen.

Findest du es nicht einfach wunderbar, darüber zu lesen, wie Menschen verändert werden, wenn sie der Liebe des Vaters begegnen? Es begeistert mich, wie Gina erzählt, dass sie Gott nun als ihren Abba-Vater kennengelernt hat. Ist es nicht erstaunlich, dass man über drei Jahrzehnte lang Christ sein kann und trotzdem noch nicht die Gelegenheit hatte, der Liebe des Vaters zu begegnen? Ich bin so dankbar und empfinde es als großes Vorrecht, dass Gott mir die Ehre und das Privileg geschenkt hat, dieser wunderbaren Frau und ihrer Familie den Vater zu offenbaren. Ich bete, dass auch du erlebst, was sie erlebt hat. Ihr Brief sprudelt fast über vor lauter Liebe und Freude, und mir wird ganz warm ums Herz, wenn ich lese, wie auch ihre Familie von unserem liebenden himmlischen Vater berührt wird.

Glaube an die Liebe des Vaters zu dir. Schau auf seine Gnade. Komm freimütig vor seinen Gnadenthron und empfange seine Hilfe in der Not. In ihrem Zeugnis erzählte Gina, dass es Dinge in ihrem Leben gab, von denen sie seit JAHRZEHNTEN loskommen wollte, es aber nicht schaffte. Doch dann fing sie an, Sicherheit in der Liebe unseres Abba-Vaters zu finden und zu erkennen, dass Gott sie immer weiter lieben würde, was auch immer passieren sollte. Dies setzte in ihrem Inneren eine mühelose Veränderung in Gang, die diese Dinge allmählich verschwinden ließ.

Glaube an die Liebe des Vaters zu dir und empfange Hilfe in der Not.

Wenn du siehst und in deinem Herzen glaubst, dass das Licht der Liebe Gottes auf dich fällt, schwindet die Dunkelheit. Depressionen verschwinden. Essstörungen verschwinden. Suizidgedanken verschwinden. Ängste verschwinden. Zerstörerische Süchte verschwinden. Je mehr du dich selbst unter seine Gnade stellst, umso weniger wird die Sünde über dich herrschen können. Versuchungen werden keine Macht über dich haben, wenn du mit der Liebe, Anerkennung und Gunst des Vaters und mit seiner Annahme gesättigt bist. All diese Freiheit gehört dir, wenn du wirklich an Folgendes glaubst:

Du bist sein geliebtes Kind und er hat große Freude an dir.

Hier ist mein Gebet für dich, mein Freund. Ich bete, dass du die Höhe und Breite und Länge und Tiefe der bedingungslosen Liebe deines Vaters zu dir erfassen und an sie glauben kannst. Ruhe in der Liebe deines Vaters zu dir und nicht in deiner Liebe zu ihm. Und mögest du Sieg erfahren über jede Angst, jedes Schuldgefühl und jede Sucht in deinem Leben.

SCHLUSSWORT

Lieber Leser, ich danke dir, dass du dich gemeinsam mit mir auf die Reise gemacht hast in *Die Kraft des richtigen Glaubens.* Du warst ein großartiger und aufmerksamer Reisegefährte und mein Gebet ist, dass du durch die Wahrheiten, die du durch dieses Buch erfahren hast, gesegnet wurdest.

Auch wenn heute so viel Betonung auf das richtige Leben und das richtige Tun gelegt wird, vertraue ich darauf, dass du erkennst, dass die Antwort tatsächlich im richtigen Glauben liegt. Wenn du ändern kannst, was du glaubst, kannst du dein Leben verändern.

Der richtige Glaube führt immer zu richtigem Leben.

Wenn du den richtigen Glauben hast, wirst du letztlich richtig leben und das Richtige tun.

Du hast beim Lesen dieses Buches sicherlich entdeckt, dass es beim richtigen Glauben wirklich um die Person Jesu geht. Wenn du an ihn glaubst – an seine Liebe zu dir, seine Gnade für dich, und die Kraft seines vollendeten Werkes in deinem Leben –, wird er dich von innen heraus verändern. Und wir wissen ja, dass echte Veränderung und echte Durchbrüche nur von innen heraus geschehen.

Ich möchte dir Mut machen, dir jeweils ein Exemplar von *Zur Herrschaft bestimmt* und *Unverdiente Gunst* zu besorgen und dich weiterhin im richtigen Glauben zu schulen. *Die Kraft des richtigen Glaubens* basiert auf diesen beiden Büchern und du wirst darin viele Wahrheiten finden, die deinen Glauben fest verankern und dir helfen werden, im richtigen Glauben zu leben.

Wenn du durch dieses Buch gesegnet worden bist, würde ich gerne von dir hören. Bitte schreibe mir an folgende Adresse: praise@josephprince.com.

Bis dahin sollst du wissen, dass meine Liebe und Gebete für dich und deine Familie mit dir sind.

In seiner liebenden Gnade
Joseph Prince

ANMERKUNGEN

1. Ein Wortspiel zwischen »sun« und »son« (exakt gleiche Aussprache). Im englischen Originaltext steht hier der Ausdruck »the Sun of righteousness« (die Sonne der Gerechtigkeit), der auf Jesus, den Sohn der Gerechtigkeit (»the Son of righteousness«) verweist.
2. Neef, H-D. *Achor*, in: Das wissenschaftliche Bibellexikon im Internet, http://www.bibelwissenschaft.de/stichwort/12408/. 21.03.2014.
3. Cornwall, Judson; Reid, Michael. *Whose Love Is It Anyway?* Closter, NJ: Sharon Publications 1991, S. 58–59.
4. NT: 342, *Thayer's Greek Lexicon*, Electronic Database. Copyright © 2000, 2003, 2006 by Biblesoft, Inc. All rights reserved.
5. Hardy, David L. *A Re-evaluation of Suffocation as the Cause of Death during Constriction by Snakes,* Herpetological Review 1994, S. 229:45–47.
6. Yong, Ed. *Snakes Know When to Stop Squeezing Because They Sense the Heartbeat of Their Prey.* Discover Magazine 17. Januar 2012. http://blogs.discovermagazine.com/notrocketscience/2012/01/17/snakes-know-when-to-stop-squeezing-because-they-sense-the-heartbeats-of-their-prey/#.UPin5Oh8Nyg. 18.01.2013.
7. Aus Fußnote der *Neuen Genfer Übersetzung*: »Angst verursacht nämlich Qualen (wegen der zu erwartenden Strafe). Angst hat nämlich Strafe/Qual«.
8. NT: 1343, *Vine's Expository Dictionary of Biblical Words.* Copyright © 1985, Thomas Nelson Publishers.
9. US-Marineakademie.
10. Bunyan, John. *Überreiche Gnade*, Waldems: 3L-Verlag 2011, S. 32–33.
11. Bunyan, John. *Überreiche Gnade*, Waldems: 3L-Verlag 2011, S. 69.
12. Elberfelder Studienbibel, 3206 *metanoia*, Witten: SCM R.Brockhaus [4]2013.
13. Im Englischen handelt es sich hier um ein Wortspiel, da für »zornig« und »verrückt« beide Male das Wort »mad« verwendet werden kann.

14. NT: 4991, *Thayer's Greek Lexicon*, Electronic Database. Copyright © 2000, 2003, 2006 by Biblesoft, Inc. All rights reserved.
15. Prince, Joseph. *Unverdiente Gunst*, Schotten: Grace today Verlag 2015, S. 229.
16. *The Truth about Ananias and Sapphira*, Predigt von Joseph Prince am 28. November 2010, https://www.josephprince.com.
17. Selbstsüchtige Natur.
18. Bauer, Walter. *Wörterbuch zum Neuen Testament*, Berlin: de Gruyter ^{6}1988.
19. Kassühlke, Rudolf. *Kleines Wörterbuch zum Neuen Testament*, Stuttgart: Deutsche Bibelgesellschaft 1997.
20. Schumacher, Heinz (Hrsg.). *Die Namen der Bibel*: Emmaus = Heiße Quellen od. Bäder; Warmbronn; Springbrunnen, Stuttgart: Paulus-Verlag Karl Geyer 1958, S. 71.
21. Englischsprachiges Video mit deutschen Untertiteln.
22. Elberfelder Studienbibel, *1664 elpis*, Witten: SCM R.Brockhaus ^{4}2013.
23. Elberfelder Studienbibel, *2685 häsäd*, Witten: SCM R.Brockhaus ^{4}2013.
24. AT: 3258, *The Online Bible Thayer's Greek Lexicon and Brown, Driver & Briggs Hebrew Lexicon*. Copyright © 1993, Woodside Bible Fellowship, Ontario, Canada. Licensed from the Institute for Creation Reserch.
25. www.nlm.nih.gov/medlineplus/ency/article/003647.htm. 3.05.2013.
26. »Gnaden-Kapsel«
27. http://www.blueletterbible.org/lang/trench/section.cfm?sectionID=69&lexicon=true&strongs=G3338, 5.04.2013.
28. NT: 5487, *Biblesoft's New Exhaustive Strong's Numbers and Concordance with Expanded Greek-Hebrew Dictionary.* Copyright © 1994, 2003, 2006 by Biblesoft, Inc. and International Bible Translators, Inc.
29. NT: 5487, *Thayer's Greek Lexicon*, Electronic Database. Copyright © 2000, 2003, 2006 by Biblesoft, Inc. All rights reserved.

BIBELSTELLEN

GEBET FÜR DEINE ERRETTUNG

Wenn du alles empfangen willst, was Jesus für dich getan hat, und ihn zu deinem Herrn und Retter machen möchtest, sprich bitte folgendes Gebet:

Herr Jesus, danke, dass du mich liebst und für mich am Kreuz gestorben bist. Dein kostbares Blut wäscht mich rein von jeder Sünde. Du bist mein Herr und Retter, jetzt und in Ewigkeit. Ich glaube, dass du von den Toten auferstanden bist und lebst. Durch dein vollbrachtes Werk bin ich nun ein geliebtes Kind Gottes und mein Zuhause ist der Himmel. Danke, dass du mir das ewige Leben schenkst und mein Herz mit deinem Frieden und deiner Freude erfüllst. Amen.

WIR WÜRDEN UNS FREUEN, VON DIR ZU HÖREN

Wenn du das Gebet um Errettung gebetet hast oder uns nach dem Lesen dieses Buches gerne dein Zeugnis erzählen möchtest, schreib uns an: **www.josephprince.com/testimony**.

BESONDERER DANK

Besonderer Dank und Würdigung gelten all denen, die uns ihre Zeugnisse zugesandt haben. Bitte beachte, dass alle Zeugnisse in gutem Glauben erhalten und nur der Kürze und der sprachlichen Flüssigkeit halber bearbeitet wurden. Die Namen der Verfasser wurden zum Schutz ihrer Privatsphäre geändert.

BLEIB MIT JOSEPH IN KONTAKT

Über die folgenden Onlinekanäle kannst du mit Joseph in Kontakt bleiben und täglich inspirierende Impulse (in englischer Sprache) erhalten:

Facebook.com/JosephPrince
Twitter.com/JosephPrince
Youtube.com/JosephPrinceOnline
Instagram: @JosephPrince

KOSTENLOSE TÄGLICHE E-MAIL-ANDACHTEN

Trage dich unter **JosephPrince.com/meditate** in den Verteiler für Josephs KOSTENLOSE E-Mail-Andachten ein und erhalte kurze Botschaften, die dir helfen, in der Gnade zu wachsen.

Unverdiente Gunst

Gott will, dass du in jedem Bereich deines Lebens erfolgreich bist. Seine Gnade bzw. unverdiente Gunst öffnet dir Türen und bringt dich voran. Dieses Buch zeigt dir, wie alle deine Begegnungen und Vorhaben gesegnet und ein voller Erfolg sein können. Es erklärt, wie du durch Gottes Liebe ein Überwinderleben führen kannst.

393 Seiten, gebunden, ISBN: 978-3-943597-75-2
Auch als E-Book erhältlich.

Zur Herrschaft bestimmt

Menschen sind zu einem erfüllten und siegreichen Leben berufen. Gott hat dafür alles vollbracht. Pastor Joseph Prince, der weltweit das Evangelium der Gnade verkündet, zeigt, wie wir Krankheiten, finanziellen Notlagen, zerbrochenen Beziehungen und zerstörerischen Gewohnheiten mit Zuversicht und Autorität entgegentreten können.

348 Seiten, gebunden, ISBN: 978-3-943597-70-7
Auch als E-Book erhältlich.

Zur Herrschaft bestimmt
Hörbuch

Gelesen von Philipp Schepmann
600 Min. – ungekürzte Lesung

1 MP3-CD: ISBN 978-3-943597-73-8
8 Audio-CDs: ISBN 978-3-943597-72-1
Auch als Download erhältlich.

JOSEPH PRINCE
LASS LOS
UND
LEBE

JOSEPH PRINCE
LASS LOS
UND
LEBE

Das Gebet des Schutzes

Wir leben in Zeiten, in denen wir jederzeit Opfer eines Terroranschlags werden könnten. Die Unsicherheit ist groß. Doch in Psalm 91 hat Gott uns ein kraftvolles Gebet geschenkt, mit dem wir uns bewusst unter seinen Schutz stellen können. In diesem Buch wird uns der Psalm erläutert und wir lesen davon, wie andere Christen Gottes Schutz erlebt haben.

246 Seiten, gebunden, ISBN 978-3-95933-040-4
Auch als E-Book erhältlich.

Das Gebet des Schutzes
Hörbuch

Gelesen von Philipp Schepmann
327 Min. – ungekürzte Lesung

1 MP3-CD: ISBN 978-3-95933-042-8
5 Audio-CDs: ISBN 978-3-95933-043-5
Auch als Download erhältlich.

Gesund und heil durch das Abendmahl

Falsche Vorstellungen über das Abendmahl haben viele Christen eines von Gott festgelegten Kanals der Heilung und Gesundheit beraubt. Das Herrenmahl sollte keine Angst machen, sondern Segen spenden! Dieses Buch erklärt, welche Bedeutung die Elemente des Abendmahls wirklich haben: das Blut Jesu zur Vergebung der Sünden, sein Leib für unsere Heilung.

89 Seiten, Taschenbuch, ISBN 978-3-943597-85-1
Auch als E-Book erhältlich.

Gesund und heil durch das Abendmahl – Hörbuch

Gelesen von Philipp Schepmann

83 Min. – ungekürzte Lesung

2 Audio-CDs: ISBN 978-3-943597-93-6
Auch als Download erhältlich.

Die Revolution der Gnade (DVD)

Erlebe Joseph Prince zum ersten Mal in den USA. In drei lebensverändernden Botschaften enthüllt er in Amerikas größter Christengemeinde die Schönheit Jesu und die Herrlichkeit seiner erstaunlichen Gnade. Zehntausende sind begeistert, wenn das Evangelium der Gnade seine Kraft entfaltet.

Eine DVD (drei Predigten, ein Interview, ca. 185 Min.)

1. Die Revolution der Gnade
2. Empfange unwiderrufliche Gerechtigkeit
3. Werde zu dem Jünger, den Jesus liebte

Die Revolution der Gnade
Audio-CD

Live in der Lakewood Church
in Houston (USA)

3 Audio-CDs (drei Predigten, ca. 145 Min.)
Auch als Download erhältlich.

Weitere Bücher von Pastor Joseph Prince:

100 Tage in der Kraft des richtigen Glaubens
Zur Herrschaft bestimmt – 365 Andachten
Herrliche Gnade
Die Revolution der Gnade
Die Revolution der Gnade – Arbeitsbuch
Das Gebet des Schutzes – Arbeitsbuch
Das Eine, das zählt
Herrsche im Leben
Dein Wunder liegt in deinem Mund
Zur richtigen Zeit am richtigen Ort
Ein lebenswertes Leben
Die Benjamin-Generation
Geistliche Kampfführung